독일어 시사 텍스트의 이해

이 책은 2013학년도 한국외국어대학교 교내학술연구비 지원에 의하여 이루어진 것임.

독일어
시사 텍스트의 이해

정치 | 경제 | 사회 | 학술 · 지식 | 문화 · 예술 | 환경 · 기후 | 스포츠 · 레저

김백기 지음

HUiNE

머리말

외국어 교육이 중요하다는 것은 모두가 당연한 사실로 받아들이고 있다. '무엇을 가르치고 배워야 할지?', '어떻게 이를 실행하는 것이 좋을지?' 많은 이들이 논의하고 주장하는 분위기이다. 그런데 언제부터인가 "문법"이라는 외국어 교육 영역에 대하여 여기저기서 회의적인 입장이 두드러지더니, 어느덧 문법이 마치 "몹쓸 대상"이라도 되는 양 폄하되는 것 같다. 의사소통 중심의 실용적 외국어 교육에서 문법이란 마치 "없어도 되거나, 있으면 오히려 손해되는 것"이라는 편견이 드물지 않다.

낱말의 올바른 형태, 그리고 이들의 올바른 연결을 도모하는 문법 영역이 외국어 교육에 부정적 손해를 줄 까닭은 전혀 없다. 오히려 외국어를 가르치고 배울 때 그 무엇보다 먼저 거쳐야 할 과정으로서, '없어서는 안 되고, 반드시 있어야만 손해를 피할 수 있는 것'이어야 할 것이다. 그런데 이렇게 문법이 홀대받고 있어서 아주 유감스럽다. 아마도 물건을 잘못 다루어 피해를 겪고서는 물건 자체를 탓하는 어리석음이 아닌가 한다. 외국어 교육 수행 과정에서 문법을 올바르게 다루지 못해서 초래된 피해를 두고 이를 문법 자체의 탓으로 돌리고 있으니 ...

언어 현상을 관찰하여 문법을 보다 깊고 넓게 정리하려는 학술 분야의 경우, 문법은 스스로 '목적'이 된다. 하지만 외국어 교육, 특히 실용적 외국어 교육 분야에서 문법은 반드시 '수단'으로서 자리매김 되어야 한다. 외국인과 서로 생각을 주고받을 수 있도록 해당 외국어로 읽고, 쓰고, 말하고, 듣는 데 필요한 언어 지식 및 능력이어야 하는 것이다. 최소한 이 만큼은 가르치고 배워야 하며, 또한 이 만큼만 가르치고 배우면 충분하게 된다.

궁극적으로 이 책은 바로 이러한 기본적 견해에 바탕을 둔 독일어 문법 학습서이다. 독일 사람과 실용적 의사소통을 하는 데 필요한 기본적 문법 사항들을 이해하고 연습하려는 학생들을 위해 쓴 것이다. 이 책은 여타 저술들이 일상 언어 속에서 문법을 다루고 있는 반면, 이 책은 시사 텍스트에 근거하여 독일어 문법을 다루고 있다. 기본적인 독일어 문법 사항들을 이해하고 연습하는 가운데 넌지시 독일어의 시사 언어를 소화할 수 있는 능력도 다질 수 있을 것이다.

그 구성과 내용에서 몇 가지 특성을 언급한다.

- 독일의 언론 매체들의 보도 기사 내용 중에 문법 학습에 적절한 부분들을 발췌 수집하여 체계적으로 정리하였다. 특히 독일 언론 보도의 일반적인 내용 분류 방식에 따라 '정치', '경제', '사회', '학술 · 지식', '문화 · 예술', '환경 · 기후', '스포츠 · 레저'의 7개 영역을 구분하여 총 146개의 비교적 짧은 텍스트들을 모아 구성하였다.

- 개별 텍스트들에 대하여 우리말 해석과 함께 문법 및 어휘 설명을 제공하였다.
  - 우리말 해석은 학습 효과를 위해 직역을 원칙으로 하였음.
  - 각 텍스트 안에 포함된 문법 사항들 가운데 필수적 학습이 요구되는 것들을 선정하여 상세하게 설명함. (구문의 거시적 구조 및 낱말의 미시적 형태 변화를 중점적으로 다룸.)
  - 충분한 어휘 정보를 체계적으로 제공하였음. (개별 어휘에 대하여 그 의미 설명은 물론이고 품사 및 구문 형식에 관한 정보, 그리고 해당 영어 표현 등을 제시함.)

- 참고하며 이용한 독일의 언론 매체들을 열거하면 다음과 같다 :
"Frankfurter Allgemeine", "Spiegel Online", "stern.de", "Süddeutsche.de", "taz.de", "WDR Radio für Kinder", "Welt-Online", "Zeit Online"

2014년 8월
김 백 기

차례

PART 1
정치

001

Bei den Kommunalwahlen in Niedersachsen hat die CDU die Mehrheit erreicht.

니더작센 주의 지방선거에서 기독교민주연합은 다수당을 이루었다.

Bei den Kommunalwahlen (복수 3격) in Niedersachsen hat[동사] (현재완료(조동사 haben))

die CDU[주어] (여성 1격) die Mehrheit (erreicht의 4격 목적어(여성 4격)) erreicht (현재완료(pp형))

1. Bei den Kommunalwahlen :

복수명사 Kommunalwahl*en*이 3격 전치사 bei와 결합함. → 복수 3격!

복수 3격 정관사 **den**이 앞에 옴.

2. ... Kommunalwahlen in Niedersachsen :

3·4격 전치사 in은 바로 앞 명사를 수식하여 '...안에서의 지방선거'로 해석됨.

→ '위치'로서 3격 지배!

전치사 in과 결합하는 Niedersachsen은 3격이지만, 고유명사로서 관사 없음.

3. ... hat die CDU ... erreicht :

동사 erreichen의 현재완료 시제 「haben ... pp」임.

주어 "die CDU"는 여성의 **sie**('그녀' 영. she)에 해당함. → "**hat** ... erreicht"임.

- **bei** [3격 전치사] ~일 때, ~에서 (영. at)

- die **Kommunalwahl** 지방선거 (영. local government elections)
  → **kommunal** [형] 지역의, 지방의 (영. municipal, communal)
  → die **Wahl** (die Wahl*en* ; 주로 복수) 선거 (영. election)

- **Niedersachsen** (지역 명 ; 독일의 연방 주) 니더작센

- **hat** ⇒ 현재완료 「haben ... pp」의 조동사 haben의 불규칙 형태
  현재 시제 불규칙 형태 : ich habe ; du hast ; er (sie, es) hat ; wir haben ...

- die **CDU** (= "Christlich-Demokratische Union") (독일의 정당) 기독교민주연합
  → **christlich** [ˈkrist-] [형] 기독교의, 기독교적 (영. Christian)
  → **demokratisch** [형] 민주적인, 민주주의의 (영. democratic)

- die **Mehrheit** (die Mehrheit*en*) 다수, 과반수 (영. majority)
  명사 형태 -heit : 항상 여성이며, 복수형은 -*en*임.

- **erreicht** ⇒ 동사 erreichen의 pp형
  erreichen [타동] ...에 도달하다, 이르다 (영. reach, arrive at ...)
  3 기본형 : *er*reich*en* - *er*reich*te* - *er*reich*t*
  [주의] 형태가 er-이므로 pp형에서 ge- 없음!

002

Spanien spart und reformiert wie nie und findet trotzdem keinen Weg aus der Krise.

스페인은 결코 전례가 없을 만큼 긴축하며 개혁하고 있는데, 그럼에도 불구하고 위기로부터 빠져 나오는 길을 찾지 못하고 있다.

Spanien[주어] (중성 1격) spart[동사1] (현재 시제) und reformiert[동사2] (현재 시제) wie nie und findet[동사3] (현재 시제) trotzdem keinen Weg (findet의 4격 목적어(남성 4격)) aus der Krise (여성 3격)

1. Spanien spart **und** reformiert **... und** findet **... :**

동일한 주어 "Spanien"에 대해 3 개의 동사 sparen, reformieren, finden이 결합함.
주어 "Spanien"은 중성의 **es**에 해당함. → 현재 시제 형태는 각각 spar*t* 및 reformier*t* 그리고 find*et*임.

2. keinen Weg :

남성명사 Weg이 동사 findet의 4격 목적어임. → 남성 4격!
부정어 kein-은 **부정관사 ein-** 어미변화 함. → 남성 4격 부정관사 ein**en**처럼 kein**en**임.

3. aus der Krise :

여성명사 Krise가 3격 전치사 aus와 결합함. → 여성 3격!
여성 3격 정관사 **der**가 옴.
▶ 여성 3격 어미는 **-er** (즉 : d**er**, ein**er** ; mein**er**, dein**er**, sein**er** ... ; kein**er** ; dies**er** ...)

- **Spanien** (국가 명 ; 관사 없음) 스페인 (영. Spain)
  - ↳ **spanisch** [형] 스페인의, 스페인어의, 스페인 사람의 (영. Spanish)
  - ↳ der **Spanier** (die -) 스페인 사람 (영. Spaniard)

- **sparen** [타/자동] (...을) 저축하다 (영. save)
  - 3 기본형 : spar*en* - spar*te* - *ge*spar*t*

- **reformieren** [타/자동] (...을) 개혁하다 (영. reform)
  - 3 기본형 : reformier*en* - reformier*te* - reformier*t*

    [주의] 형태가 -ieren이므로 pp형은 ge- 없음!
  - ↳ die **Reform** (die Reform*en*) 개혁 (영. reform)

- **wie** [접속사] (비교를 나타내어) ... 처럼, ... 같이 (영. as)

- **nie** [부] 결코 ... 않다 (영. never)

- **finden** [타동] ...을 발견하다, 찾다 (영. find)
  - 3 기본형 : finden - fand - gefunden

- **trotzdem** [부] 그럼에도 불구하고 (영. nevertheless) ≈ dennoch

- der **Weg** (die Weg*e*) 길 (영. way)

- **aus** [3격 전치사] ~로부터 (영. from, out of)

- die **Krise** (die Krise*n*) 위기 (영. crisis)

003

Der EU-Energiekommissar hat vor hohen Strompreisen in Deutschland gewarnt.

유럽연합 에너지 위원은 독일의 높은 전기 가격에 대해 경고했다.

Der EU-Energiekommissar (주어, 남성 1격) **hat** (동사, 현재완료(조동사 haben))

vor hohen Strompreisen (복수 3격) ... gewarnt (현재완료(pp형))

1. Der EU-Energiekommissar hat ... gewarnt :

동사 warnen의 현재완료 시제 「haben ... pp」임.

주어 "Der EU-Energiekommissar"는 남성의 **er**에 해당함. → "**hat** ... gewarnt"임.

2. ... vor hohen Strompreisen ... gewarnt :

「vor etw.[3] warnen」 '*무엇에 대해 경고하다*'

복수명사 Strompreis*e*가 전치사 vor의 3격 목적어임. → 복수 3격!

- 형용사 hoh-는 앞에 관사 없음. → 복수 3격 정관사 d**en**처럼 hoh**en**임.
- 복수 3격 명사는 **-n**이어야 함. → 추가로 **-n**이 붙어 Strompreise**n**임.

- der **EU-Energiekommissar** 유럽연합 에너지 분과 위원
  → die **EU** (= "Europäische Union") 유럽연합 (영. EU)
    ↳ **europäisch** [형] 유럽의 (영. European)
    ↳ die **Union** (die Union*en*) 연합, 연맹 (영. union)
  → die **Energie** (die Energie*n*) 에너지 (영. energy)
  → der **Kommissar** (die Kommissar*e*) 위원 (영. commissioner)

- **hat** ⇒ 현재완료 「haben ... pp」의 조동사 haben의 불규칙 형태
  haben의 현재 시제 불규칙 변화 : du hast ; er (sie, es) hat

- **vor** [3·4격 전치사] (3격 : '위치') ~앞에, ~앞에서 ; (4격 : '방향') ~앞으로 (영. in front of)

- **hoh-** [형] (명사 앞 수식어로서) 높은 ... (영. high)
  형용사 원형은 hoch '높은' (영. high) : Der Berg ist hoch. '그 산은 높다.'

- der **Strompreis** 전기 가격 (영. price of current)
  → der **Strom** (항상 단수) 전기 (영. current)
  → der **Preis** (die Preis*e*) 가격 (영. price)

- **Deutschland** (국가 명 ; 관사 없음) 독일 (영. Germany)

- **gewarnt** ⇒ 동사 warnen의 pp형
  warnen [자동] : 「vor etw.[3] warnen」 *무엇*에 대해 경고하다 (영. warn)
  3 기본형 : warn*en* - warn*te* - *ge*warn*t*

004

Die USA haben am Dienstag ihre Sanktionen gegen den Iran weiter verschärft.

미국은 화요일에 이란에 대한 제재를 더욱 강화했다.

Die USA주어 haben동사 ihre Sanktionen
복수 1격 / 현재완료(조동사) / verschärft의 4격 목적어(복수 4격)

gegen den Iran **verschärft**
남성 4격 / 현재완료(pp형)

1. Die USA haben ... verschärft :

동사 verschärfen의 현재완료 시제「haben ... pp」임.

주어 "Die USA"는 복수의 **sie**('그것들' 영. they)에 해당함. → "haben ... verschärft"임.

2. ihre Sanktionen :

복수명사 Sanktion*en*이 동사의 verschärft의 4격 목적어임. → 복수 4격!

소유대명사 ihr-('그들의, 그것들의' 영. their)은 복수 4격 정관사 die처럼 변화하여 ihre 임.(여기서 ihr-는 앞에 나온 복수명사 "Die USA"를 받음.)

3. ... Sanktionen gegen den Iran :

「Sanktionen gegen j-n」'누구에 대한 제재'

남성명사 Iran이 4격 전치사 gegen과 결합함. → 남성 4격!

남성 4격 정관사 **den**이 앞에 옴.

- **USA** (항상 복수) (= "die Vereinigten Staaten von Amerika") 미국, 미합중국
- **haben** ⇒ 현재완료 「haben ... pp」의 조동사
- der **Dienstag** (die Dienstag*e*) 화요일 (영. Tuesday) ; am Dienstag 화요일에
- die **Sanktion***en* (항상 복수) 「Sanktionen gegen j-n」 누구에 대한 제재 (영. sanctions)
- **gegen** [4격 전치사] ~을 향하여, ~에 반대하여 (영. towards, against)
- der **Iran** (국가 명) 이란 (영. Iran)
  - 국가 명은 대부분 중성임. (관사 없음) : Deutschland 독일, Frankreich 프랑스, Korea 한국 ...
    남성 : der Iran 이란, der Irak 이라크
    여성 : die Schweiz 스위스, die Türkei 터키
    복수 : die Niederlande 네덜란드, die USA 미국
- **weiter** [부] 계속해서, 나아가서 (영. further)
- **verschärft** ⇒ 동사 verschärfen의 pp형
  verschärfen [타동] ...을 강화하다 (영. tighten)
  - 3 기본형 : *verschärfen* - *verschärfte* - *verschärft*
    [주의] 형태가 ver-이므로 pp형에서 ge- 없음!

005

Der Gaza-Streifen ist das Gebiet, das seit einer Woche von israelischen Flugzeugen bombardiert wird.

가자 지역은 일주일 전부터 이스라엘 비행기들에 의해 폭격되고 있는 지역이다.

Der Gaza-Streifen주어 ist동사 das Gebiet,
남성 1격 / 현재 시제 / ist의 명사 보어(중성 1격)

das ... wird
관계대명사 부문장(앞의 선행사 "das Gebiet"를 수식 · 설명)

Der Gaza-Streifen ist **... :**

동사 sein의 현재 시제임.

주어 "Der Gaza-Streifen"은 남성의 **er**에 해당함. → 동사 sein의 형태는 **ist**임.

... , **das**주어 seit einer Woche von israelischen Flugzeugen
관계대명사(중성 1격) / 여성 3격 / 수동태의 '행위자'(복수 3격)

bombardiert wird동사
수동태 현재 시제(후치됨!)

1. ... , das ... :

das는 관계대명사 중성 1격임.

→ 앞에 나온 중성명사 "das Gebiet"를 선행사로 받으며, 부문장 안의 주어(= 1격)임.

2. ... , das ... bombadiert wird :

타동사 bombadieren의 수동태 현재 시제「werden ... pp」임.
관계대명사 "das"가 주어임. → 조동사 werden의 현재 시제 형태는 **wird**임.
→ "**wird** ... bombardiert"이지만, 후치되어 "... bombardiert **wird**"

3. seit einer Woche :

여성명사 Woche가 3격 전치사 seit와 결합함. → 여성 3격!
여성 3격 부정관사 **einer**가 앞에 옴.
▶ 여성 3격 어미 **-er** (즉 : der, einer ; meiner, deiner, seiner ... ; dieser ...)

4. von israelischen Flugzeugen :

복수명사 Flugzeug*e*가 3격 전치사 von과 결합함. → 복수 3격!
- 형용사 israelisch 앞에 관사 없음. → 복수 3격 정관사 den처럼 변화하여 israelischen임.
  ▶ 형용사 앞에 관사, 소유대명사 등이 없을 경우 → 형용사 자체가 정관사 **d-** 어미변화!
- 복수 3격 명사의 형태는 항상 **-n**이어야 함. → 추가로 어미 -n이 붙어 Flugzeugen임.

- der **Gaza-Streifen** (중동의 지역 명) 가자 지대 (영. Gaza Strip)
  → der **Streifen** (die -) [1] 줄, 줄무늬 ; [2] 줄 모양의 지역, 지대 (영. stripe, line)

- **ist** ⇒ 동사 sein('...이다' 영. be)의 현재 시제, 불규칙 형태
  - sein의 현재 시제 불규칙 변화
    ich bin ; du bist ; er (sie, es) ist ; wir sind ; ihr seid ; sie, Sie sind

- das **Gebiet** (die Gebiet*e*) 지역, 지방 (영. area, region)

- **seit** [3격 전치사] ~이래, ~이후 (영. since)

- die **Woche** (die Woche*n*) (시간 단위) 주, 주일 (영. week)

- **israelisch** [형] 이스라엘의 (영. Israeli)

- **von** [3격 전치사] (수동태 '행위자'를 나타내어) ~에 의해 (영. by)

- das **Flugzeug** (die Flugzeug*e*) 비행기 (영. plane, airplane)
  → der **Flug** (die Flüg*e*) 비행 (영. flight)
    ↳ **fliegen** [자동사] (완료형 : sein ... pp) 날다, 날아가다 (영. fly)
    - 3 기본형 : fliegen - flog - geflogen
  → das **...zeug** (die ...zeug*e*) (합성어로서) 특정 물건 및 기구를 나타냄.

- **bombardiert** ⇒ 동사 bombardieren의 pp형
  bombardieren [타동사] ...을 폭격하다 (영. bomb, bombard)
  - 3 기본형 : bombardier*en* - bombardier*te* - bombardier*t*
    [주의] 형태가 -ieren이므로 pp형은 ge- 없음!
    ↳ die **Bombe** (die Bombe*n*) 폭탄 (영. bomb)

- **wird** ⇒ 수동태 「werden ... pp」의 조동사 werden의 현재 시제, 불규칙 형태
  - 조동사 werden의 현재 시제 불규칙 변화 : du wirst ; er (sie, es) wird
  - 3 기본형 : werden - wurde - worden
    [주의] 일반 동사 werden('... 되다')의 pp형은 geworden임.

Memo

006

Der FDP-Chef muss sich gegen scharfe Kritik aus der eigenen Partei verteidigen.

자유민주당 당수는 자기 자신의 정당으로부터 나온 날카로운 비판에 대해 대응해야만 한다.

Der FDP-Chef[주어]	muss[동사]	sich
남성 1격	화법조동사(현재 시제)	재귀대명사 4격(verteidigen의 4격 목적어)

gegen scharfe Kritik	aus der eigenen Partei	verteidigen
여성 4격	여성 3격	동사 원형

1. Der FDP-Chef muss ... verteidigen :

화법조동사 müssen의 현재 시제임.
주어 "... FDP-Chef"는 남성의 **er**에 해당함. → müssen의 현재 시제 형태는 **muss**임.
(화법조동사와 결합하는 동사 원형 verteidigen이 맨 뒤에 옴.)

2. ... sich gegen scharfe Kritik ... verteidigen :

「sich gegen etw.[4] verteidigen」 '*무엇에 대하여 자신을 방어하다*'
여성명사 Kritik이 4격 전치사 gegen과 결합함. → 여성 4격!
형용사 scharf 앞에 관사 없음. → scharf는 여성 4격 정관사 die와 동일하게 scharfe임.

3. aus der eigenen Partei :

여성명사 Partei가 3격 전치사 aus와 결합함. → 여성 3격!
- 여성 3격 정관사 **der**가 앞에 옴.
- 「2, 3격 관사 + 형용사 **-en**」 → aus **der** eigen**en** ...

- der **FDP-Chef** 자유민주당 당수
  → die **FDP** (= "Freie Demokratische Partei") (독일의 정당) 자유민주당
  → der **Chef** (die Chefs) (단체의 우두머리로서) 과장, 부장, 사장 (영. head, boss)

- **muss** ⇒ 화법조동사 müssen('...해야 하다' 영. must)의 현재 시제, 불규칙 형태
  - müssen의 현재 시제 불규칙 변화
    ich muss ; du muss*t* ; er (sie, es) muss ; wir müss*en* ; ihr müss*t* ; sie, Sie müss*en*

- **sich** [재귀대명사] (3격 혹은 4격) 자신, 자기 자신 (영. oneself)

- **gegen** [4격 전치사] ~을 향하여, ~에 반대하여 (영. towards, against)

- **scharf** [형] 날카로운 (영. sharp)

- die **Kritik** (die Kritik*en*) 비판 (영. criticism, criticising)

- **aus** [3격 전치사] ~로부터 (영. out of, from)

- **eigen-** [형] (명사 앞 수식어로서) 자신의 ... , 고유의 ... (영. one's own, ... of one's own)

- die **Partei** (die Partei*en*) 당, 정당 (영. party)

- **verteidigen** [타동] ...을 막다, 방어하다 (영. defend)
  「sich gegen etw.4 verteidigen」 *무엇*에 대하여 자신을 방어하다
  - 3 기본형 : *ver*teidig*en* - *ver*teidig*te* - *ver*teidig*t*
    [주의] 형태가 ver-이므로 pp형은 ge- 없음!

007

Mehr als die Hälfte der Franzosen hält ihn für einen schlechten Präsidenten.

프랑스인들의 절반 이상이 그를 나쁜 대통령이라고 생각하고 있다.

Mehr als die Hälfte[주어] (여성 1격) der Franzosen (복수 2격) hält[동사] (현재 시제) ihn (hält의 4격 목적어)
für einen schlechten Präsidenten (남성 4격)

1. ... Hälfte der Franzosen :

복수명사 Franzose*n*이 앞 명사를 수식하는 2격임. → 복수 2격!
복수 2격 정관사 **der**가 앞에 옴.

2. Mehr als die Hälfte ... hält ... :

동사 halten의 현재 시제임.
주어 "... die Hälfte"는 여성의 **sie**('그녀')에 해당함. → halten은 어간 모음 변화하여 hält임.

3. ... hält ihn für einen schlechten Präsidenten :

「etw.[4] für etw.[4] halten」 '*무엇을 무엇*이라고 여기다, 생각하다' (영. consider ... as ...)

① **ihn**은 남성 인칭대명사 **er**의 4격 형임. → 동사 hält의 4격 목적어임.
  ▶ er의 3격 형은 **ihm**임.

② 남성명사 Präsident가 4격 전치사 für와 결합함. → 남성 4격!
  - 남성 4격 부정관사 **einen**이 앞에 옴.
  - 「**den, einen** + 형용사 **-en**」 → für **einen** schlecht**en** ...
  - 명사 Präsident는 단수 2, 3, 4격이 복수형과 동일한 약변화 명사임.
   단수 4격이므로 복수형과 동일하게 Präsident**en**임.

- 「mehr als + 숫자」... 이상 (영. more than ...)

- die **Hälfte** (die Hälfte*n*) 절반, 1/2 (영. half)

- der **Franzose** (die Franzose*n*) 프랑스인, 프랑스 남자 (영. Frenchman)
  - 단수의 경우, 주어 1격을 제외한 단수 2, 3, 4격이 복수형과 동일하게 Franzose*n*인 약변화 명사!

- **hält** ⇒ 동사 halten의 현재 시제, 불규칙 형태
  halten [타동] 「etw.[4] für etw.[4] halten」 *무엇*을 *무엇*이라고 생각하다, 여기다 (영. consider)
  - 현재 시제 불규칙 변화 : du hältst ; er (sie, es) hält
  - 3 기본형 : halten - hielt - gehalten

- **schlecht** [형] 나쁜 (영. bad)

- der **Präsident** (die Präsident*en*) 대통령, 의장 (영. president, chairman)
  - 단수의 경우, 주어 1격을 제외한 단수 2, 3, 4격이 복수형과 동일하게 Präsident*en*인 약변화 명사!

008

Viele der 1,5 Millionen Bürgerkriegsflüchtlinge leben in katastrophalen Verhältnissen.

150만 명의 내전 피난민들 가운데 많은 사람들이 재앙과 같은 상태에서 살고 있다.

Viele[주어] der 1,5 Millionen Bürgerkriegsflüchtlinge leben[동사] in katastrophalen Verhältnissen

(Viele: 복수 1격 / der 1,5 Millionen Bürgerkriegsflüchtlinge: 복수 2격 / leben: 현재 시제 / in katastrophalen Verhältnissen: 복수 3격)

1. Viele ... leben ... :

동사 leben의 현재 시제임.

주어 "Viele"는 복수의 sie('그들')에 해당함. → 현재 시제 형태는 leb*en*임.

▶ viele '많은 사람들' (복수 취급) ; vieles '많은 것' (단수 취급!)

2. Viele der 1,5 Millionen Bürgerkriegsflüchtlinge :

복수명사 Bürgerkriegsflüchtling*e*가 앞의 "Viele"를 수식하는 2격임. → 복수 2격!

복수 2격 정관사 **der**가 앞에 옴.

3. ... leben in katastrophalen Verhältnissen :

3·4격 전치사 in은 동사 leben과 함께 '... 안에 살다'로 해석됨. → '위치'로서 3격 지배!

복수명사 Verhältnis*se*가 전치사 in의 3격 목적어임. → 복수 3격!

- 형용사 katastrophal 앞에 관사 없음. → 복수 3격 정관사 den처럼 katastrophalen임.
  - ▶ 형용사 앞에 관사 등이 없을 경우 → 형용사 자체가 정관사 **d-** 어미변화 함.
- 복수 3격 명사는 **-n**이어야 함. → 추가로 어미 **-n**이 붙어 Verhältnissen임.

- **viele** [부정대명사] (뒤에 명사 없이 홀로) 많은 사람들 (영. many people)

- **1, 5 Millionen** ⇒ "eins Komma fünf Millionen"이라고 읽음.

- die **Million** (die Million*en*) 백만 (= 1,000,000) (영. million)

- der **Bürgerkriegsflüchtling** 내전 피난민
  → der **Bürgerkrieg** (die Bürgerkrieg*e*) 내전 (영. civil war)
    → der **Bürger** (die -) 시민, 주민 (영. citizen)
    → der **Krieg** (die Krieg*e*) 전쟁 (영. war)
  → der **Flüchtling** (die Flüchtling*e*) 피난민 (영. refugee)
  ▶ 명사 형태 -ling '...인 사람' : 항상 남성이며 복수형은 -e임 : der Lehrling (die Lehrling*e*) 실습생
    ↳ **flüchten** [자동] (완료형 : sein ... pp) 도망가다, 피난하다 (영. flee, escape)
      ✔ 3 기본형 : flücht*en* - flücht*ete* - *ge*flücht*et*
      [주의] 어간 끝이 -t이므로 과거형 및 과거분사형(= pp형)은 발음상 -e- 첨가!

- **leben** [자동] 살다, 생존하다 (영. live)
  ✔ 3 기본형 : leb*en* - leb*te* - *ge*leb*t*

- **katastrophal** [형] 재앙적인, 재난의 (영. disastrous)
  → die **Katastrophe** (die Katastrophe*n*) 재앙, 재난 (영. disaster, catastrophe)

- die **Verhältnis*se*** (항상 복수) 일반적 상황, 상태, 사정 (영. conditions, circumstances)
  → das **Verhältnis** (die Verhältnis*se*) 관계 (영. relation) ≈ die Relation, die Beziehung
  ▶ 명사 형태 -nis : 대부분 중성이며 복수형은 -*se*임.

009

Der nächste Bundestag wird wahrscheinlich deutlich mehr Abgeordnete haben als bisher.

다음번 연방의회는 아마도 지금까지보다 뚜렷하게 더 많은 의원들을 갖게 될 것이다.

Der nächste Bundestag주어 (남성 1격) wird동사 (미래 시제(조동사 werden)) ... deutlich (부사어(뒤의 "mehr"를 수식))

mehr (비교급비교) Abgeordnete (haben의 4격 목적어(복수 4격)) haben (미래 시제(동사 원형)) als (비교급비교) bisher

1. Der nächste Bundestag wird ... haben ... :

동사 haben의 미래 시제「**werden** ... 동사 원형」임.

주어 "... Bundestag"은 남성의 er에 해당함. → "**wird** ... haben"임.

2. Der nächste Bundestag :

남성명사 Bundestag이 주어(= 1격)임. → 남성 1격!

- 남성 1격 정관사 **der**가 앞에 옴.
- 「남성 der + 형용사 **-e**」→ **Der** nächste ...

3. ... mehr ... als ... :

「mehr ... als A」(비교급비교) 'A보다 더 많은 ...' (영. more ... than A)

4. ... mehr Abgeordnete ... :

'국회의원들'을 뜻하므로 복수이고, 동사의 4격 목적어임. → 복수 4격!

명사 Abgeordnet-는 형용사 어미변화 함!

Abgeordnet- 앞에 관사 없음. → 복수 4격 정관사 di**e**처럼 변화하여 Abgeordnet**e**임.

- **nächst-** [형] (명사 앞 수식어로서) 다음의, 다음 번 (영. next)
- der **Bundestag** (독일의) 연방의회
- **wird** ⇒ 미래 시제 「werden ... 동사 원형」의 조동사 werden의 불규칙 형태
  - werden의 현재 시제 불규칙 변화 : du wirst ; er (sie, es) wird
- **wahrscheinlich** [형] 실현 가능성 있는, (부사적) 아마도 (영. probable, probably)
- **deutlich** [형] 분명한, 뚜렷한, (부사적) 분명하게, 뚜렷하게 (영. clear, clearly)
- **mehr** ⇒ viel, viele의 비교급 (영. more)
  「viel + 단수명사」 (추상, 물질명사 등과 함께) 많은 ... (영. much)
  「viele + 복수명사」 많은 ... (영. many)
  - 3 비교형 : viel, viele - mehr - meist
- **Abgeordnet-** (형용사 어미변화) 국회의원, 의원 (영. delegate, representative)
  - 과거분사&형용사 abgeordnet의 명사화 : der Abgeordnet*e*, ein Abgeordnet*er* ...
- **haben** [타동] ...을 가지고 있다 (영. have)
  - 3 기본형 : haben - hatte - gehabt
  - 현재 시제 불규칙 변화 : ich hab*e* ; du hast ; er (sie, es) hat ; wir habe*n* ...
- **als** [접속사] (비교급 비교를 나타내어) ...보다 (영. than)
- **bisher** [부] 지금까지 (영. up to now, so far)

010

Die Palästinenser streiten sich seit vielen Jahrzehnten mit Israel um das Land, auf dem die Israelis leben.

팔레스타인 사람들은 이스라엘 사람들이 살고 있는 땅을 얻기 위해 수십 년 전부터 이스라엘과 투쟁하고 있다.

Die Palästinenser주어 (복수 1격) streiten동사 (현재 시제) sich (재귀대명사 4격)

seit vielen Jahren (복수 3격) mit Israel (중성 3격) um das Land, (중성 4격)

auf **dem** ... leben

관계대명사 부문장(앞의 선행사 "das Land"를 수식 · 설명함.)

1. Die Palestinenser streiten **... :**

동사 streiten의 현재 시제임.

주어 "Die Palestinenser"는 복수의 sie('그들')에 해당함. → 현재 시제 형태는 streit*en*임.

2. ... streiten sich mit ... um ... :

「sich mit j-m um etw.[4] streiten」 '*무엇*을 얻기 위해 *누구*와 투쟁하다'

3. seit vielen Jahrzehnten :

복수명사 Jahrzehnt*e*가 3격 전치사 seit와 결합함. → 복수 3격!

- 부정수사 viel-은 정관사 **d-** 어미변화 함. → 복수 3격 정관사 d**en**처럼 viel**en**임.
- 복수 3격 명사 형태는 항상 **-n**이어야 함. → 추가로 어미 **-n**이 붙어 Jahrzehnte**n**임.

.. das Land, auf **dem** die Israelis[주어] leben[동사]

관계대명사의 선행사 / 관계대명사(중성 3격) / 복수 1격 / 현재 시제(후치됨!)

1. ... die Israelis leben :

동사 leben의 현재 시제임.

주어 "die Israelis"는 복수의 sie('그들')에 해당함. → 현재 시제 형태는 leb*en*임.

2. ... , auf dem ... :

dem은 중성 3격 관계대명사임.

→ 앞에 나온 중성명사 "das Land"를 선행사로 받으며, 3·4격 전치사 auf의 3격 목적어임.
(3·4격 전치사 auf는 동사 leben과 함께 '...에 살고 있다'임. → '위치'로서 3격 지배!)

- der **Palästinenser** (die -) 팔레스타인 사람, 팔레스타인 남자 (영. Palestinian)
- **streiten** (영. quarrel, fight)
  [1] [자동] 다투다, 싸우다 ; 「**mit j-m streiten**」 누구와 다투다
  [2] [4격 재귀동] 「**sich mit j-m um etw.[4] streiten**」 누구와 무엇을 얻기 위해 다투다
  3 기본형 : streiten - stritt - gestritten
- **seit** [3격 전치사] ~이래, ~이후 (영. since)
- 「viel*e* + 복수명사」 많은 ... (영. many)
- das **Jahrzehnt** (die Jahrzehnt*e*) 10년 (영. decade, ten years)
- **mit** [3격 전치사] [1] ~와 함께 ; [2] ~을 가지고 (영. with)
- **Israel** (국가 명 ; 관사 없음) 이스라엘 (영. Israel)
- **um** [4격 전치사] ~주위에, ~를 빙 돌아 (영. around)
- das **Land** [1] (항상 단수) 땅, 육지 (영. land) ; [2] (die Länd*er*) 국가 (영. country)
- **auf** [3·4격 전치사] (3격 : '위치') ~위에, ~위에서 ; (4격 : '방향') ~위로 (영. on, on to)
- der **Israeli** (die Israeli*s*) 이스라엘 사람 (영. Israeli)
- **leben** [자동] 살다 (영. live)
  3 기본형 : leb*en* - leb*te* - *ge*leb*t*

011

Die Diskussion über die Rolle der Bundeswehr und deren Anerkennung in der Gesellschaft kommt immer wieder auf.

연방군의 역할, 그리고 사회 안에서의 그것의 인정에 관한 논쟁이 연이어 계속 일어나고 있다.

Die Diskussion주어 (여성 1격) über die Rolle (여성 4격) der Bundeswehr (여성 2격)

und deren Anerkennung (여성 4격(앞의 전치사 "über"의 4격 목적어임.)) in der Gesellschaft (여성 3격)

kommt동사 (현재 시제(분리동사)) ... auf (분리전철)

1. Die Diskussion ... kommt ... auf :

분리동사 *auf*kommen의 현재 시제임.

주어 "Die Diskussion"은 여성의 sie('그녀')에 해당함.

→ 현재 시제 형태는 "komm*t* ... auf"임. (분리전철 auf-는 분리되어 맨 뒤에 위치함.)

2. ... Diskussion über die Rolle ... und deren Anerkennung ... :

「die Diskussion über etw.[4]」 '*무엇*에 대한 논쟁'

전치사 über와 결합하는 대상은 두 개임 : "die Rolle ..."와 "deren Anerkennung"

3. ... Bundeswehr und deren Anerkennung ... :

deren은 지시대명사 여성 2격임.

즉, 바로 앞의 여성명사 "Bundeswehr"를 받으며, 바로 뒤의 "Anerkennung"을 수식하는 2격임.

4. ... Anerkennung in der Gesellschaft :

3·4격 전치사 in은 앞 명사를 수식하여 '사회 안에서의 ...'로 해석됨.
→ '위치'로서 3격 지배!
여성명사 Gesellschaft가 전치사 in의 3격 목적어임. → 여성 3격!
여성 3격 정관사 **der**가 앞에 옴.

- die **Diskussion** (die Diskussion*en*) 토론, 토의 (영. discussion)
  ▶ 명사 형태 -ion : 항상 여성이며 복수형은 *-en*임.
- **über** [3·4격 전치사] (4격 지배) ~에 대하여, ~에 관하여 (영. about)
- die **Rolle** (die Rolle*n*) 역할 (영. role)
- die **Bundeswehr** (항상 단수) 연방군 (영. German armed forces)
- **deren** ⇒ 정관사 d- 형태 지시대명사 (여성 2격)
- die **Anerkennung** (주로 단수) 인정, 승인 (영. acknowledgement, recognition)
  ▶ 명사 형태 -ung : 항상 여성이며 복수형은 *-en*임.
- **in** [3·4격 전치사] (3격 : '위치') ~안에, ~안에서 ; (4격 : '방향') ~안으로 (영. in, into)
- die **Gesellschaft** (die Gesellschaft*en*) [1] 사회 (영. society) ; [2] 회사 (영. company)
  ▶ 명사 형태 -schaft : 항상 여성이며 복수형은 *-en*임.
- **kommt ... auf** ⇒ 분리동사 *auf*kommen의 현재 시제
  *auf*kommen (kommen ... *auf*) [분리&자동] (완료형 : sein ... pp) 발생하다, 나타나다 (영. arise)
  ✔ 3 기본형 : *auf*kommen - *auf*kam (kam ... *auf*) - *auf*gekommen
- **immer** [부] 항상 (영. always)
- **wieder** [부] 다시, 재차 (영. again)

012

Äthiopien ist einer der wichtigsten strategischen Partner der USA in der Region.

에티오피아는 그 지역에서 미국의 가장 중요한 전략적 동반자들 중의 하나이다.

Äthiopien[주어] ist[동사] einer
중성 1격 / 현재 시제 / ist의 주격 보어(남성 1격)

der wichtigsten strategischen Partner der USA
복수 2격 / 복수 2격

in der Region
여성 3격

1. Äthiopien ist **... :**

동사 sein의 현재 시제임.

주어 "Äthiopien"은 중성의 **es**에 해당함. → 동사 sein의 형태는 **ist**임.

2. einer **der wichtigsten strategischen Partner :**

「ein- + der ... 」'...들 중의 하나' (영. one of ...)
복수 2격

① ein**er** ... :

뒤에 오는 남성명사 Partner에 일치하며, 동사 ist의 주격(= 1격) 보어임. → 남성 1격!

따라서 부정대명사 ein-은 남성 1격 정관사 der와 동일하게 einer임.

▶ 부정대명사 ein-은 정관사 **d-** 어미변화 함.

② ... **der** wichtigst**en** strategisch**en** Partner :

복수명사 Partner가 2격 형임. → 복수 2격!

- 복수 2격 정관사 **der**가 앞에 옴.
- 「복수 정관사 + 형용사 **-en**」→ ... **der** wichtigst**en** strategisch**en** ...
- 명사 Partner의 복수형은 단수형과 동일한 Partner임.

3. ... Partner der USA :

복수명사 USA가 앞 명사를 수식하는 2격임. → 복수 2격!

복수 2격 정관사 **der**가 앞에 옴.

4. in der Region :

3·4격 전치사 in은 내용상 '그 지역에서'로 해석됨. → '위치'로서 3격 지배!

여성명사 Region이 전치사 in의 3격 목적어임. → 여성 3격!

여성 3격 정관사 **der**가 앞에 옴.

- Äthiopien (국가 명 ; 관사 없음) 에티오피아 (영. Ethiopia)
- ist ⇒ 동사 sein('...이다' 영. be)의 현재 시제, 불규칙 형태
  - sein의 현재 시제, 불규칙 변화
    ich bin ; du bist ; er (sie, es) ist ; wir sind ; ihr seid ; sie, Sie sind
  - 3 기본형 : sein - war - gewesen
- ein- [부정대명사] (정관사 d- 어미변화) (문맥 안의 특정 대상을 지칭하여) 그 하나, 그것 하나
  「ein- der ... (복수 2격) 」...들 중의 하나 (영. one of ...)
- wichtigst ⇒ 형용사 wichtig의 최상급
  wichtig [형] 중요한 (영. important)
  - 3 비교형 : wichtig - wichtig*er* - wichtig*st*
- strategisch [형] 전략적인 (영. strategic)
  → die Strategie (die Strategie*n*) 전략 (영. strategy)
- der Partner (die -) 동반자, 파트너 (영. partner)
- die USA (항상 복수) (= "die Vereinigten Staaten von Amerika") 미국, 미합중국
- in [3·4격 전치사] (3격 : '위치') ~안에, ~안에서 ; (4격 : '방향') ~안으로 (영. in, into)
- die Region (die Region*en*) 지역, 구역 (영. region)
  - 명사 형태 -ion : 항상 여성이며, 복수형은 *-en*임.

013

Während der Militärdiktatur in Argentinien wurden hunderte Kinder von Regimegegnern verschleppt und ihre Eltern meist ermordet.

아르헨티나의 군사독재 기간 동안 반정부인사들의 자녀들 수백 명이 끌려갔으며, 그들의 부모들은 대부분 살해되었다.

Während der Militärdiktatur (여성 2격) ... wurden[동사] (수동태 과거 시제(수동태 조동사))
hunderte Kinder[주어] (복수 1격) von Regimegegnern (복수 3격) verschleppt (수동태 pp형) und
ihre Eltern[주어] (복수 1격) ... ermordet (수동태 pp형)

1. Während der Militärdiktatur :

여성명사 Militärdiktatur가 2격 전치사 während와 결합함. → 여성 2격!

여성 2격 정관사 **der**가 앞에 옴.

▶ 여성 및 복수 2격 어미 **-er**

(즉 : der, einer ; meiner, deiner, seiner ... ; keiner ; dieser ...)

2. ... wurden hunderte Kinder ... verschleppt ... :

수동태 과거 시제 「wurde ... pp」임.

주어 "... Kinder"는 복수의 sie('그들은' 영. they)에 해당함.

→ 조동사 wurde에 추가로 어미 **-n**이 붙어 wurden임.

3. von Regimegegnern :

복수명사 Regimegegner가 3격 전치사 von과 결합함. → 복수 3격!

복수 3격 명사의 형태는 항상 **-n**이어야 함. → 추가로 **-n**이 붙어 Regimegegnern임.

4. ... und ihre Eltern (wurden) ... ermordet :

타동사 ermorden의 수동태 과거 시제 「wurde ... pp」임.

주어 "... Eltern"은 복수의 sie('그들')에 해당함.

→ 조동사 wurde는 어미 **-n**이 붙어 wurden임. (여기서 wurden은 반복을 피해 생략됨.)

5. ihre Eltern :

복수명사 Eltern이 주어(= 1격)임. → 복수 1격!

따라서 소유대명사 ihr-('그들의' 영. their)는 복수 1격 정관사 die처럼 ihre임.

▶ 소유대명사 **mein-, dein-, sein-** ... 및 부정어 kein- : 원칙적으로 부정관사 **ein-** 어미변화 하지만, 복수일 경우 정관사 d- 어미변화!

- während [2격 전치사] ~동안에 (영. during)
- die **Militärdiktatur** 군사 독재 (영. military dictatorship)
  → **Militär**... (합성어로서) 군사 ... (영. military ...)
  das **Militär** (항상 단수) 군대, 군사 (영. armed forces, military)
  → die **Diktatur** (die Diktatur*en* ; 주로 단수) 독재, 독재 체제 (영. dictatorship)
- **Argentinien** (국가 명 ; 관사 없음) 아르헨티나 (영. Argentina)
- **wurde** ⇒ 수동태 조동사 werden의 과거 시제(수동태 과거 시제 「wurde ... pp」에 사용됨.)
  ✔ werden의 3 기본형 : werden - wurde - worden
  [주의] 일반 동사 werden('... 되다' 영. become)의 pp형은 geworden임.
- **hundert** [수] 100, 백 (영. hundred)
- das **Kind** (die Kind*er*) 아이, 어린이 (영. child)
- **von** [3격 전치사] (2격 의미로서) ~의 (영. of)

- der **Regimegegner** 정권 반대자, 반정부 인사 (영. opponent of the regime)
  → das **Regime** [re'ʒi:m] (die Regime*s*) (비민주적인) 정권, 정부 (영. regime)
  → der **Gegner** (die -) (싸움, 경기 등의 상대로서) 반대자, 적 (영. opponent, enemy)

- **verschleppt** ⇒ 동사 verschleppen의 pp형
  verschleppen [타동] ...를 강제로 끌고 가다, 질질 끌고 가다 (영. deport)
  ✔ 3 기본형 : *ver*schlepp*en* - *ver*schlepp*te* - *ver*schlepp*t*
  [주의] 형태가 ver-이므로 pp형은 ge- 없음!

- die **Eltern** (항상 복수) 부모 (영. parents)

- **meist** [부] 주로, 대부분 (영. mostly, usually) ≈ meistens, in meisten Fällen

- **ermordet** ⇒ 동사 ermorden의 pp형
  ermorden [타동] ...을 죽이다, 살인하다 (영. murder)
  ✔ 3 기본형 : *er*mord*en* - *er*mord*ete* - *er*mord*et*
  [주의] 형태가 er-이므로 pp형은 ge- 없음!
  [주의] 어간 끝이 -d이므로 과거형 및 과거분사형(= pp형)에서 발음상 -e- 첨가!
  ↳ der **Mord** (die Mord*e*) 살인 (영. murder)

Memo

Germany

014

Bei seinem Besuch in Teheran hat der UNO-Generalsekretär das iranische Regime in ungewohnt scharfer Form kritisiert.

UN 사무총장은 자신의 테헤란 방문에서 이란 정권을 평소와 다르게 날카로운 형식으로 비판했다.

Bei seinem Besuch (남성 3격) in Teheran hat[동사] (현재완료(조동사 haben))

der UNO-Generalsekretär[주어] (남성 1격)

das iranische Regime (kritisiert의 4격 목적어(중성 4격)) in ungewohnt scharfer Form (여성 3격)

kritisiert (현재완료(pp형))

1. Bei seinem Besuch :

남성명사 Besuch가 3격 전치사 bei와 결합함. → 남성 3격!

소유대명사 sein-('그의' 영. his)은 남성 3격 어미 **-em**이 붙어 sein**em**임.

▶ 남성 및 중성 3격 어미는 **-em** (즉 : d**em**, ein**em** ; mein**em**, dein**em** ... ; kein**em** ; dies**em** ...)

(여기서 소유대명사 sein-은 뒤에 오는 남성명사 "UNO-Generalsekretär"를 받음.)

2. ... hat der UNO-Generalsekretär ... kritisiert :

동사 kritisieren의 현재완료 시제 「haben ... pp」임.

주어 "der UNO-Generalsekretär"는 남성의 **er**에 해당함. → "**hat** ... kritisiert"임.

3. in ungewohnt scharfer Form :

여성명사 Form이 전치사 in의 3격 목적어임. → 여성 3격!
형용사 scharf는 앞에 관사 없음. → 여성 3격 정관사 der처럼 scharfer임.
(ungewohnt는 뒤에 오는 형용사 scharf를 수식하는 부사어임. → 어미변화 없음.)

- **bei** [3격 전치사] ~일 때 (영. at)

- der **Besuch** (die Besuch*e*) 방문 (영. visit)
  ↳ **besuchen** [타동] ...을 방문하다 (영. visit)
  3 기본형 : *besuchen* - *besuchte* - *besucht*
  [주의] 형태가 be-이므로 pp형은 ge- 없음!

- **Teheran** (도시 명 ; 관사 없음) (이란의 수도) 테헤란 (영. Teheran)

- **hat** ⇒ 현재완료 「haben ... pp」의 조동사 haben의 불규칙 형태
  haben의 현재 시제 불규칙 변화 : ich hab*e* ; du hast ; er (sie, es) hat ; wir hab*en* ...

- der **UNO-Generalsekretär** 유엔 사무총장
  → die **UNO** 혹은 **Uno** (= "United Nations Organization") 유엔 (영. UN)
  → der **Generalsekretär** (die Generalsekretär*e*) 사무총장 (영. secretary general)
  → **General...** (합성어로서) (최고위 직책을 나타내어) 최고 ... (영. general ...)
  der **General** (die General*e* 혹은 Gener*äle*) (군대의) 장군, 대장 (영. general)
  → der **Sekretär** (die Sekretär*e*) 비서, 서기 (영. secretary)

- **iranisch** [형] 이란의 (영. Iranian)

- das **Regime** [re'ʒiːm] (die Regime*s*) (비민주적인) 정권, 정부 (영. regime)

- **ungewohnt** [형] 익숙하지 않은, 낯선 (영 unusual, strange)

- **scharf** [형] 날카로운, 예리한 (영. sharp)

- die **Form** (die Form*en*) 형태, 형식 (영. form)

- **kritisiert** ⇒ 동사 kritisieren의 pp형
  kritisieren [타동] ...을 비판하다 (영. criticize)
  3 기본형 : kritisier*en* - kritisier*te* - kritisier*t*
  [주의] 형태가 -ieren이므로 pp형은 ge- 없음!

015

Damit ihre Koalition zustande kommt, haben sich SPD und Grüne darauf geeinigt, die Autobahn vorerst nicht auszubauen.

자신들의 연립 정권이 성취되도록 하기 위해 독일사회민주당과 녹색당은 고속도로를 일단 확장하지 않는 것에 합의했다.

Damit (종속접속사) **ihre Koalition**[주어] (여성 1격) zustande kommt[동사] (현재 시제 (후치됨!)), ...

1. ... ihre Koalition zustande kommt :

동사 zustande kommen의 현재 시제임.

주어 "... Koalition"은 여성의 **sie**('그녀')에 해당함.

→ "komm*t* ... zustande"이지만, 부문장 안에서 후치되어 "... zustande komm*t*"임.

2. ihre Koalition :

여성명사 Koalition이 주어(= 1격)임. → 여성 1격!

소유대명사 ihr-('그들의, 그것들의' 영. their)는 여성 1격 부정관사 eine처럼 ihre임.

▶ 소유대명사 **mein-, dein-, sein-, ihr-** ... 및 부정어 **kein-** ⇒ 부정관사 **ein-** 어미변화!

(여기서 ihr-는 뒤에 오는 주문장의 주어 "SPD und Grüne"를 가리킴.)

Damit ... kommt , haben[동사] sich **SPD und Grüne**[주어]
종속접속사 damit-부문장 / 현재완료 (조동사) / 재귀대명사 4격

darauf geeinigt, ... auszubauen
auf + das('그것') / 현재완료(pp형) / 분리동사 ausbauen의 zu-부정사

1. ... haben ... SPD und Grüne ... geeinigt ... :

동사 einigen의 현재완료 시제 「haben ... pp」임.
주어 "SPD und Grüne"는 복수의 **sie**('그것들' 영. they)에 해당함.
→ "haben ... geeinigt"

2. ... sich ... darauf ... geeinigt , ... auszubauen :

「sich⁴ auf etw.⁴ einigen」 '무엇에 합의하다'
darauf ⇒ auf + 지시대명사 das(그것')
(여기서 darauf는 뒤에 오는 zu-부정사 "... auszubauen"을 가리킴.)

3. ... haben sich SPD und Grüne ... :

어순 : "sich"는 재귀대명사이므로 명사 주어 "SPD und Grüne"보다 앞에 위치함.

..., die Autobahn ... auszubauen
동사 원형 ausbauen의 4격 목적어(여성 4격) / 「zu + 동사 원형」

die Autobahn ... auszubauen :

여성명사 Autobahn이 zu-부정사의 동사 원형 ausbauen의 4격 목적어임. → 여성 4격!
여성 4격 정관사 **die**가 앞에 옴.

- **damit** [종속접속사] ...하기 위해, ...하도록 (영. so that ...)

- die **Koalition** (die Koalition*en*) 연립, 연립 정부 (영. coalition)

- **zustande kommen** [자동] 성취되다 (영. come about)
  「etw.주어 kommt ... zustande」 *무엇*이 성취되다
  3 기본형 : zustande kommen - zustande kam(kam ... zustande) - zustande gekommen
  ↳ **zustande bringen** [타동] ...을 성취하다 (영. bring about)
  「j-d주어 bringt etw. ... zustande」 *누구는 무엇*을 성취하다

- **haben** ⇒ 현재완료 「haben ... pp」의 조동사

- **sich** [재귀대명사] (3격 혹은 4격) 자신, 자기 자신 (영. oneself)

- die **SPD** (= "Sozialdemokratische Partei Deutschlands") (독일의 정당) 독일사회민주당

- die **Grün*en*** (항상 복수) (형용사 어미변화) (독일의 정당) 녹색당
  ↳ **grün** [형] 녹색의 (영. green)

- **geeinigt** ⇒ 동사 einigen의 pp형
  einigen
  1 [타동] ...을 통일시키다 (영. unite, reconcile) ≈ vereinigen
  2 [4격 재귀동] 「sich auf (혹은 über) etw.[4] einigen」 *무엇*에 합의하다 (영. agree)
  3 기본형 : einig*en* - einig*te* - *ge*einig*t*

- die **Autobahn** (die Autobahn*en*) 고속도로 (영. highway)

- **vorerst** [부] 우선은 ≈ erst einmal, vorläufig (영. for the time being)

- ... **auszubauen** ⇒ 분리동사 *aus*bauen의 zu-부정사
  ***aus*bauen** (bauen ... *aus*) [분리&타동] ...을 확장하다, 개발하다 (영. extend, develop)
  3 기본형 : *aus*bau*en* - *aus*bau*te* (bau*te* ... *aus*) - *ausge*bau*t*

Memo

016

Präsident Obama wirft den Europäern vor, sich nicht ausreichend um die Probleme ihres Bankensystems gekümmert zu haben.

오바마 대통령은 유럽인들에 대해 자신들의 은행 체계의 문제점들에 대하여 충분히 신경 쓰지 않았다는 점을 비난하고 있다.

Präsident Obama(주어) wirft(동사; 현재 시제(분리동사)) den Europäern(복수 3격) vor(분리전철) , ... gekümmert **zu** haben(zu-부정사)

1. Präsident Obama ... wirft ... vor :

분리동사 ***vor***werfen의 현재 시제임.

주어 "Präsident ..."는 **er**에 해당함.

→ 기본 동사 werfen은 어간 모음이 변화하여 wirf*t*임.(전철 vor-는 분리되어 맨 뒤에 옴)

2. ... wirft den Europäern vor , ... zu haben :

「j-m vorwerfen , ... zu + 동사 원형」'누구에게 ...인 것을 비난하다'

복수명사 Europäer가 동사의 3격 목적어임. → 복수 3격!

- 복수 3격 정관사 **den**이 앞에 옴.
- 복수 3격 명사 형태는 항상 **-n**이어야 함. → 추가로 어미 **-n**이 붙어 Europäer**n**임.

..., sich ... um die Probleme ihres Bankensystems gekümmert **zu** haben

(sich: 재귀대명사 4격 / um die Probleme: 복수 4격 / ihres Bankensystems: 중성 2격 / gekümmert zu haben: zu + 동사 원형)

1. ... gekümmert zu haben :

동사 kümmern의 완료형「haben ... gekümmert」가 zu-부정사를 구성함.

"완료부정사" : 완료형「haben ... pp」 혹은「sein ... pp」가 zu-부정사를 이루는 경우.

→「... pp **zu** haben」 혹은「... pp **zu** sein」임.

(완료부정사는 주문장 안의 내용보다 시간적으로 더 앞선 내용을 나타냄.)

2. ... sich ... um die Probleme ... gekümmert ... :

「sich^4 um etw.^{4} kümmern」'*무엇을 돌보다*'

복수명사 Problem*e*가 4격 전치사 um과 결합함. → 복수 4격!

복수 4격 정관사 **die**가 앞에 옴.

3. ... Probleme ihres Bankensystems :

중성명사 Bankensystem이 앞 명사를 수식하는 2격임. → 중성 2격!

- 소유대명사 ihr-('그들의' 영. their)은 중성 2격 어미 **-es**가 붙어 ihr**es**임.
- 남성, 중성 2격 명사는 **-s** 혹은 **-es**가 붙음. → 중성이므로 **-s**가 붙어 Bankensystem**s**임.

- der **Präsident** (die Präsident*en*) 대통령 (영. president)
  - 단수의 경우, 주어 1격을 제외한 단수 2, 3, 4격이 복수형과 동일하게 Präsident*en*인 약변화 명사.

- **wirft ... vor** ⇒ 분리동사 *vor*werfen의 현재 시제, 불규칙 형태
  *vor***werfen** (werfen ... *vor*) [분리&타동] ...을 비난하다 (영. accuse, reproach)
  「j-m etw. *vor*werfen」 *누구*에게 *무엇*을 비난하다
  - 현재 시제 불규칙 변화 : du wirfst ... *vor* ; er (sie, es) wirft ... *vor*
  - 3 기본형 : *vor*werfen - *vor*warf (warf ... *vor*) - *vor*geworfen
    - ↳ **werfen** [타/자동] (...을) 던지다 (영. throw)

- der **Europäer** (die -) 유럽인 (영. European)

- **ausreichend** [현재분사&형] 충분한, (부사적) 충분히 (영. enough, sufficient)
  - 현재분사 「동사 원형 + -d」 (영. -ing) → '능동' 의미의 형용사 :
    동사 원형 tanzen '춤추다' (영. dance) → 현재분사 tanzend '춤추는' (영. dancing)
  - ↳ ***aus*reichen** (reichen ... *aus*) [분리&자동] 충분하다 (영. be enough)
    - 3 기본형 : *aus*reich*en* - *aus*reich*te* (reich*te* ... *aus*) - *ausge*reich*t*

- **um** [4격 전치사] ~주위에, ~을 빙 돌아 (영. around)

- das **Problem** (die Problem*e*) 문제, 문제점 (영. problem)

- das **Bankensystem** 은행 시스템
  → die **Bank** (die Bank*en*) 은행 (영. bank)
  → das **System** (die System*e*) 시스템, 체계 (영. system)

- **gekümmert** ⇒ 동사 kümmern의 pp형
  kümmern [4격 재귀동] 「**sich**[4] **um etw.**[4] **kümmern**」 *무엇*을 돌보다 (영. take care of)
  - 3 기본형 : kümmer*n* - kümmer*te* - *ge*kümmer*t*

- **... zu haben** ⇒ 완료형 「haben ... pp」의 조동사 haben의 zu-부정사

Memo

017

Die Partei wurde 2003 gegründet und sitzt seit den Wahlen 2010 im Parlament. Mit 16,7% der Stimmen wurde sie drittstärkste Kraft.

이 정당은 2003년에 창립되었으며, 2010년 선거 이후 국회에 자리 잡고 있다. 투표수의 16,7%를 획득함으로써 이 당은 세 번째로 강한 세력이 되었다.

Die Partei[주어] (여성 1격) **wurde**[동사1] (수동태 과거 시제(조동사)) ... **gegründet** (수동태(pp형)) und **sitzt**[동사2] (현재 시제)

seit den Wahlen (복수 3격) 2010 **im Parlament** (중성 3격)

1. Die Partei wurde ... gegründet und sitzt ... :

① 타동사 gründen의 수동태 과거 시제 「**wurde** ... pp」임.
주어는 여성의 **sie**('그녀')에 해당함. → 과거형 **wurde**는 어미 없이 그대로 **wurde_**임.

② 동사 sitzen의 현재 시제임. → 현재 시제 형태는 sitz*t*임.

2. seit den Wahlen ... :

복수명사 Wahl*en*이 3격 전치사 seit와 결합함. → 복수 3격!
복수 3격 정관사 **den**이 앞에 옴.

3. ... sitzt ... im Parlament :

3·4격 전치사 in이 자동사 sitzen과 함께 옴. → 3격 지배!

▶ 3·4격 전치사 : **sitzen**('앉아 있다')과 함께 오면 3격 지배;
setzen('...을 앉히다')과 함께 오면 4격 지배

중성명사 Parlament가 전치사 in의 3격 목적어임. → 중성 3격!
중성 3격 정관사 **dem**이 전치사 in과 함께 **im**으로 축약됨.

Mit 16,7% der Stimmen wurde(동사) sie(주어)
복수 2격 / 과거 시제 / 여성 sie('그녀')

drittstärkste Kraft
동사 wurde의 주격 보어(복수 1격)

1. ... 16,7% der Stimmen :

복수명사 Stimme*n*이 앞의 "16,7%"를 수식하는 2격임. → 복수 2격!
복수 2격 정관사 **der**가 앞에 옴.

2. ... wurde sie ... :

동사 werden('... 되다')의 과거 시제임 :
주어가 여성의 **sie**임. → 과거 시제 형태는 **wurde_**임.

3. drittstärkste Kraft :

여성명사 Kraft가 동사 wurde의 주격 보어임. → 여성 1격!
형용사 drittstärkst는 앞에 관사 없음. → 여성 1격 정관사 die처럼 변화하여 drittstärkste임.

- die **Partei** (die Partei*en*) 당, 정당 (영. party)
  - 명사 형태 -ei : 항상 여성이며, 복수형은 *-en*임.
- wurde ⇒ 수동태 조동사 werden의 과거 시제
  (수동태 과거 시제 「wurde ... pp」에 사용됨.)
  - werden의 3 기본형 : werden - wurde - worden

  [주의] 일반 동사 werden('... 되다' 영. become)의 pp형은 geworden임.
- 2003 ⇒ "zweitausenddrei"로 읽음.
- gegründet ⇒ 동사 gründen의 pp형
  gründen [타동] ...을 세우다, 창립하다 (영. found, establish)
  - 3 기본형 : gründ*en* - gründ*ete* - *ge*gründ*et*

  [주의] 어간 끝이 -d이므로 과거형 및 과거분사형(= pp형)에서 발음상 -e- 첨가!

- **sitzen** [자동] 앉아있다 (영. sit)
  - 3 기본형 : sitzen - saß - gesessen
- **seit** [3격 전치사] ~이래, ~이후 (영. since)
- die **Wahl** (die Wahl*en*) 선거 (영. vote)
- 2010 ⇒ "zweitausendzehn"으로 읽음.
- das **Parlament** (die Parlament*e*) 의회, 국회 (영. paliament)
  - 명사 형태 -ment : 항상 중성이며, 복수형은 -e임.
- **mit** [3격 전치사] [1] ~을 가지고 ; [2] ~와 함께 (영. with)
- 16,7% ⇒ "sechzehn Komma sieben Prozent"로 읽음.
- die **Stimme** (die Stimme*n*) [1] 투표, 투표권 (영. vote) ; [2] 목소리 (영. voice)
- **wurde** ⇒ 동사 werden의 과거 시제

  werden [자동] (완료형 : sein ... pp) (형용사 혹은 명사 보어와 함께) ... 되다 (영. become)
  - 3 기본형 : werden - wurde - geworden

    [주의] 수동태 조동사 werden의 pp형은 worden임.
  - 현재 시제 불규칙 변화 : du wirst ; er (sie, es) wird
- **drittstärkst-** 세 번째로 강한 (영. third-strongest)

  → dritt- [수] (서수) 셋째의, 제 3의 (영. third)

  → stärkst ⇒ 형용사 stark의 최상급

  stark [형] 강한, 강력한 (영. strong)
  - 3 비교형 : stark - stärk*er* - stärk*st*
- die **Kraft** (die Kräft*e*) 힘, 세력 (영. force, power)

Memo

018

Mit einer Reihe neuer Gesetze schränkt die russische Regierungspartei „Vereintes Russland“ Rechte von Demonstranten, regierungsunabhängigen Organisationen und Internetnutzern massiv ein.

상당한 숫자의 새 법률들을 가지고 러시아의 집권당인 "통일된 러시아"는 데모하는 사람들, 정부로부터 독립적인 단체들, 그리고 인터넷 이용자들의 권리들을 강력하게 제한하고 있다.

Mit einer Reihe (여성 3격) neuer Gesetze (복수 2격) schränkt[동사] (현재 시제(분리동사))

die russische Regierungspartei[주어] (여성 1격) ... Rechte (분리동사 schränkt ... ein의 4격 목적어 (복수 4격))

von Demonstranten, regierungsunabhängigen Organisationen (전치사 von의 목적어(복수 3격))

und Internetnutzern massiv ein (분리전철)

1. ... Reihe neuer Gesetze :

「eine Reihe + 2격」 '상당히 많은 수의 ...'

복수명사 Gesetz*e*가 앞 명사 Reihe를 수식하는 2격임. → 복수 2격!

형용사 neu 앞에 관사 없음. → neu는 복수 2격 정관사 d**er**처럼 변화하여 neu**er**임.

2. ... schränkt die russische Regierungspartei ... ein :

분리동사 *ein*schränken의 현재 시제임.

주어 "... Regierungspartei"는 여성의 **sie**('그녀')에 해당함.

→ "schränk*t* ... ein" (전철 ein-은 분리되어 맨 뒤에 옴.)

3. die russische Regierungspartei :

여성명사 Regierungspartei가 주어(= 1격)임. → 여성 1격!

- 여성 1격 정관사 **die**가 앞에 옴.
- 「여성 **die** + 형용사 -**e**」→ **die** russisch**e** ...

4. von ... regierungsunabhängigen Organisationen ... :

복수명사 Organisation*en*이 3격 전치사 von과 결합함. → 복수 3격!

형용사 regierungsunabhängig 앞에 관사 없음.

→ 복수 3격 정관사 d**en**처럼 변화하여 regierungsunabhängig**en**임.

5. von ... Internetnutzern :

복수명사 Internetnutzer가 3격 전치사 von과 결합함. → 복수 3격!

복수 3격 명사는 항상 -**n**이어야 함. → 추가로 -**n**이 붙어 Internetnutzer**n**임.

- **mit** [3격 전치사] ~을 가지고 (영. with)
- die **Reihe** (die Reihe*n*) (사람, 물건들이 나란히 늘어선) 줄, 열 (영. row, line)
  「**eine Reihe** + *2격*」 상당히 많은 수의 ...
- **neu** [형] 새, 새로운 (영. new)
- das **Gesetz** (die Gesetz*e*) 법, 법률 (영. law)
- **schränkt ... ein** ⇒ 분리동사 *ein*schränken의 현재 시제
  ***ein*schränken** (schränken ... *ein*) [분리&타동] ...을 제한하다 (영. limit, restrict)
  3 기본형 : *ein*schränk*en* - *ein*schränk*te* (schränk*te* ... ein) - *einge*schränk*t*
- **russisch** [형] 러시아의, 러시아인의, 러시아어의 (영. Russian)
- die **Regierungspartei** 집권 정당 (영. ruling party)
  → die **Regierung** (die Regierung*en*) 정부 (영. government)
  → die **Partei** (die Partei*en*) 당, 정당 (영. party)

vereint [과거분사&형] 통합된, 통일된 (영. united)

타동사의 과거분사(= pp형)는 '수동' 의미의 형용사임 :

타동사 schließen '...을 닫다' (영. close) → 과거분사 geschlossen '닫혀진' (영. closed)

↳ vereinen [타동] ...을 통합시키다, 통일하다 (영. unite) ≈ vereinigen

Russland (국가 명 ; 관사 없음) 러시아 (영. Russia)

das **Recht** (die Recht*e*) 권리 ; 「**das Recht auf etw.**[4]」 *무엇*에 대한 권리 (영. right)

der **Demonstrant** (die Demonstrant*en*) 시위자, 데모하는 사람 (영. demonstrator)

단수의 경우, 주어 1격을 제외한 단수 2, 3, 4격이 복수형과 동일하게 demonstrat*en*인 약변화 명사!

↳ **demonstrieren** [자동] 시위하다, 데모하다 (영. demonstrate)

3 기본형 : demonstrier*en* - demonstrier*te* - demonstrier*t*

[주의] 형태가 -ieren이므로 pp형은 ge- 없음!

regierungsunabhängig [형] 정부로부터 독립된

→ **unabhängig** [형] 독립된, 독립적인 (영. independent) ↔ abhängig 종속된, 종속적인

der **Internetnutzer** 인터넷 이용자

→ das **Internet** (die Internet*s* ; 주로 단수) 인터넷 (영. internet)

→ der **Nutzer** (die -) 이용자 (영. user)

↳ nutzen [타동] ...을 이용하다 (영. use, make use of ...)

3 기본형 : nutz*en* - nutz*te* - *ge*nutz*t*

massiv [형] 강한, 강력한, (부사적) 강하게, 강력하게 (영. heavy, massive)

Memo

019

Bundesbauminister Peter Ramsauer fordert von den Ländern stärkere Reaktionen auf steigende Mieten. Er kritisiert, die Mittel vom Bund würden nicht sachgerecht eingesetzt.

연방건설장관 페터 람자우어는 치솟고 있는 임대료들에 대한 보다 강력한 반응을 연방주들에게 요구하고 있다. 그는 연방의 자금이 적절하게 투입되지 못하고 있다고 비판한다.

Bundesbauminister Peter Ramsauer [주어] (남성 1격) fordert [동사] (현재 시제)

von den Ländern (복수 3격) stärkere Reaktionen (동사 fordert의 4격 목적어(복수 4격))

auf steigende Mieten (복수 4격)

1. von den Ländern :

복수명사 Länd*er*가 3격 전치사 von과 결합함. → 복수 3격!

- 복수 3격 정관사 **den**이 앞에 옴.
- 복수 3격 명사는 항상 **-n**이어야 함. → 추가로 어미 **-n**이 붙어 Ländern임.

2. stärkere Reaktionen :

복수명사 Reaktion*en*이 동사 fordert의 4격 목적어임. → 복수 4격!

형용사 stärker 앞에 관사 없음. → 복수 4격 정관사 die처럼 변화하여 stärkere임.

3. ... Reaktionen auf steigende Mieten :

「eine Reaktion auf etw.[4]」 '무엇에 대한 반응'

복수명사 Mieten이 전치사 auf의 4격 목적어임. → 복수 4격!

현재분사&형용사 steigend 앞에 관사 없음. → 복수 4격 정관사 die처럼 steigende임.

... Er[주어] kritisiert[동사] , die Mittel ... eingesetzt

kritisiert: 현재 시제 / die Mittel ... eingesetzt: 문장 전체 ⇒ 앞의 동사 kritisiert의 목적어임.

... , die Mittel[주어] vom Bund würden[동사] ... eingesetzt

die Mittel: 복수 1격 / vom Bund: 남성 3격 / würden: 수동태 접속법 II(수동태 조동사) / eingesetzt: 수동태 pp형

... würden ... eingesetzt :

타동사 einsetzen의 수동태의 접속법 II 형태로서 간접화법임.

(간접화법이므로 원래 접속법 I이어야 함. 그러나 직설법과 구분되지 않으므로 접속법 II가 옴.)

- der **Bundesbauminister** 연방건설부장관
  - → **Bundes...** (합성어로서) 연방 ... (영. federal ...)
  - → der **Bauminister** 건설부장관
    - → der **Bau** (항상 단수) 건설 (영. construction, building)
    - → der **Minister** (die -) 장관, 각료 (영. minister)

- **fordern** [타동] 「von j-m etw.[4] fordern」 누구로부터 *무엇*을 요구하다 (영. demand)
  - 3 기본형 : forder*n* - forder*te* - *ge*forder*t*

- das **Land** (die Länd*er*) 주, 연방주 (영. state, federal state)

- **stark** [형] 강한, 강력한 (영. strong)
  - 3 비교형 : stark - stärk*er* - stärk*st*

die **Reaktion** (die Reaktion*en*) 반응 (영. reaction)

「**eine Reaktion auf etw.**[4]」 *무엇*에 대한 반응

steigend [현재분사&형] 올라가는 (영. rising, increasing)

↳ **steigen** [자동] (완료형 : sein ... pp) 올라가다 (영. go up, climb, rise)

3 기본형 : steigen - stieg - gestiegen

die **Miete** (die Miete*n*) 임대료 (영. rent)

kritisieren [타동] ...을 비판하다 (영. criticize)

3 기본형 : kritisier*en* - kritisier*te* - kritisier*t*

[주의] 형태가 -ieren이므로 pp형은 ge- 없음!

das **Mittel** (die -) [1] (항상 복수) 자금 (영. means, funds) ; [2] 수단, 방법 (영. method)

der **Bund** (die Bünd*e*) 연방, 연맹 (영. federation, alliance)

würden ⇒ 수동태 「werden ... pp」의 조동사 werden의 접속법 II 형태

werden의 접속법 II

ich würde ; du würde*st* ; er (sie, es) würde

wir würde*n* ; ihr würde*t* ; sie, Sie würde*n*

sachgerecht [형] 적절한, (부사적) 적절하게 (영. appropriate, proper) ≈ sachgemäß

→ die **Sache** (die Sache*n*) 물건, 사물 (영. thing)

→ **gerecht** [형] 적당한, 적절한 (영. just, fair)

eingesetzt ⇒ 분리동사 *ein*setzen의 pp형

*ein*setzen (setzen ... *ein*) [분리&타동] ...을 투입하다 (영. put in, use)

3 기본형 : *ein*setz*en* - *ein*setz*te* (setz*te* ... *ein*) - *ein*ge*setz*t*

Memo

020

Die Mehrheit der Abgeordneten im Bukarester Parlament hat dem Misstrauensvotum der Opposition zugestimmt. Oppositionschef Victor Ponta soll eine neue Regierung bilden.

부카레스트 국회의 의원들의 다수는 야당의 불신임 투표에 동의했다. 야당 대표인 빅토르 폰타는 새 정부를 구성하게 된다.

Die Mehrheit[주어] (여성 1격) der Abgeordneten (복수 2격)

im Bukarester Parlament (중성 3격) hat[동사] (현재완료(조동사)) dem Misstrauensvotum (동사 zugestimmt의 3격 목적어(중성 3격))

der Opposition (여성 2격) zugestimmt (현재완료(pp형))

1. ... Mehrheit der Abgeordneten :

'국회의원들'을 뜻하므로 복수이며, 앞 명사를 수식하는 2격임. → 복수 2격!

- 복수 2격 정관사 **der**가 앞에 옴.
  - ▶ 여성 및 복수 2격 어미 **-er** (즉 : der, einer ; meiner, deiner, seiner ... ; keiner ; dieser ...)
- Abgeordnet-는 형용사 어미변화 함.
  「복수 정관사 + 형용사 **-en**」→ ... **der** Abgeordnet**en**

2. ... Abgeordneten im Bukarester Parlament :

① 3·4격 전치사 in은 앞 명사를 수식하여 '... 안의 ...'로 해석됨. → '위치'로서 3격 지배!
중성명사 Parlament가 전치사 in의 3격 목적어임. → 중성 3격!
중성 3격 정관사 **dem**이 와야 함. → 전치사 in과 함께 **im**으로 축약됨.

② 「도시 명 + **-er**」 '...의' → Bukarester '부카레스트의 ...'

3. dem Misstrauensvotum :

중성명사 Misstrauensvotum이 동사의 3격 목적어임. → 중성 3격!
중성 3격 정관사 **dem**이 앞에 옴.
▶ 남성, 중성 3격 어미 **-em** (즉 : d**em**, ein**em** ; mein**em**, dein**em** ... ; kein**em** ; dies**em** ...)

4. ... der Opposition :

여성명사 Opposition이 앞 명사를 수식하는 2격임. → 여성 2격!
여성 2격 정관사 **der**가 앞에 옴. (여성, 복수명사는 2격 어미 -s, -es 없음)

Oppositionschef Victor Ponta[주어] (남성 1격) soll[동사] (화법조동사(현재 시제))
eine neue Regierung (동사 원형 bilden의 4격 목적어(여성 4격)) bilden (동사 원형)

eine neue Regierung :

여성명사 Regierung이 동사 bilden의 4격 목적어임. → 여성 4격!
- 여성 4격 부정관사 **eine**가 앞에 옴.
- 「**eine** + 형용사 **-e**」 → **eine** neue ...

- die **Mehrheit** (die Mehrheit*en* ; 주로 단수) 다수, 과반수 (영. majority)
  - 명사 형태 -heit : 항상 여성이며, 복수형은 *-en*임.
- **Abgeordnet-** (형용사 어미변화) 의원, 국회의원 (영. member of paliament)
  - 과거분사&형용사 abgeordnet의 명사화 : der Abgeordnet*e*, ein Abgeordnet*er* ...
- **Bukarest** (도시 명 ; 관사 없음) (루마니아의 수도) 부카레스트 (영. Bucharest)
- das **Parlament** (die Parlament*e*) 의회, 국회 (영. paliament)
- **hat** ⇒ 현재완료 「haben ... pp」의 조동사 haben의 불규칙 형태
  - haben의 현재 시제 불규칙 변화
    ich hab*e* ; du hast ; er (sie, es) hat ; wir hab*en* ; ihr hab*t* ; sie, Sie hab*en*
- das **Misstrauensvotum** 불신임 투표 (영. vote of no-confidence)
  → das **Misstrauen** (항상 단수) 불신 (영. distrust, mistrust) ↔ das Vertrauen 신뢰, 신임
  → das **Votum** (die Vot*en*) 투표 (영. vote)
  - 명사 형태 -um : 항상 중성이며, 복수형은 -um 대신 *-en*임.
- die **Opposition** (die Opposition*en*) 야당 (영. opposition)
- **zugestimmt** ⇒ 분리동사 *zu*stimmen의 pp형
  ***zu*stimmen** (stimmen ... *zu*) [분리&자동] 「etw.[3] zustimmen」 *무엇*에 동의하다 (영. agree)
  - 3 기본형 : *zu*stimm*en* - *zu*stimm*te* (stimm*te* ... *zu*) - *zuge*stimm*t*
- der **Oppositionschef** 야당 당수 (영. opposition leader)
  → der **Chef** (die Chef*s*) (단체의 우두머리로서) 과장, 부장, 사장 (영. head, boss)
- **soll** ⇒ 화법조동사 sollen('...해야 하다' 영. should)의 현재 시제, 불규칙 형태
  - sollen의 현재 시제 불규칙 변화
    ich soll ; du soll*st* ; er (sie, es) soll ; wir soll*en* ; ihr soll*t* ; sie, Sie soll*en*
- **neu** [형] 새, 새로운 (영. new)
- die **Regierung** (die Regierung*en*) 정부 (영. government)
- **bilden** [타동] ...을 세우다, 구성하다 (영. form, establish)
  - 3 기본형 : bild*en* - bild*ete* - *ge*bild*et*
    [주의] 어간 끝이 -d이므로 과거형 및 과거분사형(= pp형)에서 발음상 -e- 첨가!

Memo

021

Beobachter der Vereinten Nationen sind am Tatort eingetroffen und suchen nach Beweisen für ein Massaker an Zivilisten. Die Beobachter sollen herausfinden, was genau geschehen ist.

UN의 옵서버들이 사건 현장에 도착했고, 민간인들에 대한 대규모 학살의 증거들을 찾고 있다. 이들은 정확히 무엇이 발생했는지를 밝혀내도록 되어 있다.

Beobachter[주어] (복수 1격) der Vereinten Nationen (복수 1격) sind[동사1] (현재완료(조동사 sein)) am Tatort (남성 3격) eingetroffen (현재완료(동사 pp형)) und suchen[동사2] (현재 시제) nach Beweisen (복수 3격) für ein Massaker (중성 4격) an Zivilisten (복수 3격)

1. ... sind ... eingetroffen ... :

'장소 이동' 자동사 *ein*treffen의 현재완료 시제「**sein** ... pp」임.

2. Beobachter der Vereinten Nationen :

복수명사 Nation*en*이 앞의 명사 Beobachter를 수식하는 2격임. → 복수 2격!

- 복수 2격 정관사 **der**가 앞에 옴.
- 「복수 정관사 + 형용사 **-en**」→ **der** Vereint**en** ...

3. nach Beweisen :

복수명사 Beweis*e*가 3격 전치사 nach와 결합함. → 복수 3격!

복수 3격 명사의 형태는 **-n**이어야 함. → 추가로 **-n**이 붙어 Beweise**n**임.

Die Beobachter[주어] (복수 1격) **sollen**[동사] (화법조동사(현재 시제)) **herausfinden** (동사 원형) ,
was ... geschehen ist (의문사 was-부문장(부문장 전체 ⇒ 앞의 herausfinden의 4격 목적어))

... , **was**[주어] (의문사) genau **geschehen ist**[동사] (현재완료(후치됨!))

... geschehen ist :
'상태 변화' 자동사 geschehen의 현재완료 시제「**sein** ... pp」임. (부문장 안에서 후치됨!)

- der **Beobachter** (die -) 감시자, 옵서버 (영. observer)
  ↳ **beobachten** [타동] ...을 관찰하다 (영. observe)
  - 3 기본형 : *beobachten* - *beobachtete* - *beobachtet*

- **Vereinte Nationen** (항상 복수) UN, 국제연합 (영. United Nations)
  → **vereint** [과거분사&형] 통합된, 연합된 (영. united)
  - 타동사 vereinen('...을 연합하다')의 과거분사(= pp형)임.

  → die **Nation** (die Nation*en*) 국가, 민족 (영. nation)

- **sind** ⇒ 현재완료 「sein ... pp」의 조동사 sein의 불규칙 형태
  - sein의 현재 시제 불규칙 변화 : ... wir sind ; ihr seid ; sie, Sie sind

- der **Tatort** 사건 현장 (영. scene of the crime) ; am **Tatort** 사건 현장에서
  → die **Tat** (die Tat*en*) 행위, 행동 (영. act, action)
  → der **Ort** (die Ort*e*) 장소 (영. place)

- **eingetroffen** ⇒ 분리동사 *ein*treffen의 pp형
  ***ein*treffen** (treffen ... *ein*) [분리&자동] (완료형 : sein ... pp) 도착하다 (영. arrive)
  - 3 기본형 : *ein*treffen - *ein*traf (traf ... *ein*) - *ein*getroffen
  - 현재 시제 불규칙 변화 : du triffst ... *ein* ; er (sie, es) trifft ... *ein*

- **suchen** [타/자동] (...을) 찾다, 구하다 (영. look for, seek)
  「**nach etw.**[3] **suchen**」 무엇을 적극적으로 찾다, 찾으려고 애쓰다 (영. search for)
  - 3 기본형 : such*en* - such*te* - *ge*such*t*

- der **Beweis** (die Beweis*e*) 증거 (영. proof, evidence)
  「**ein Beweis für etw.**[4]」 *무엇*에 대한 증거
  └▸ **beweisen** [타동] ...을 증명하다 (영. prove)
  - 3 기본형 : *be*weisen - *be*wies - *be*wiesen

- das **Massaker** (die -) 대량 학살 (영. massacre)
  「**ein Massaker an j-m**」 *누구*에 대한 학살

- der **Zivilist** (die Zivilist*en*) 민간인 (영. civilian)

- ***heraus*finden** (finden ... *heraus*) [분리&타동] ...을 찾아내다, 알아내다 (영. find out)
  - 3 기본형 : *heraus*finden - *heraus*fand (fand ... *heraus*) - *heraus*gefunden

- **sollen** ⇒ 화법조동사 sollen('...해야 하다' 영. should)의 현재 시제, 불규칙 형태
  - sollen의 현재 시제 불규칙 변화 : ... wir soll*en* ; ihr soll*t* ; sie, Sie soll*en*

- **genau** [형] 정확한, (부사적) 정확히 (영. exact)

- **geschehen** ⇒ 동사 geschehen의 pp형
  geschehen [자동] (완료형 : sein ... pp) 발생하다, 일어나다 (영. happen, occur)
  - 3 기본형 : geschehen - geschah - geschehen
  - 현재 시제, 불규칙 변화 : du geschiehs*t* ; er (sie, es) geschieh*t*

- **ist** ⇒ 현재완료 「sein ... pp」의 조동사 sein의 불규칙 형태

Memo

022

Der ukrainische Staatspräsident hat ein umstrittenes Gesetz zur Verwendung der russischen Sprache unterzeichnet. Die neue Regelung erlaubt es, Russisch zu offiziellen Anlässen zu nutzen.

우크라이나의 대통령은 논란이 되고 있는 러시아어 사용에 대한 법률을 승인했다. 이 새 규정은 러시아어를 공식적인 행사를 위해 사용하는 것을 허락한다.

Der ukrainische Staatspräsident (주어 / 남성 1격) **hat** (동사 / 현재완료(조동사))

ein umstrittenes Gesetz (동사 unterzeichnet의 4격 목적어(중성 4격)) zur Verwendung (여성 3격)

der russischen Sprache (여성 2격) unterzeichnet (현재완료(pp형))

1. Der ukrainische Staatspräsident :

남성명사 Staatspräsident가 문장의 주어(= 1격)임. → 남성 1격!

- 남성 1격 정관사 **der**가 앞에 옴.
- 「남성 **der** + 형용사 **-e**」→ **Der** ukrainische ...

2. ein umstrittenes Gesetz :

중성명사 Gesetz가 동사의 4격 목적어임. → 중성 4격!

- 중성 4격 부정관사 **ein**이 앞에 옴.
- 「중성 **ein** + 형용사 **-es**」→ **ein** umstrittenes ...

3. ... der russischen Sprache :

여성명사 Sprache가 앞 명사를 수식하는 2격 형임. → 여성 2격!

- 여성 2격 정관사 **der**가 앞에 옴.
- 「2, 3격 관사 + 형용사 **-en**」→ ... **der** russisch**en** ...

Die neue Regelung^주어 erlaubt^동사 es, Russisch ... **zu** nutzen

(Die neue Regelung: 여성 1격 / erlaubt: 현재 시제 / es: 비인칭 목적어(뒤의 zu-부정사를 가리킴) / Russisch ... zu nutzen: zu-부정사)

Die neue Regelung :

여성명사 Regelung이 문장의 주어(= 1격)임. → 여성 1격!

- 여성 1격 정관사 **die**가 앞에 옴.
- 「여성 **die** + 형용사 **-e**」→ **Die** neu**e** ...

..., Russisch zu offiziellen Anlässen **zu** nutzen

(Russisch: 동사 원형 nutzen의 4격 목적어 / zu offiziellen Anlässen: 복수 3격 / zu nutzen: 「zu + 동사 원형」)

zu offiziellen Anlässen :

복수명사 Anläss*e*가 3격 전치사 zu와 결합함. → 복수 3격!

- 형용사 offiziell 앞에 관사 없음. → 복수 3격 정관사 d**en**처럼 변화하여 offiziell**en**임.
- 복수 3격 명사 형태는 항상 **-n**이어야 함. → 추가로 어미 **-n**이 붙어 Anlässe**n**임.

- ukrainisch [형] 우크라이나의 (영. Ukrainian)

- der **Staatspräsident** (국가의) 대통령 (영. state president)
  → der **Staat** (die Staat*en*) 국가 (영. state)
  → der **Präsident** (die Präsident*en*) 대통령 (영. president)
  ▶ 단수의 경우, 주어 1격을 제외한 단수 2, 3, 4격이 복수형과 동일하게 Präsident*en*인 약변화 명사.

- hat ⇒ 현재완료 「haben ... pp」의 조동사 haben의 불규칙 형태
  ✔ haben의 현재 시제 불규칙 변화 : ich habe ; du hast ; er (sie, es) hat ; wir hab*en* ...

- umstritten [형] 논란이 되는 (영. disputed)

- das **Gesetz** (die Gesetz*e*) 법, 법률 (영. law)

- die **Verwendung** (die Verwendung*en*) 사용 (영. use)
  ↳ verwenden [타동] ...을 사용하다 (영. use)
  ✔ 3 기본형 : *verwenden* - *verwendete* (혹은 *verwandte*) - *verwendet* (혹은 *verwandt*)

- russisch [형] 러시아의, 러시아인의, 러시아어의 (영. Russian)

- die **Sprache** (die Sprache*n*) 언어 (영. language)

- unterzeichnet ⇒ 동사 unterzeichnen의 pp형
  unterzeichnen [타/자동] (...을) 서명하다, 승인하다 (영. sign)
  ✔ 3 기본형 : *unterzeichnen* - *unterzeichnete* - *unterzeichnet*
  [주의] 형태가 unter-로서 pp형은 ge- 없음.

- neu [형] 새, 새로운 (영. new)

- die **Regelung** (die Regelung*en*) 규정, 규정함 (영. regulation)
  ↳ regeln [타동] ...을 규정하다 (영. regulate)
  ✔ 3 기본형 : regel*n* - regel*te* - *ge*regel*t*

- erlauben [타동] ...을 허락하다, 허가하다 (영. allow, permit)
  ✔ 3 기본형 : *erlauben* - *erlaubte* - *erlaubt*
  [주의] 형태가 er-이므로 pp형은 ge- 없음.

- Russisch (언어 명) 러시아어 (영. Russian)

- zu [3격 전치사] (목적) ~을 위해 (영. for)
- offiziell [형] 공식적인 (영. official)
- der **Anlass** (die Anläss*e*) [1] 일, 행사 (영. occasion) ; [2] 이유, 원인 (영. motive, reason)
- **nutzen** [타동] ...을 이용하다, 사용하다 (영. use, make use of ...)
  「etw. zu etw.[3] nutzen」 *무엇*을 *무엇*을 위해 사용하다
  3 기본형 : nutz*en* - nutz*te* - *ge*nutz*t*

023

Aus Angst vor ethnisch, rassistisch oder religiös motivierten Gewaltakten verlassen tausende Angehörige ethnischer Minderheiten in Indien ihre Arbeitsorte.

민족적으로 혹은 인종차별주의적으로, 아니면 종교적으로 야기된 폭력 행위들에 대한 두려움 때문에 인도의 민족적 소수집단들의 수천 명의 구성원들이 자신들의 일터를 떠나고 있다.

Aus Angst vor ethnisch, rassistisch oder religiös motivierten (복수 3격) Gewaltakten verlassen[동사] (현재 시제) **tausende Angehörige**[주어] (복수 1격) ethnischer Minderheiten (복수 2격) in Indien (중성 3격) ihre Arbeitsorte (동사 verlassen의 4격 목적어(복수 4격))

1. Aus Angst vor ethnisch, rassistisch oder religiös motivierten Gewaltakten :

「Angst vor etw.[3]」 '*무엇*에 대한 두려움'

복수명사 Gewaltakt*e*가 전치사 vor의 3격 목적어임. → 복수 3격!

- 과거분사&형용사 motiviert 앞에 관사 없음. → 복수 3격 정관사 d**en**처럼 motiviert**en**임.
  - 형용사 앞에 관사, 소유대명사 등이 없을 경우 ⇒ 형용사 자체가 정관사 **d-** 어미변화 함.
- 복수 3격 명사는 항상 **-n**이어야 함. → 추가로 **-n**이 붙어 Gewaltakte**n**임.
- "ethnisch, rassistich oder religiös"는 뒤에 오는 motivierten을 수식하는 부사어임.

2. ... Angehörige :

Angehörig-는 형용사가 명사화 된 형태로서 형용사 어미변화 함.
여기서는 '구성원들'을 뜻하여 복수이며, 문장의 주어임. → 복수 1격!
Angehörig- 앞에 관사 없음. → 복수 1격 정관사 die처럼 변화하여 Anghörige임.

3. ... Angehörige ethnischer Minderheiten :

복수명사 Minderheit*en*이 앞 명사를 수식하는 2격임. → 복수 2격!
형용사 ethnisch 앞에 관사 없음. → 복수 2격 정관사 der처럼 변화하여 ethnischer임.

4. ihre Arbeitsorte :

복수명사 Arbeitsort*e*가 동사 verlassen의 4격 목적어임. → 복수 4격!
소유대명사 ihr-('그들의' 영. their)는 복수 4격 정관사 die처럼 변화하여 ihre임.
▶ 소유대명사 **mein-, dein-, sein-, ihr-** ... 및 부정어 **kein-** ⇒ 복수일 경우 정관사 **d-** 어미변화 함!

- aus [3격 전치사] ~로부터 (영. out of)
- die Angst (die Ängst*e*) 두려움 (영. fear, anxiety)
  「Angst vor etw.[3]」 *무엇*에 대한 두려움
- ethnisch [형] 인종적, 민족적, (부사적) 인종적으로, 민족적으로 (영. ethnic)
- rassistisch [형] 인종차별주의적, (부사적) 인종차별주의적으로 (영. racist)
  ↳ der Rassismus (항상 단수) 인종차별주의 (영. racism)
- religiös [형] 종교적, (부사적) 종교적으로 (영. religious)
  ↳ die Religion (die Religion*en*) 종교 (영. religion)
- motiviert [과거분사/형] 동기부여된 (영. motivate)
  ↳ motivieren [타동] ...을 일으키다, 동기부여 하다 (영. motivate)
  「j-n zu etw.[3] motivieren」 *누구*를 *무엇*을 하도록 동기부여하다
  3 기본형 : motivier*en* - motivier*te* - motiviert
  [주의] 형태가 -ieren이므로 pp형에서 ge- 없음!

- der **Gewaltakt** 폭력 행위 (영. act of violence)
  → die **Gewalt** (die Gewalt*en* ; 주로 단수) 폭력 (영. violence)
  → der **Akt** (die Akt*e*) 행동, 행위 (영. act, action)

- **verlassen** [타동] ...을 떠나다 (영. leave)
  - 3 기본형 : *ver*lassen - *ver*ließ - *ver*lassen
    [주의] 형태가 ver-이므로 pp형은 ge- 없음!
  - 현재 시제 불규칙 변화 : du verlässt ; er (sie, es) verlässt

- 「**tausende** + 복수명사」 수천의 ...

- **Angehörig-** (형용사 어미변화) 가족, 친족 (영. family, relative)
  - 형용사 angehörig의 명사화 : der Angehörig*e*, ein Angehörig*er* ...

- die **Minderheit** (die Minderheit*en*) 소수 민족, 소수 그룹 (영. minority) ↔ Mehrheit

- **Indien** (국가 명 ; 관사 없음) 인도 (영. India)

- der **Arbeitsort** (die Arbeitsort*e*) 직장생활 하는 곳
  → der **Ort** (die Ort*e*) 장소 (영. place)

Memo

024

Eindeutiger Verlierer der Wahl ist die SPD. Ihr misstrauten viele Wähler, weil die Landesvorsitzende Andrea Ypsilanti ein Versprechen gebrochen hatte.

선거의 뚜렷한 패배자는 독일사회민주당이다. 이를 많은 유권자들이 불신하였는데, 왜냐 하면 주 의장인 안드레아 윕실란티가 약속을 깨버렸었기 때문이다.

Eindeutiger Verlierer 주어	der Wahl	ist 동사	die SPD
남성 1격	여성 2격	현재 시제	동사 ist의 주격 보어(여성 1격)

Eindeutiger Verlierer :

남성명사 Verlierer가 문장의 주어(= 1격)임. → 남성 1격!

형용사 eindeutig 앞에 관사 없음. → 남성 1격 정관사 der처럼 변화하여 Eindeutiger임.

Ihr (동사 misstrauten의 3격 목적어) **misstrauten**[동사] (과거 시제) **viele Wähler**[주어] (복수 1격), **weil ... hatte** (종속접속사 weil-부문장)

1. ... misstrauten viele Wähler ... :

동사 misstrauen의 과거 시제임.

주어가 복수의 "viele Wähler"임. → 과거형 misstrau*te*에 추가로 -n이 붙어 misstrau*te*n임.

2. Ihr ... :

"Ihr"는 여성 인칭대명사 sie('그녀' 영. she)의 3격 형임. (문장 맨 앞에서 대문자 표기함!)

→ 앞에 나온 여성명사 "die SPD"를 받으며, 동사 misstrauten의 3격 목적어임.

..., **weil** (종속접속사) **die Landesvorsitzende**[주어] (여성 1격) ... **ein Versprechen** (gebrochen의 4격 목적어(중성 4격)) **gebrochen** (과거완료(pp형)) **hatte**[동사] (과거완료(조동사)(후치됨!))

1. ... gebrochen hatte :

동사 brechen의 과거완료 시제 「hatte ... pp」임. (부문장 안에서 후치됨.)

2. die Landesvorsitzende :

여자 인물을 나타내며, 부문장 안의 주어(= 1격)임. → 여성 1격!

- 여성 1격 정관사 **die**가 앞에 옴.
- 「여성 **die** + 형용사 **-e**」 → **die** Landesvorsitzende

- **eindeutig** [형] 뚜렷한, 분명한 (영. clear, obvious)

- der **Verlierer** (die -) 패배자 (영. loser)
  ↳ **verlieren** [타동] ...을 잃다, 패배하다 (영. lose)
  - 3 기본형 : verlieren - verlor - verloren

- die **Wahl** (die Wahl*en* ; 주로 단수) 선거 (영. election)

- **ist** ⇒ 동사 sein('...이다' 영. be)의 현재 시제, 불규칙 형태
  - sein의 현재 시제 불규칙 변화 : ich bin ; du bist ; er (sie, es) ist ; ...

- die **SPD** (= "Sozialdemokratische Partei Deutschlands") (독일의 정당) 독일사회민주당

- **misstrauten** ⇒ 동사 misstrauen의 과거 시제
  misstrauen [자동] (3격 요구동사) 불신하다 (영. distrust, mistrust)
  「**j-m misstrauen**」 누구를 불신하다 ↔ 「**j-m trauen**」 누구를 신뢰하다
  - 접두어 miss-는 반대 의미 : verstehen '이해하다' ↔ missverstehen '오해하다'
  - 3 기본형 : *miss*trau*en* - *miss*trau*te* - *miss*trau*t*
    [주의] 형태가 miss-이므로 pp형에서 ge- 없음!

- 「**viel*e*** + 복수명사」 많은 ... (영. many)

- der **Wähler** (die -) 유권자, 투표인 (영. voter)
  ↳ **wählen** [타동] [1] ...을 선택하다 (영. choose) ; [2] (투표하여) ...을 선출하다 (영. elect)
  - 3 기본형 : wähl*en* - wähl*te* - *ge*wähl*t*

- **weil** [종속접속사] ...이기 때문에, 왜냐하면 ... (영. because)

- **Landesvorsitzend-** (형용사 어미변화) 연방 주 당 의장 (영. state leader)
  → **Landes...** (합성어로서) 연방 주 ... (영. state ...)
  → **Vorsitzend-** (형용사 어미변화) 의장, 회장 (영. chairman)
  - 현재분사&형용사 vorsitzend의 명사화 : der Vorsitzend*e*, ein Vorsitzend*er* ...

- das **Versprechen** (die -) 약속 (영. promise) ; **ein Versprechen brechen** 약속을 깨다
  ↳ **versprechen** [타동] : ...을 약속하다 (영. promise)
  - 3 기본형 : *ver*sprechen - *ver*sprach - *ver*sprochen
    [주의] 형태가 ver-이므로 pp형에서 ge- 없음!

- **gebrochen** ⇒ 동사 brechen의 pp형
  brechen [타동] ...을 깨다 (영. break)
  - 3 기본형 : brechen - brach - gebrochen
  - 현재 시제 불규칙 변화 : du br*i*ch*st* ; er (sie, es) br*i*ch*t*

- **hatte** ⇒ 과거완료「hatte ... pp」의 조동사
  - haben의 3 기본형 : haben - hatte - gehabt

025

Die Entscheidung des Bundesverfassungsgerichts, bewaffnete Bundeswehreinsätze im Inland zu erlauben, wird in der Regierung von Union und FDP sehr unterschiedlich bewertet.

무장한 연방군을 국내에 투입하는 것을 허락하는 연방헌법재판소의 결정은 CDU/CSU 및 FDP (연립)정부 안에서 매우 상이하게 평가되고 있다.

Die Entscheidung[주어] (여성 1격) des Bundesverfassungsgerichts (중성 2격)

(, ... **zu** erlauben ,) (zu-부정사 (형용사적 용법)(앞의 "Die Entscheidung"을 수식함.)) wird[동사] (수동태 현재(조동사)) in der Regierung (여성 3격)

von Union und FDP (여성 3격) sehr unterschiedlich bewertet (수동태 현재(타동사의 pp형))

1. Die Entscheidung ... wird ... bewertet :

타동사 bewerten의 수동태 현재 시제 「werden ... pp」임.

주어 "Die Entscheidung"은 여성의 **sie**('그녀')에 해당함. "**wird** ... bewertet"임.

2. ... des Bundesverfassungsgerichts :

중성명사 Bundesverfassungsgericht가 앞 명사를 수식하는 2격임. → 중성 2격!

- 중성 2격 정관사 **des**가 앞에 옴.
  - 남성, 중성 2격 어미는 **-es**임. (예 : d**es**, ein**es** ; mein**es**, dein**es**, sein**es** ... ; dies**es** ...)
- 중성명사이므로 2격 어미 **-s**가 붙어 Bundesverfassungsgericht**s**임.
  - 남성, 중성명사 2격은 2격 어미 **-s** 혹은 **-es**가 붙음. (여성, 복수명사는 아님!)

... , bewaffnete Bundeswehreinsätze im Inland zu erlauben , ...

bewaffnete Bundeswehreinsätze: 뒤의 동사 원형 erlauben의 4격 목적어(복수 4격)
im Inland: 중성 3격
zu erlauben: 「zu + 동사 원형」

1. bewaffnete Bundeswehreinsätze :

복수명사 Bundeswehreinsätze가 동사의 4격 목적어임. → 복수 4격!
과거분사&형용사 bewaffnet는 앞에 관사 없음. → 복수 4격 정관사 die처럼 bewaffnete임.

2. im Inland :

3·4격 전치사 in은 앞의 명사를 수식하여 '국내 안에서의 ...'를 뜻함.
→ '위치'로서 3격 지배!
중성명사 Inland가 전치사 in의 3격 목적어임. → 중성 3격!
중성 3격 정관사 **dem**이 와야 함. → 전치사 in과 함께 축약되어 **im**임.

- die **Entscheidung** (die Entscheidung*en*) 결정 (영. decision)

- das **Bundesverfassungsgericht** 연방헌법재판소
  → **Bundes...** (합성어로서) 연방 ... (영. Federal ...)
  → die **Verfassung** (die Verfassung*en*) 헌법 (영. constitution)
  → das **Gericht** (die Gericht*e*) 법원, 재판소 (영. court)

- **bewaffnet** [과거분사&형] 무장된 (영. armed)
  bewaffnen [타동] ...을 무장시키다 (영. arm)
  3 기본형 : *bewaffnen* - *bewaffnete* - *bewaffnet*
  [주의] 형태가 be-이므로 pp형에서 ge- 없음!
  [주의] 어간 끝이 -fn이므로 과거형 및 과거분사형(= pp형)에서 발음상 -e- 첨가!

- der **Bundeswehreinsatz** 연방군의 투입
  → die **Bundeswehr** (항상 단수) 연방군 (영. German armed forces)
  → der **Einsatz** (die Einsätz*e*) 투입 (영. use, deployment)

- das **Inland** (항상 단수) 국내, 내국 (영. home)

- **erlauben** [타동] ...을 허락하다 (영. allow)
  - 3 기본형 : *erlauben - erlaubte - erlaubt*
    [주의] 형태가 er-이므로 pp형에서 ge- 없음!
- **wird** ⇒ 수동태 「werden ... pp」의 조동사 werden의 현재 시제 불규칙 형태
  - werden의 현재 시제 불규칙 변화 : du wirst ; er (sie, es) wird
- die **Regierung** (die Regierung*en*) 정부 (영. government)
- die **Union** (독일의 보수 정당 CDU 및 CSU를 통합하여 부르는 명칭)
- die **FDP** (= "Freie Demokratische Partei") (독일의 정당) 자유민주당
- **sehr** [부] 매우, 아주 (영. very)
- **unterschiedlich** [형] 상이한 (영. different)
- **bewertet** ⇒ 동사 bewerten의 pp형
  bewerten [타동] ...을 평가하다 (영. assess, judge)
  - 3 기본형 : *bewerten - bewertete - bewertet*
    [주의] 형태가 be-이므로 pp형에서 ge- 없음!
    [주의] 어간 끝이 -t이므로 과거형 및 과거분사형(= pp형)에서 발음상 -e- 첨가!

Memo

026

Seit es in Deutschland eine rot-grüne Bundesregierung gibt, ist die Zahl derjenigen, die unter der Armutsgrenze leben, deutlich gestiegen : von 12,1 Prozent 1998 auf 13,5 Prozent heute.

독일에 적색·녹색 연방정부가 들어선 이후 빈곤의 한계 아래에서 살고 있는 사람들의 숫자가 뚜렷하게 증가했다 : 1998년의 12.1%에서 오늘날의 13.5%로.

Seit (종속접속사) **es**주어 (비인칭 주어) in Deutschland

eine rot-grüne Bundesregierung (동사 gibt의 4격 목적어(여성 4격)) gibt동사 (현재 시제(후치됨!)), ...

1. ... es ... gibt ... :

「Es gibt etw.[4]」'무엇이 있다' (영. There is/are ...)

2. eine rot-grüne Bundesregierung :

여성명사 Bundesregierung이 동사 gibt의 4격 목적어임. → 여성 4격!

- 여성 4격 부정관사 **eine**가 앞에 옴.
- 「eine + 형용사 -e」→ **eine** rot-grüne ...

Seit ... gibt, ist[동사] **die Zahl**[주어] ... (, **die ... leben,**) ... gestiegen : ...

(Seit ... gibt, : 종속접속사 seit-부문장 / ist : 현재완료(조동사 sein) / die Zahl : 여성 1격 / die ... leben, : 관계대명사 부문장 / gestiegen : 현재완료(pp형))

... ist ... gestiegen :
동사 steigen의 현재완료 시제 「**sein** ... pp」임.

... die Zahl derjenigen, **die**[주어] unter der Armutsgrenze leben[동사], ...

(derjenigen, : 관계대명사 선행사(복수 2격) / die : 관계대명사(복수 1격) / unter der Armutsgrenze : 여성 3격 / leben : 현재 시제(후치됨!))

... derjenig*en* ... :
'사람들'을 나타내므로 복수이며, 앞 명사를 수식하는 2격 형임. → 복수 2격!
복수 2격 정관사 **der-**와 형용사 어미 **-en**이 붙은 -jenig*en*이 결합함. → **der**jenig*en*임.
▶「2, 3격 관사 + 형용사 **-en**」

- seit [종속접속사] ... 이래, ... 이후 (영. since)
- rot [형] 빨강색의, 붉은 (영. red)
- grün [형] 녹색의, 초록의 (영. green)
- die Bundesregierung (연방국가인 독일의 정부 형태) 연방정부 (영. Federal Government)
- gibt ⇒ 동사 geben의 현재 시제, 불규칙 형태
  geben [타동] ...을 주다 (영. give)
  「Es gibt etw.[4]」 *무엇*이 있다 (영. There is/are ...)
  - 3 기본형 : geben - gab - gegeben
  - 현재 시제, 불규칙 변화 : du gi*bst* ; er (sie, es) gi*bt*

- **ist** ⇒ 현재완료 「sein ... pp」의 조동사 sein의 불규칙 형태
  - sein의 현재 시제 불규칙 변화 : ich bin ; du bist ; er (sie, es) ist ...

- die **Zahl** (die Zahl*en*) 수, 숫자 (영. number)
  - ↳ **zählen** [타/자동] (...을) 세다, 헤아리다 (영. count)
    - 3 기본형 : zähl*en* - zähl*te* - *ge*zähl*t*

- **derjenige** ... [지시대명사] (주로 뒤에 오는 관계대명사의 선행사로서) ...하는 그런 ...
  - derjenige ⇒ der- + -jenig*e*

    der는 정관사 어미변화, -jenig*e*는 형용사 어미변화 : derjenig*e*, diejenig*e*, dasjenig*e*, (복수) diejenig*en*

- **unter** [3 · 4격 전치사] (3격 : '위치') ~아래에서 ; (4격 : '방향') ~아래로 (영. under)

- die **Armutsgrenze** 궁핍의 한계치
  - → die **Armut** (항상 단수) 가난 (영. poverty)
  - → die **Grenze** (die Grenze*n*) 경계, 경계선 (영. boundary, border)

- **leben** [자동] 살다, 생존하다 (영. live)
  - 3 기본형 : leb*en* - leb*te* - *ge*leb*t*

- **deutlich** [형] 명확한, 분명한, (부사적) 명확하게, 분명하게 (영. clear, distinct)

- **gestiegen** ⇒ 동사 steigen의 pp형

  steigen [자동] (완료형 : sein ... pp) 올라가다 (영. go up, climb)
  - 3 기본형 : steigen - stieg - gestiegen

- **von** [3격 전치사] ~로부터 (영. from)

- das **Prozent** (die - 혹은 Prozent*e*) 퍼센트 (영. percent)

- **12,1** ⇒ "zwölf Komma eins"

- **1998** ⇒ "neunzehn*hundert*achtundneunzig"

- **13,5** ⇒ "dreizehn Komma fünf"

- **heute** [부] 오늘, 오늘날 (영. today)

Memo

027

Wie viele Neonazis es gibt, weiß keiner so genau. Aber schätzungsweise sind es 4600. Einige von ihnen gehören auch einer Partei an - der NPD oder der DVU.

얼마나 많은 신나치주의자들이 존재하는지를 아무도 그렇게 정확히 알지 못한다. 하지만 추정하건대 4600명일 듯하다. 그들 가운데 몇몇은 또한 정당에 소속되어 있기도 한데, 이를테면 독일국가민족당 혹은 독일민족당이다.

Wie viele Neonazis ... gibt,	weiß[동사]	keiner[주어]	so genau
의문사 부문장(부문장 전체 ⇒ 동사 weiß의 4격 목적어)	현재 시제	부정대명사 kein-(남성 1격)	

1. ... weiß keiner ... :

동사 wissen의 현재 시제임.

주어 "keiner"는 남성 **er**에 해당함. → 동사 형태는 불규칙 변화하여 **weiß**임.

2. keiner :

부정대명사 kein-은 정관사 **d-** 어미변화임.

불특정 일반인을 뜻하므로 남성이며, 주어임. → 남성 1격!

남성 1격 정관사 d**er** 어미변화 하여 kein**er**임.

▶ 부정대명사 kein- :

일반인 혹은 남자 ⇒ 남성 변화 kein**er**

여자 ⇒ 여성 변화 kein**e**

다수 ⇒ 복수 변화 kein**e**

Wie viele Neonazis es[주어] gibt[동사] , ...
의문사 Wie viele ...(동사 gibt의 4격 목적어 → 복수 4격) 비인칭 주어 현재 시제(후치됨!)

「Es gibt etw.[4]」 '무엇이 있다' (영. There is/are ...)

Aber schätzungsweise sind[동사] es[주어] 4600
부사어 현재 시제 비인칭 주어 동사 sind의 주격 보어

Es **sind** 4600. = Es **ist** 4600.

Einige[주어] von ihnen gehören[동사] ... einer Partei
복수 1격 현재 시제 동사의 3격 목적어(여성 3격)

an - der NPD oder der DVU
분리전철 앞의 "einer Partei"와 동격(여성 3격)

Einige von ihnen :
3격 전치사 von과 결합해야 함. → 복수의 sie('그들' 영. they)의 3격 형 **ihnen**이 옴.

「wie viel*e* + 복수명사 ... ?」 얼마나 많은 ... ? (영. how many ... ?)
→ wie [의문사] 어떻게? (영. how)
→ 「viel*e* + 복수명사」 많은 ... (영. many)

der Neonazi (die Neonazi*s*) 신나치주의자 (영. neo-Nazi)
→ neo... , Neo... (합성어로서) 신 ... , 새로운 ... (영. neo-...)
→ der Nazi (= "Nationalsozialist") (die Nazi*s*) 나치주의자 (영. Nazi)

- **gibt** ⇒ 동사 geben의 현재 시제, 불규칙 형태
  geben [타동] ...을 주다 (영. give)
  「**Es gibt etw.**[4]」 *무엇*이 있다 (영. There is/are ...)
  - 3 기본형 : geben - gab - gegeben
  - 현재 시제 불규칙 변화 : du gibst ; er (sie, es) gibt

- **weiß** ⇒ 동사 wissen의 현재 시제, 불규칙 형태
  wissen [타동] ...을 알다 (영. know)
  - 3 기본형 : wissen - wusste - gewusst
  - 현재 시제 불규칙 변화 : ich weiß ; du weißt ; er (sie, es) weiß

- **kein*er*** [부정대명사] (남성 정관사 d- 어미변화) 아무도 ... 않다 (영. no one, nobody)

- **so** [부] 그렇게 (영. so)

- **genau** [형] 정확한, (부사적) 정확히 (영. exact, accurate)

- **schätzungweise** [부] 추정하건대, 대략 (영. roughly) ≈ etwa, ungefähr

- **sind** ⇒ 동사 sein('...이다' 영. be)의 현재 시제, 불규칙 형태

- **4600** ⇒ "viertausendsechshundert"로 읽음.

- **einig*e*** [부정대명사] 몇몇, 몇 사람 (영. a few, several)

- **von** [3격 전치사] ~중에, ~가운데 (영. of)

- **gehören ... an** ⇒ 분리동사 *an*gehören의 현재 시제
  ***an*gehören** (gehören ... *an*) [자동] 「**etw.**[3] **angehören**」 ...에 속하다 (영. belong to ...)
  - 3 기본형 : *an*gehör*en* - *an*gehör*te* (gehör*te* ... *an*) - *an*gehör*t*

    [주의] 기본 동사는 *ge*hören임. → 형태가 ge-이므로 pp형에서 ge- 없음!

- **die Partei** (die Partei*en*) 당, 정당 (영. party)

- **die NPD** (= "Nationaldemokratische Partei Deutschlands")
  (독일의 극우 정당) 독일국가민주당

- **die DVU** (= "Deutsche Volksunion") (독일의 극우 정당) 독일민족당

Memo

028

Weißrussland wird von Alexander Lukaschenko autoritär regiert - dennoch schulten deutsche Polizisten jahrelang Sicherheitskräfte des Diktators.

백러시아는 알렉산더 루카쉔코에 의해 강압적으로 통치되고 있는데, 그럼에도 불구하고 독일 경찰관들이 여러 해 동안 이 독재자의 보안 인력을 교육했다.

Weißrussland[주어] (중성 1격) wird[동사] (수동태 현재(조동사 werden)) von Alexander Lukaschenko (수동태의 '행위자'(남성 3격))
autoritär regiert (수동태 현재(타동사 pp형)) - ...

Weißrussland wird **...** regiert **:**
타동사 regieren의 수동태 현재 시제 「**werden** ... pp」임.
주어 "Weißrussland"는 중성의 **es**에 해당함. → "**wird** ... regiert"임.

... schulten동사 deutsche Polizisten주어 ... Sicherheitskräfte des Diktators

(schulten: 과거 시제 / deutsche Polizisten: 복수 1격 / Sicherheitskräfte: 동사 schulten의 4격 목적어(복수 4격) / des Diktators: 남성 2격)

1. deutsche Polizisten :

복수명사 Polizist*en*이 주어(= 1격)임. → 복수 1격!

형용사 deutsch는 앞에 관사 없음. → 복수 1격 정관사 die처럼 변화하여 deutsche임.

2. ... schulten deutsche Polizisten ... :

동사 schulen의 과거 시제임.

주어인 "... Polizisten"은 복수의 sie('그들은' 영. they)에 해당함.

→ 과거형 schul*te*에 추가로 -n이 붙어 schul*ten*임.

3. ... des Diktators :

남성명사 Diktator가 앞 명사를 수식하는 2격임. → 남성 2격!

- 남성 2격 정관사 des가 앞에 옴.
  - ▶ 남성, 중성 2격 어미는 -es임. (예 : des, eines ; meines, deines, seines ... ; dieses ...)
- 명사 Diktator는 남성임. → 2격 어미 -s가 붙어 Diktators임.
  - ▶ 남성, 중성명사 2격은 2격 어미 -s 혹은 -es가 붙음. (여성, 복수명사는 아님!)

- **Weißrussland** (국가 명 ; 관사 없음) 백러시아, 벨로루시 (영. Belorussia, Belarus)
  → **weiß** [형] 흰색의 (영. white)
  → **Russland** (국가 명 ; 관사 없음) 러시아 (영. Russia)

- **wird** ⇒ 수동태 「werden ... pp」의 조동사 werden의 불규칙 형태
  - werden의 현재 시제 불규칙 변화 : du wirst ; er (sie, es) wird

- **von** [3격 전치사] (수동태의 '행위자') ~에 의해 (영. by)

- **autoritär** [형] 권위적인, 강압적인 (영. authoritarian) ↔ demokratisch 민주적인

- **regiert** ⇒ 동사 regieren의 pp형
  regieren [타동] ...을 다스리다, 통치하다 (영. govern)
  - 3 기본형 : regier*en* - regier*te* - regier*t*
    [주의] 형태가 -ieren이므로 pp형은 ge- 없음!

- **dennoch** [부] 그럼에도 불구하고 (영. nevertheless) ≈ trotzdem

- **schulten** ⇒ 동사 schulen의 과거 시제
  schulen [타동] ...을 교육시키다, 훈련시키다 (영. train)
  - 3 기본형 : schul*en* - schul*te* - *ge*schul*t*

- **deutsch** [형] 독일의, 독일인의, 독일어의 (영. German)

- der **Polizist** (die Polizist*en*) 경찰관 (영. policeman)
  - 단수의 경우, 주어를 제외한 단수 2, 3, 4격이 복수형과 동일하게 Polizist*en*인 약변화 명사!
  - ↳ die **Polizei** (die Polizei*en* ; 주로 단수) 경찰 (영. police)

- **jahrelang** [형] 여러 해에 걸친, 오랜 기간 동안 (영. longstanding)

- die **Sicherheitskräfte** (항상 복수) (경찰 등의) 사회 안전 인원 (영. security forces)
  → die **Sicherheit** (die Sicherheit*en* ; 주로 단수) 안전 (영. safety)
    ↳ **sicher** [형] 안전한 (영. secure, safe)
  → **...kräfte** (합성어로서, 항상 복수) ... 인원, 요원 (영. ... personnel)
    ↳ die **Kraft** (die Kr*ä*ft*e*) 힘, 세력 (영. power, force)

- der **Diktator** (die Diktator*en*) 독재자 (영. dictator)

Memo

029

Beim Bundeskriminalamt sind drei Monate lang Daten aus der Telekommunikationsüberwachung gelöscht worden. Möglicherweise sind wertvolle Beweismittel vernichtet worden.

연방수사국에서 무선통신 감시 활동으로부터 나온 자료들이 3개월에 걸쳐 삭제되었다. 아마도 가치 있는 증거 자료들이 소멸되었을 것이다.

Beim Bundeskriminalamt (중성 3격) sind[동사] (수동태 현재완료(현재완료 조동사 sein)) ... Daten[주어] (복수 1격)

aus der Telekommunikationsüberwachung (여성 3격)

gelöscht (수동태 현재완료(수동태 pp형)) worden (수동태 현재완료(수동태 조동사 werden의 pp형))

1. Beim Bundeskriminalamt :

중성명사 Bundeskriminalamt가 3격 전치사 bei와 결합함. → 중성 3격!
중성 3격 정관사 **dem**이 와야 함. → 전치사 bei와 함께 축약되어 **Beim**임.

2. ... sind ... Daten ... gelöscht worden :

타동사 löschen의 수동태 현재완료 「**sein** ... pp **worden**」임.
주어 "Daten"은 복수의 **sie**('그것들')에 해당함. → "**sind** ... vernichtet worden"임.

3. aus der Telekommunikationsüberwachung :

여성명사 Telekommunikationsüberwachung이 3격 전치사 aus와 결합함. → 여성 3격!
여성 3격 정관사 **der**가 앞에 옴.

... sind[동사] wertvolle Beweismittel[주어] vernichtet worden

- sind: 수동태 현재완료(현재완료 조동사 sein)
- wertvolle Beweismittel: 복수 1격
- vernichtet: 수동태 현재완료(수동태 pp형)
- worden: 수동태 현재완료(수동태 조동사 werden의 pp형)

1. wertvolle Beweismittel :

복수명사 Beweismittel이 주어(= 1격)임. → 복수 1격!

형용사 wertvoll는 앞에 관사 없음. → 복수 1격 정관사 die처럼 변화하여 wertvolle임.

2. ... sind wertvolle Beweismittel ... vernichtet worden :

타동사 vernichten의 수동태 현재완료 「sein ... pp worden」임.

주어 "... Beweismittel"은 복수의 sie('그것들')에 해당함. → "sind ... vernichtet worden"임.

- bei [3격 전치사] 「bei + 기관, 회사」 (관련 범위 및 장소를 나타내어) ...에서
- das Bundeskriminalamt 연방수사국 (영. Federal Bureau of Criminal Investigation)
  → Bundes... (합성어로서) 연방 ... (영. federal ...)
  → Kriminal... (합성어로서) 범죄 수사... (영. crime ...)
  → das Amt (die Ämt*er*) 관청 (영. office, department) ≈ die Behörde
- sind ⇒ 수동태 현재완료 「sein ... pp worden」의 조동사 sein의 불규칙 형태
- der Monat (die Monat*e*) 달, 개월 (영. month)
- lang [형] [1] (길이가) 긴 ; [2] (시간이) 오랜 (영. long)
  「시간 표현 + lang」 : drei Monate lang '3개월 동안'
- die Dat*en* (항상 복수) 자료, 데이터 (영. data, facts)

- die **Telekommunikationsüberwachung** 무선통신 감시
  → die **Kommunikation** (die Kommunikation*en*) 의사소통 (영. communication)
  → die **Überwachung** (die Überwachung*en*) 감독, 통제 (영. supervision)
  ↳ **überwachen** [타동] ...을 감독하다, 통제하다 (영. supervise)
  ✔ 3 기본형 : *überwachen* - *überwachte* - *überwacht*
  [주의] 형태가 über-로서 pp형에서 ge- 없음!

- **gelöscht** ⇒ 동사 löschen의 pp형
  löschen [타동] ...을 삭제하다, 지우다 (영. erase, delete)
  ✔ 3 기본형 : lösch*en* - lösch*te* - *ge*lösch*t*

- **worden** ⇒ 수동태 조동사 werden의 pp형
  (수동태 현재완료 「sein ... pp worden」에 사용됨.)
  ✔ werden의 3 기본형 : werden - wurde - worden

- **möglicherweise** [부] 아마도 (영. possibly) ≈ vielleicht, eventuell

- **wertvoll** [형] 가치 있는, 소중한 (영. valuable)

- das **Beweismittel** 증거 수단, 증거 자료 (영. piece of evidence)
  → der **Beweis** (die Beweis*e*) 증거 (영. proof, evidence)
  → das **Mittel** (die -) 수단, 자료 (영. means)

- **vernichtet** ⇒ 동사 vernichten의 pp형
  vernichten [타동] ...을 없애다 (영. destroy, exterminate)
  ✔ 3 기본형 : *vernichten* - *vernichtete* - *vernichtet*
  [주의] 형태가 ver-이므로 pp형은 ge- 없음!

Memo

030

Mehrere tausend Personen sind während der Kämpfe in Libyen verschwunden. In Tripolis suchen verzweifelte Angehörige nach ihren Söhnen und Brüdern.

수천 명의 사람들이 리비아 안에서 전투들이 벌어지는 동안 사라졌다. 트리폴리스에서는 절망한 가족들이 자신들의 아들들과 남자 형제들을 찾고 있다.

Mehrere tausend Personen[주어] sind[동사]
복수 1격 / 현재완료(조동사)

während der Kämpfe ... verschwunden
복수 2격 / 현재완료(pp형)

1. Mehrere tausend Personen sind ... verschwunden :

'상태 변화' 자동사 verschwinden('사라지다')의 현재완료 시제 「**sein** ... pp」임.
주어 "... Person**en**"은 복수의 **sie**('그들')에 해당함. → "**sind** ... verschwunden"임.

2. während der Kämpfe :

복수명사 Kämpf*e*가 2격 전치사 während와 결합함. → 복수 2격!
복수 2격 정관사 **der**가 앞에 옴.

... suchen[동사] verzweifelte Angehörige[주어]
현재 시제 / 복수 1격

nach ihren Söhnen und Brüdern
복수 3격

1. ... suchen verzweifelte Angehörige ... :

동사 suchen의 현재 시제임.

주어 "... Angehörige"는 복수의 **sie**('그들')에 해당함. → 현재 시제 형태는 such<u>en</u>임.

2. verzweifelt<u>e</u> Angehörig<u>e</u> :

복수로서 주어(= 1격)임. → 복수 1격!

- 형용사 verzweifelt 앞에 관사 없음. → 복수 1격 정관사 di<u>e</u>처럼 verzweifelt<u>e</u>임.
- Angehörig-는 형용사 어미변화 함. → 앞의 verzweifelt<u>e</u>와 동일하게 Angehörig<u>e</u>임.

3. nach ihr<u>en</u> Söhne<u>n</u> und Brüder<u>n</u> :

복수명사 Söhn*e* 및 Brüder가 3격 전치사 nach와 결합 → 복수 3격!

- 소유대명사 ihr-('그들의' 영. their)는 복수 3격 어미 **-en**이 붙어 ihr<u>en</u>임.
  - 복수 3격 어미는 **-en** (예 : d**en** ; mein**en**, dein**en**, sein**en**, ihr**en** ... ; kein**en** ; dies**en** ...)
- 복수 3격 명사는 항상 **-n**이어야 함. → 추가로 어미 **-n**이 붙어 Söhne<u>n</u> 및 Brüder<u>n</u>임.

- 「mehrere tausend + 복수명사」 수천의 ... ; 「mehrere hundert + 복수명사」 수백의 ...
  ↳ 「mehrere + 복수명사」 = 「einige + 복수명사」 몇몇의 ... (영. several ...)

- die **Person** (die Person*en*) 사람, 개인 (영. person, individual)

- **sind** ⇒ 현재완료 「sein ... pp」의 조동사 sein의 불규칙 형태
  - sein의 현재 시제 불규칙 변화 : ... wir sind ; ihr seid ; sie, Sie sind

- **während** [2격 전치사] ~동안에 (영. during)

- der **Kampf** (die Kämpf*e*) 싸움, 전투 (영. fight, battle)

- **Libyen** (국가 명 ; 관사 없음) 리비아 (영. Libya)

- **verschwunden** ⇒ 동사 verschwinden의 pp형
  verschwinden [자동] (완료형 : sein ... pp) 사라지다 (영. disappear)
  - *ver*schwinden - *ver*schwand - *ver*schwunden

    [주의] 형태가 ver-이므로 pp형은 ge- 없음!

- **Tripolis** (도시 명 ; 관사 없음) (리비아의 수도) 트리폴리스 (영. Tripoli)

- **suchen** [타/자동] (...을) 찾다, 구하다 (영. look for, seek)
  「**nach etw.**[3] **suchen**」 *무엇*을 적극적으로 찾다, 찾으려고 애쓰다 (영. search for)
  - 3 기본형 : such*en* - such*te* - *ge*such*t*

- **verzweifelt** [과거분사&형] 절망적인, 절망한 (영. desperate)

- **Angehörig-** (형용사 어미변화) 가족, 친족 (영. family)
  - 형용사 angehörig의 명사화 : der Angehörig*e*, ein Angehörig*er* ...

- der **Sohn** (die Söhn*e*) 아들 (영. son)

- der **Bruder** (die Brüder) 남자 형제 (영. brother)

Memo

031

US-Präsident Obama hat seinen Herausforderer Romney kurz vor dem Parteitag der Republikaner hart angegriffen: Romney vertrete „extreme Positionen“ und sei unehrlich.

미국 대통령 오바마는 공화당원들의 전당대회 바로 전에 자신의 도전자인 롬니를 심하게 공격했는데, 롬니는 이른바 "극단적 입장"을 취하고 있으며, 정직하지 못하다고 했다.

US-Präsident Obama[주어] (남성 1격) **hat**[동사] (현재완료(조동사))

seinen Herausforderer Romney (angegriffen의 4격 목적어(남성 4격)) vor dem Parteitag (남성 3격)

der Republikaner (복수 2격) hart angegriffen (현재완료(pp형)) : ...

1. US-Präsident Obama hat ... angegriffen :

동사 *an*greifen의 현재완료 시제 「haben ... pp」임.

주어 "US-Präsident ..."는 남성 **er**에 해당함. → "**hat** ... angegriffen"임.

2. seinen Herausforderer Romney :

남성명사 "Herausforderer ..."가 동사의 4격 목적어임. → 남성 4격!

소유대명사 sein-('그의' 영. his)은 남성 4격 부정관사 ein**en**처럼 변화하여 sein**en**임.

3. vor dem Parteitag :

「vor + 3격」 '~전에' (영. before)

남성명사 Parteitag이 전치사 vor의 3격 목적어임. → 남성 3격!

남성 3격 정관사 **dem**이 앞에 옴.

▶ 남성 및 중성 3격 어미는 **-em**

(예 : d**em**, ein**em** ; mein**em**, dein**em** ... ; kein**em** ; dies**em** ...)

4. ... Parteitag der Republikaner :

복수명사 Republikaner가 앞 명사를 수식하는 2격임. → 복수 2격!

복수 2격 정관사 **der**가 앞에 옴.

▶ 여성 및 복수 2격 어미는 **-er** (예 : d**er**, ein**er** ; mein**er**, dein**er** ... ; kein**er** ; dies**er** ...)

... : **Romney**[주어] (남성 1격) vertrete[동사1] (접속법 I) „extreme Positionen" (vertrete의 4격 목적어(복수 4격)) und sei[동사2] (접속법 I) unehrlich (sei의 형용사 보어)

1. ... : Romny vertrete ... und sei ... :

간접화법임. → 동사 vertreten 및 sein의 접속법 I 형태임.

2. extreme Positionen :

복수명사 Position*en*이 동사 vertrete의 4격 목적어임. → 복수 4격!

형용사 extrem 앞에 관사 없음. → 복수 4격 정관사 di**e**처럼 변화하여 extrem**e**임.

- der **US-Präsident** 미국 대통령
  → der **Präsident** (die Präsident*en*) 대통령, 의장 (영. president)

- **hat** ⇒ 현재완료 「haben ... pp」의 조동사 haben의 불규칙 형태

- der **Herausforderer** (die -) 도전자 (영. challenger)
  ↳ ***heraus*fordern** (fordern ... *heraus*) [분리&타동] ...에게 도전하다 (영. challenge)
  ✔ 3 기본형 : *heraus*forder*n* - *heraus*forder*te* (forder*te* ... *heraus*) - *heraus**ge*forder*t*

- **kurz** [형] **짧은**, (부사적) **짧게** (영. short)

- der **Parteitag** (die Parteitag*e*) 정당 집회, 정당 총회 (영. party conference)
  → die **Partei** (die Partei*en*) 당, 정당 (영. party)
  → **tagen** [자동] 집회를 열다 (영. have a meeting)
  ↳ die **Tagung** (die Tagung*en*) 집회, 회의 (영. conference)

- der **Republikaner** (die -) (미국 의회의) 공화당원 (영. republican)
  ↳ die **Republik** (die Republik*en*) (국가 체제로서) 공화국 (영. republic)

- **hart** [형] **심한**, (부사적) 심하게 (영. hard)

- **angegriffen** ⇒ 분리동사 *an*greifen의 pp형
  ***an*greifen** (greifen ... *an*) [분리&타동] ...을 공격하다 (영. attack)
  ✔ 3 기본형 : *an*greifen - *an*griff (griff ... *an*) - *an*gegriffen

- **vertrete** ⇒ 동사 vertreten의 접속법 I 형태
  vertreten [타동] [1] (의견, 원칙 등을) 표명하다 ; [2] ...을 대표하다 (영. represent)
  ✔ 3 기본형 : *ver*treten - *ver*trat - *ver*treten
  [주의] 형태가 ver-이므로 pp형은 ge- 없음!

  ✔ 현재 시제, 불규칙 변화 : du vertritt*st* ; er (sie, es) vertritt
  ✔ 접속법 I
  ich vertret*e* ; du vertret*est* ; er (sie, es) vertret*e*
  wir vertret*en* ; ihr vertret*et* ; sie, Sie vertret*en*

- **extrem** [형] 극단적인, (부사적) 극단적으로 (영. extreme)

- die **Position** (die Position*en*) 위치, 입장, 지위 (영. position)

- **sei** ⇒ 동사 sein('...이다' 영. be)의 접속법 I 형태
  - sein의 접속법 I

    ich sei ; du sei*est* 혹은 sei*st* ; er (sie, es) sei

    wir sei*en* ; ihr sei*et* ; sie, Sie sei*en*

- **unehrlich** [형] 정직하지 못한 (영. dishonest) ↔ ehrlich 정직한

Memo

Frankfurter
Spiegel Onli
stern.de
Süddeutsch
taz.de
WDR Radio f

PART 2
경제

032

Am Dienstag wird Venezuela in die südamerikanische Wirtschaftsgemeinschaft Mercosur aufgenommen.

화요일에 베네수엘라는 남아메리카의 경제공동체인 메르코수르에 가입된다.

Am Dienstag wird[동사] (수동태 현재(조동사 werden)) Venezuela[주어] (중성 1격)

in die südamerikanische Wirtschaftsgemeinschaft (여성 4격)

... aufgenommen (수동태 현재(타동사 pp형))

1. ... wird Venezuela ... aufgenommen :

타동사&분리동사 *auf*nehmen의 수동태 현재 시제 「**werden** ... pp」임.

주어가 "Venezuela", 즉 중성의 **es**에 해당함. → "**wird** ... aufgenommen"임.

2. in die südamerikanische Wirtschaftsgemeinschaft ... :

3·4격 전치사 in은 '... 안으로 가입되다'로 해석됨. → '방향'을 뜻하여 4격 지배!

여성명사 Wirtschaftsgemeinschaft가 전치사 in의 4격 목적어임. → 여성 4격!

- 여성 4격 정관사 **die**가 앞에 옴.
- 「여성 **die** + 형용사 **-e**」→ in **die** südamerikanische ...

▶ 「남성 **der** + 형용사 **-e**」

「중성 **das** + 형용사 **-e**」

- der **Dienstag** (die Dienstag*e*) 화요일 (영. Tuesday) ; am **Dienstag** 화요일에

- **wird** ⇒ 수동태 「werden ... pp」의 조동사 werden의 현재 시제, 불규칙 형태
  - werden의 현재 시제 불규칙 변화 : du wirst ; er (sie, es) wird

- **Venezuela** (국가 명 ; 관사 없음) 베네수엘라 (영. Venezuela)

- **südamerikanisch** [형] 남아메리카의 (영. South American)
  → **süd...** (합성어로서) 남쪽의 ... , 남부 ... (영. south ...)
  → **amerikanisch** [형] 아메리카의 (영. American)
  ↳ **Amerika** (지역 명 ; 관사 없음) 아메리카 (영. America)

- die **Wirtschaftsgemeinschaft** 경제공동체 (영. economic community)
  - 명사 형태 -schaft : 항상 여성이며, 복수형은 *-en*임.
    → die **Wirtschaft** (die Wirtschaft*en* ; 주로 단수) 경제 (영. economy)
    → die **Gemeinschaft** (die Gemeinschaft*en*) 공동체, 공동 사회 (영. community)

- **aufgenommen** ⇒ 분리동사 *auf*nehmen의 pp형
  *auf*nehmen (nehmen ... *auf*) [분리&타동] ...을 받아들이다 (영. include, hold)
  - 3 기본형 : *auf*nehmen - *auf*nahm (nahm ... *auf*) - *auf*genommen
  - 현재 시제 불규칙 변화 : du nimm*st* ... *auf* ; er (sie, es) nimm*t* ... *auf*

033

Nordkorea braucht dringend Investoren für seine darbende Wirtschaft.

북한은 자신의 궁핍한 경제를 위해 시급하게 투자자들을 필요로 하고 있다.

Nordkorea주어 (중성 1격) braucht동사 (현재 시제) dringend (부사어) Investoren (동사 braucht의 4격 목적어(복수 4격))
für seine darbende Wirtschaft (여성 4격)

1. Nordkorea braucht ... :

동사 brauchen의 현재 시제임.
주어 "Nordkorea"는 중성의 **es**에 해당함. → 동사의 현재 시제 형태는 brauch*t*임.

2. für seine darbende Wirtschaft :

여성명사 Wirtschaft가 4격 전치사 für와 결합함. → 여성 4격!

- 소유대명사 sein-('그것의' 영. its)은 여성 4격 부정관사 eine처럼 변화하여 seine임.
- 「ein**e** (mein**e**, dein**e**, sein**e** ... kein**e**) + 형용사 **-e**」→ sein**e** darbend**e** ...
  (여기서 인칭대명사 sein-은 앞에 나온 "Nordkorea"를 받음.)

Nordkorea (국가 명 ; 관사 없음) 북한 (영. North Korea)
→ **Nord...** (합성어로서) 북쪽 ... (영. north ...)

brauchen [타동] ...을 필요로 하다 (영. need, require)
3 기본형 : brauch*en* - brauch*te* - *ge*brauch*t*

dringend [현재분사&형] 시급한, (부사적) 시급하게 (영. urgent)
현재분사 「동사 원형 + -d」 (영. -ing) → '능동' 의미의 형용사 :
동사 원형 singen '노래하다' (영. sing) → 현재분사 singend '노래하는' (영. singing)

der **Investor** (die Investor*en*) 투자자 (영. investor)
명사 형태 -or : 항상 남성이며, 복수형은 *-en*임.
→ **investieren** [타/자동] (...을) 투자하다 (영. invest)
3 기본형 : investier*en* - investier*te* - investier*t*
[주의] 형태가 -ieren이므로 pp형은 ge- 없음!

für [4격 전치사] ~을 위해, ~을 위한 (영. for)

darbend [현재분사&형] 궁핍한
→ **darben** [자동] 궁핍하다 (영. live in want)
3 기본형 : darb*en* - darb*te* - *ge*darb*t*

die **Wirtschaft** (die Wirtschaft*en* ; 주로 단수) 경제 (영. economy)
명사 형태 -schaft : 항상 여성이며, 복수형은 *-en*임.

034

Eine der wichtigsten Fragen unserer Zeit ist, wie wir in Zukunft Energie gewinnen.

우리 시대의 가장 중요한 질문들 가운데 하나는 어떻게 우리가 미래에 에너지를 얻을까 이다.

Eine주어 (부정대명사 ein-(여성 1격)) der wichtigsten Fragen (복수 2격) unserer Zeit (여성 2격) **ist**동사 (현재 시제),

wie ... gewinnen (의문사 wie-부문장(부문장 전체 ⇒ ist의 주격 보어))

1. Eine der wichtigsten Fragen ... :

「ein- + **der ...** (복수 2격)」 '...들 중의 하나' (영. one of ...)

① Eine ... :

뒤에 오는 여성명사 Frage에 일치하여 여성이며, 문장의 주어(= 1격)임. → 여성 1격!

여성 1격 정관사 die처럼 변화하여 Eine임.

▶ 부정대명사 ein-은 정관사 **d-** 어미변화 함.

② ... **der** wichtigsten Fragen ... :

복수명사 Frage*n*이 2격임. → 복수 2격!

- 복수 2격 정관사 **der**가 앞에 옴.

- 「복수 정관사 + 형용사 **-en**」 → **der** wichtigsten ...

2. Eine ... ist ... :

동사 sein의 현재 시제임.

주어인 부정대명사 "Eine"는 여성의 **sie**에 해당함. → 동사 sein의 형태는 불규칙적으로 **ist**임.

3. ... Fragen unserer Zeit :

여성명사 Zeit가 앞 명사를 수식하는 2격임. → 여성 2격!

소유대명사 unser-('우리의' 영. our)는 여성 2격 어미 -er가 붙어 unserer임.

▶ 여성, 복수 2격 어미 -er (즉 : der, einer ; meiner, deiner, seiner ... ; keiner ; dieser ...)

PART 2 경제

..., wie(의문사) wir(주어) ... Energie(gewinnen의 4격 목적어(여성 4격)) gewinnen(동사, 현재 시제(후치됨!))

..., wie wir ... gewinnen :

동사 gewinnen의 현재 시제임.

주어가 wir임. → 동사 형태는 gewinnen임. (부문장 안에서 후치됨)

- ein- [부정대명사] (정관사 d- 어미변화) (문맥 안의 특정 대상을 가리키며) 그 하나, 그것 하나
  「ein- + der ...(복수 2격)」 ...들 중의 하나 (영. one of ...)
- wichtigst ⇒ 형용사 wichtig의 최상급
  wichtig [형] 중요한 (영. important)
  ✔ 3 비교형 : wichtig - wichtig*er* - wichtig*st*
- die Frage (die Frage*n*) 질문, 의문 (영. question)
- die Zeit (die Zeit*en* ; 주로 단수) 시대, 시기 (영. era, age)
- ist ⇒ 동사 sein('...이다' 영. be)의 현재 시제, 불규칙 형태
  ✔ sein의 현재 시제 불규칙 변화
  ich bin ; du bist ; er (sie, es) ist ; wir sind ; ihr seid ; sie, Sie sind
  ✔ 3 비교형 : sein - war - gewesen
- wie [의문부사] 어떻게? (영. how)

- die **Zukunft** (die Zukünft*e* ; 주로 단수) 미래 (영. future) ; **in Zukunft** 미래에, 장차
- die **Energie** (die Energie*n* ; 주로 단수) 에너지 (영. energy)
- **gewinnen** [타동] ...을 얻다 (영. get, gain)
  - 3 기본형 : gewinnen - gewann - gewonnen

Memo

035

Die Aussicht auf eine rasche Erholung der Konjunktur weckt die Kauflaune der Verbraucher.

경기의 신속한 회복에 대한 전망이 소비자들의 구매 의욕을 일깨우고 있다.

Die Aussicht(주어) (여성 1격) auf eine rasche Erholung (여성 4격) der Konjunktur (여성 2격)

weckt(동사) (현재 시제) die Kauflaune (동사 weckt의 4격 목적어(여성 4격)) der Verbraucher (복수 2격)

1. Die Aussicht ... weckt ... :

동사 wecken의 현재 시제임.

주어 "Die Aussicht"는 여성의 **sie**('그녀')에 해당함. → 동사 형태는 weck*t*임.

2. ... Aussicht auf eine rasche Erholung :

「Aussicht auf etw.[4]」 '*무엇*에 대한 전망'

여성명사 Erholung이 전치사 auf의 4격 목적어임. → 여성 4격!

- 여성 4격 부정관사 **eine**가 앞에 옴.
- 「eine + 형용사 -e」 → **eine** rasche ...

3. ... Erholung der Konjunktur :

여성명사 Konjunktur가 앞 명사를 수식하는 2격임. → 여성 2격!

여성 2격 정관사 **der**가 앞에 옴.

▶ 여성, 복수 2격 어미는 **-er** (즉 : der, einer ; meiner, deiner, seiner ... ; keiner ; dieser ...)

4. ... Kauflaune der Verbraucher :

복수명사 Verbraucher가 앞 명사를 수식하는 2격임. → 복수 2격!
복수 2격 정관사 **der**가 앞에 옴.

- die **Aussicht** (die Aussicht*en* ; 주로 단수) 전망, 희망 (영. prospect, view)
  「**Aussicht auf etw.**[4]」 *무엇*에 대한 전망
  → die **Sicht** (die Sicht*en* ; 주로 단수) 시계, 시야 (영. visibility)

- **rasch** [형] 신속한, 빠른 (영. quick)

- die **Erholung** (항상 단수) 회복 (영. recovery)
  ↳ **erholen** [4격 재귀동] 「**sich von etw.**[3] **erholen**」 *무엇*으로부터 회복하다 (영. recover)
  3 기본형 : *er*hol*en* - *er*hol*te* - *er*hol*t*
  [주의] 형태가 er-이므로 pp형에서 ge- 없음!

- die **Konjunktur** (die Konjunktur*en*) 경기, 경제 상황 (영. economic situation)
  명사 형태 -ur : 항상 여성이며, 복수형은 *-en*임.
  die Kultur 문화 (die Kultur*en*)

- **wecken** [타동] ...을 깨우다 (영. wake)
  3 기본형 : weck*en* - weck*te* - *ge*weck*t*

- die **Kauflaune** 구매의욕
  → der **Kauf** (die K*ä*uf*e*) 구입, 구매 (영. purchase, buy)
  ↳ **kaufen** [타/자동] (...을) 사다, 구입하다 (영. buy)
  3 기본형 : kauf*en* - kauf*te* - *ge*kauf*t*
  → die **Laune** (die Laune*n*) 기분, 분위기 (영. mood)

- der **Verbraucher** (die -) 소비자 (영. consumer)
  → **verbrauchen** [타동] ...을 쓰다, 소비하다 (영. consume)
  3 기본형 : *ver*brauch*en* - *ver*brauch*te* - *ver*brauch*t*
  [주의] 형태가 ver-이므로 pp형에서 ge- 없음!
  ↳ **brauchen** [타동] ...을 필요로 하다, 요구하다 (영. demand, need)
  3 기본형 : brauch*en* - brauch*te* - *ge*brauch*t*

036

Innerhalb eines Jahres haben mehr als 300.000 Griechen ihren Job verloren. Gewerkschaften warnen vor einer „sozialen Explosion“.

1년 안에 30만 명 이상의 그리스인들이 그들의 직업을 잃었다. 노동조합들은 “사회적 폭발”을 경고한다.

Innerhalb eines Jahres (중성 2격) haben동사 (현재완료(조동사))
mehr als 300.000 Griechen주어 (복수 1격) ihren Job (verloren의 4격 목적어(남성 4격)) verloren (현재완료(pp형))

1. Innerhalb eines Jahres :

중성명사 Jahr가 2격 전치사 innerhalb와 결합함. → 중성 2격!

- 중성 2격 부정관사 **eines**가 앞에 옴.
- 중성명사인 Jahr는 2격 어미 **-es** 가 붙어 Jahres임.

▶ 남성 및 중성명사 2격 ⇒ **-s** 혹은 **-es**가 붙음. (여성 및 복수명사는 아님!)

2. ... haben mehr als 300.000 Griechen ... verloren :

동사 verlieren의 현재완료 시제「haben ... pp」임.

주어 “... Griechen”은 복수의 **sie**(‘그들’)에 해당함. → “haben ... verloren”

3. ihren Job :

남성명사 Job이 동사 verloren의 4격 목적어임. → 남성 4격!

소유대명사 ihr-(‘그들의’ 영. their)는 남성 4격 부정관사 einen처럼 변화하여 ihren임.

▶ 소유대명사 **mein-**, **dein-**, **sein-**, **ihr-** ... 및 부정어 **kein-** ⇒ 부정관사 **ein-** 어미변화 함!

Gewerkschaften^주어 warnen^동사 vor einer „sozialen Explosion"
복수 1격 / 현재 시제 / 여성 3격

1. Gewerkschaften warnen ... :

동사 warnen의 현재 시제임.

주어 "Gewerkschaft*en*"은 복수의 sie('그것들')에 해당함. → 동사 형태는 warnen임.

2. ... warnen vor einer „sozialen Explosion" :

「vor etw.[3] warnen」 '*무엇에 대하여 경고하다*'

여성명사 Explosion이 전치사 vor의 3격 목적어임. → 여성 3격!

- 여성 3격 부정관사 einer가 앞에 옴.
  - ▶ 여성 3격 어미 -er(즉 : der, einer ; meiner, deiner, seiner ... ; dieser ...)
- 「2, 3격 관사 + 형용사 -en」 → vor einer „sozialen ..."

innerhalb [2격 전치사] (시간적, 공간적) ~안에 (영. inside, within)

das **Jahr** (die Jahr*e*) (시간 단위) 년, 해 (영. year)

haben ⇒ 현재완료 「haben ... pp」의 조동사

mehr ⇒ viel, viele의 비교급

「mehr als + 숫자」 ... 이상 (영. more than ...)

「viel + 단수명사」 (추상, 물질명사 등과 함께) 많은 ... (영. much ...)

「viel*e* + 복수명사」 많은 ... (영. many ...)

✔ 3 비교형 : viel, viele - mehr - meist

der **Grieche** (die Grieche*n*) 그리스인 (영. Greek)

▶ 단수의 경우, 주어를 제외한 단수 2, 3, 4격이 복수형과 동일하게 Grieche*n*인 약변화 명사!

↳ Griechenland (국가 명 ; 관사 없음) 그리스 (영. Greece)

der **Job** (die Job*s*) 직업, 일자리 (영. job)

verloren ⇒ 동사 verlieren의 pp형
verlieren [타동] ...을 잃다, 분실하다 (영. lose)
3 기본형 : verlieren - verlor - verloren

die **Gewerkschaft** (die Gewerkschaft*en*) 노동조합 (영. labor union)

warnen [자동] 경고하다 ; 「j-n vor etw.[3] warnen」 *누구*에게 *무엇*을 경고하다 (영. warn)
3 기본형 : warn*en* - warn*te* - *ge*warn*t*

sozial [형] 사회의, 사회적인 (영. social)

die **Explosion** (die Explosion*en*) 폭발 (영. explosion)
↳ **explodieren** [자동] 폭발하다 (영. explode)
3 기본형 : explodier*en* - explodier*te* - explodier*t*
[주의] 형태가 -ieren이므로 pp형에서 ge- 없음!

Memo

037

Wesentlicher Grund für den Optimismus ist die Hoffnung, dass sich die Beschäftigung auch dieses Jahr stabil entwickeln wird.

낙관론의 본질적 이유는 고용이 금년에도 역시 안정적으로 발전할 것이라는 희망이다.

Wesentlicher Grund[주어] (남성 1격) für den Optimismus (남성 4격) ist[동사] (현재 시제)

die Hoffnung, (ist의 주격 보어) **dass** ... wird (dass-부문장(부문장 전체 ⇒ 앞의 "die Hoffnung"을 수식 · 설명함.))

1. Wesentlicher Grund :

남성명사 Grund가 주어(= 1격)임. → 남성 1격!

형용사 wesentlich 앞에 관사 없음. → 남성 1격 정관사 der처럼 변화하여 wesentlicher임.

2. ... Grund für den Optimismus :

「Grund für etw.[4]」 '무엇에 대한 이유'

남성명사 Optimismus가 4격 전치사 für와 결합함. → 남성 4격!

남성 4격 정관사 **den**이 앞에 옴.

3. Wesentlicher Grund ... ist ... :

동사 sein의 현재 시제임.

주어 "... Grund"는 남성 **er**에 해당함. → 동사 sein의 형태는 불규칙적으로 **ist**임.

4. ... die Hoffnung, dass ... :

dass-부문장은 앞에 있는 "die Hoffnung"을 수식 · 설명함.

... , **dass** sich **die Beschäftigung**주어 ... dieses Jahr ...
종속접속사 / 재귀대명사 4격 / 여성 1격 / 4격의 '시간' 부사어(중성 4격)

entwickeln wird동사
미래 시제(후치됨)

1. ... , dass ... die Beschäftigung ... entwickeln wird :

동사 entwickeln의 미래 시제 「**werden** ... 동사 원형」임.

주어 "die Beschäftigung"은 여성의 **sie**('그녀')에 해당함.

→ "**wird** ... entwickeln"이지만, 부문장 안에서 후치되어 "... entwickeln **wird**"임.

2. ... dass sich die Beschäftigung ... :

"sich"는 재귀대명사이므로 명사 주어 "die Beschäftigung"보다 앞에 위치함.

3. dieses Jahr :

중성명사 Jahr가 4격의 '시간' 부사어임. → 중성 4격!

지시대명사 dies-('이 ...' 영. this)는 중성 4격 정관사 das처럼 변화하여 dieses임.

- wesentlich [형] 본질적인 (영. essential)
  - ↳ das Wesen (die -) 본질 (영. essence)
- der Grund (die Gründ*e*) 「Grund für etw.[4]」 *무엇*에 대한 이유 (영. reason, cause)
- der Optimismus (항상 단수) 낙관론, 낙관주의 (영. optimism) ↔ Pessimismus 비관론
- die Hoffnung (die Hoffnung*en*) 희망 (영. hope)
  「eine Hoffnung auf etw.[4]」 *무엇*에 대한 희망
  - 명사 형태 -ung : 항상 여성이며, 복수형은 *-en*임.
  - ↳ hoffen [타/자동] (...을) 희망하다 (영. hope)
    「auf etw.[4] hoffen」 *무엇*을 희망하다
    「hoffen, dass ...」 ...이기를 희망하다
    3 기본형 : hoff*en* - hoff*te* - gehoff*t*

- die **Beschäftigung** (die Beschäftigung*en*) 고용, 채용 (영. employment)
  - ↳ **beschäftigen** [타동] 「j-n beschäftigen」 누구를 고용하다 (영. employ)
    - 3 기본형 : *beschäftigen* - *beschäftigte* - *beschäftigt*

      [주의] 형태가 be-이므로 pp형에서 ge- 없음!
  - ↳ **beschäftigt** [과거분사&형] 바쁜, 분주한 (영. busy)

- **stabil** [형] 안정된, 안정적인 (영. sturdy, stable)

- **entwickeln** (영. develop)

  1 [타동] ...을 발전시키다

  2 [4격 재귀동] 「sich[4] entwickeln」 발전하다, 전개되다

  - 3 기본형 : *entwickeln* - *entwickelte* - *entwickelt*

    [주의] 형태가 ent-이므로 pp형에서 ge- 없음!

Memo

038

Gesunkene Preise und günstige Kredite beleben die Nachfrage auf dem spanischen Immobilienmarkt.

떨어진 물가와 저렴한 대출은 스페인의 부동산 시장에서 수요를 활성화하고 있다.

Gesunkene Preise und günstige Kredite[주어] (복수 1격) **beleben**[동사] (현재 시제)

die Nachfrage (beleben의 4격 목적어(여성 4격)) auf dem spanischen Immobilienmarkt (남성 3격)

1. Gesunkene Preise und ... :

복수명사 Preis*e*가 주어(= 1격)임. → 복수 1격!

과거분사&형용사 gesunken 앞에 관사 없음. → 복수 1격 정관사 die처럼 Gesunkene임.

2. ... und günstige Kredite :

복수명사 Kredit*e*가 주어(= 1격)임. → 복수 1격!

형용사 günstig 앞에 관사 없음. → 복수 1격 정관사 die처럼 변화하여 günstige임.

3. Gesunkene Preise und günstige Kredite beleben ... :

동사 beleben의 현재 시제임.

주어 "... Preis*e* und ... Kredit*e*"는 복수의 **sie**에 해당함. → 동사 형태는 beleb**en**임.

4. auf dem spanischen Immobilienmarkt :

3·4격 전치사 auf는 내용상 '...에서'로 해석됨. → '위치'를 뜻하므로 3격 지배!

남성명사 Immobilienmarkt가 전치사 auf의 3격 목적어임. → 남성 3격!

- 남성 3격 정관사 **dem**이 앞에 옴.
- 「2, 3격 관사 + 형용사 **-en**」→ auf **dem** spanisch**en** ...

- **gesunken** [과거분사&형] 떨어진, 가라앉은 (영. sunk)
  ↳ **sinken** [자동] (완료형 : sein ... pp) 가라앉다, 떨어지다 (영. sink)
  3 기본형 : sinken - sank - gesunken

- der **Preis** (die Preis*e*) 가격 (영. price)

- **günstig** [형] (가격이) 저렴한, 적절한 (영. favourable, reasonable)

- der **Kredit** (die Kredit*e*) 은행 대출 (영. loan, credit)

- **beleben** [타동] ...을 활성화 하다, 자극하다 (영. enliven)
  3 기본형 : *beleben* - *belebte* - *belebt*
  [주의] 형태가 be-이므로 pp형에서 ge- 없음!

- die **Nachfrage** (die Nachfrage*n*) 수요 (영. demand)

- **auf** [3 · 4격 전치사] (3격 : '위치') ~위에, ~위에서 ; (4격 : '방향') ~위로 (영. on, on to)

- **spanisch** [형] 스페인의 (영. Spanish)
  ↳ **Spanien** (국가 명 ; 관사 없음) 스페인 (영. Spain)

- der **Immobilienmarkt** 부동산 시장 (영. immovable market)
  → die **Immobilie** (die Immobilie*n* ; 주로 복수) 부동산 (영. immovable)
  → der **Markt** (die Märkt*e*) 시장 (영. market)

039

Der Wirtschaftsminister ist mit Unternehmern nach Athen gereist. Nicht alle Griechen haben sich auf ihn gefreut.

경제장관은 기업가들과 함께 아테네로 갔다. 모든 그리스인들이 그를 기쁘게 맞이한 것은 아니었다.

Der Wirtschaftsminister[주어] (남성 1격) ist[동사] (현재완료(조동사 sein)) mit Unternehmern (복수 3격)

... gereist (현재완료(pp형))

1. Der Wirtschaftsminister ist ... gereist :

'장소 이동' 자동사 reisen의 현재완료 시제 「**sein** ... pp」임.

주어 "Der Wirtschaftsminister"는 남성 **er**에 해당함. → "**ist** ... gereist"임.

2. mit Unternehmern :

복수명사 Unternehmer가 3격 전치사 mit와 결합함. → 복수 3격!

복수 3격 명사의 형태는 항상 **-n**이어야 함. → 추가로 어미 **-n**이 붙어 Unternehmern임.

Nicht alle Griechen^주어 haben^동사 sich auf ihn gefreut

Nicht alle Griechen (복수 1격) haben (현재완료(조동사 haben)) sich (재귀대명사 4격) auf ihn (auf + 4격) gefreut (현재완료(pp형))

1. Nicht alle Griechen haben ... gefreut :

동사 freuen의 현재완료 시제 「**haben** ... pp」임.

주어 "... Griechen"은 복수의 **sie**에 해당함. → "haben ... gefreut"임.

2. ... sich auf ihn gefreut :

「sich⁴ auf etw.⁴ freuen」 '*무엇에 대해 기뻐하다*'

ihn은 남성 인칭대명사 **er**의 4격 형임. → 전치사 auf의 4격 목적어임.

- der **Wirtschaftsminister** 경제 장관 (영. minister for economic affairs)
  → die **Wirtschaft** (die Wirtschaft*en* ; 주로 단수) 경제 (영. economy)
  → der **Minister** (die -) 장관 (영. minister)
- **ist** ⇒ 현재완료 「sein ... pp」의 조동사 sein의 불규칙 형태
  sein의 현재 시제, 불규칙 변화 : ich bin ; du bist ; er (sie, es) ist ...
- **mit** [3격 전치사] ~와 함께 (영. with)
- der **Unternehmer** (die -) 기업가, 사업가 (영. employer)
  ↳ das **Unternehmen** (die -) 회사, 기업 (영. firm, company, enterprise)
- **Athen** (도시 명 ; 관사 없음) 아테네 (영. Athens)
- **gereist** ⇒ 동사 reisen의 pp형
  reisen [자동] (완료형 : sein ... pp) 여행 가다 (영. travel)
  3 기본형 : reis*en* - reis*te* - *ge*reis*t*
- 「**all***e* + 복수명사」 모든 ...들 (영. all ...)

- **Grieche** (die Griech*en*) 그리스인 (영. Greek)
  - 단수의 경우, 주어를 제외한 단수 2, 3, 4격이 복수형과 동일하게 Grieche*n*인 약변화 명사!
  - ↳ **Griechenland** (국가 명 ; 관사 없음) 그리스 (영. Greece)

- **haben** ⇒ 현재완료 「haben ... pp」의 조동사

- **gefreut** ⇒ 동사 freuen의 pp형

  freuen [4격 재귀동] 「**sich auf etw.**[4] **freuen**」 *무엇*에 대해 기뻐하다 (영. be pleased)

  - 3 기본형 : freu*en* - freu*te* - *ge*freu*t*

Memo

040

Die spanische Wirtschaft ist im zweiten Quartal noch tiefer in die Rezession gerutscht.

스페인의 경제는 2/4분기에 더욱 더 깊게 불경기로 빠져들었다.

Die spanische Wirtschaft(주어, 여성 1격) ist(동사, 현재완료(조동사 sein)) im zweiten Quartal(중성 3격) noch tiefer(부사어(비교급)) in die Rezession(여성 4격) gerutscht(현재완료(pp형))

1. Die spanische Wirtschaft ist ... gerutscht :

'장소 이동' 자동사 rutschen의 현재완료 시제 「**sein** ... pp」임.

주어 "... Wirtschaft"는 여성의 **sie**에 해당함. → "**ist** ... gerutscht"임.

2. Die spanische Wirtschaft :

여성명사 Wirtschaft가 주어(= 1격)임. → 여성 1격!

- 여성 1격 정관사 **die**가 앞에 옴.
- 「여성 **die** + 형용사 **-e**」→ **Die** spanisch*e* ...

3. im zweiten Quartal :

3·4격 전치사 in은 내용상 '...에'로 해석됨. → 시간적 의미로서 3격 지배!

중성명사 Quartal이 전치사 in의 3격 목적어임. → 중성 3격!

- 중성 3격 정관사 **dem**이 전치사 in과 함께 축약되어 **im**이 옴.
- 「2, 3격 관사 + 형용사 **-en**」→「**im** + 형용사 **-en**」→ **im** zweit*en* ...
  - ▶ 서수는 정관사와 결합하며, 형용사 어미변화 함.

4. in die Rezession :

3·4격 전치사 in은 '장소 이동' 동사와 함께 '...로'라고 해석됨. → '방향'으로서 4격 지배!
여성명사 Rezession이 전치사 in의 4격 목적어임. → 여성 4격!
여성 4격 정관사 **die**가 앞에 옴.

5. ... noch tiefer ... :

비교급 tief**er** 앞에 부사어 **noch**가 옴.
'(이미 지금까지도 깊은 불경기에 있었는데) 이보다도 더 깊은 불경기로 빠짐'을 뜻함.

- spanisch [형] 스페인의 (영. Spanish)
- die **Wirtschaft** (die Wirtschaft*en* ; 주로 단수) 경제 (영. economy)
- ist ⇒ 현재완료 「sein ... pp」의 조동사 sein의 불규칙 형태
  - sein의 현재 시제 불규칙 변화 : ich bin ; du bist ; er (sie, es) ist ...
- zweit- [수] (서수) 둘째의, 제 2의 (영. second)
- das **Quartal** (die Quartal*e*) 4분기 (영. quarter)
- 「noch + 비교급」 (비교되는 대상도 이미 높은 수준인데) 이보다도 더 ...이다 (영. 「still + 비교급」)
- tiefer ⇒ 형용사 tief의 비교급
  tief [형] 깊은, (부사적) 깊게 (영. deep)
  - 3 비교형 : tief - tief*er* - tief*st*
- in [3·4격 전치사] (3격 : '위치') ~안에, ~안에서 ; (4격 : '방향') ~안으로 (영. in, into)
- die **Rezession** (die Rezession*en*) 불경기 (영. recession)
- gerutscht ⇒ 동사 rutschen의 pp형
  rutschen [자동] (완료형 : sein ... pp) 미끄러지다, 미끄러져 가다 (영. slide)
  - 3 기본형 : rutsch*en* - rutsch*te* - *ge*rutsch*t*

041

Michael Dell kauft seine Computerfirma zurück und nimmt das Unternehmen von der Börse. Er will den Konzern umbauen und wieder wettbewerbsfähig machen.

마이클 델은 자신의 컴퓨터 회사를 되돌려 구입하고 그 회사를 주식시장으로부터 빼낸다. 그는 이 대기업을 개조하여 다시 경쟁력 있게 만들려고 한다.

Michael Dell[주어] (남성 1격) kauft[동사1] seine Computerfirma (분리동사 kaufte ... zurück의 4격 목적어(여성 4격)) zurück (분리전철)

und nimmt[동사2] (현재 시제) das Unternehmen (동사 nimmt의 4격 목적어(중성 4격)) von der Börse (여성 3격)

1. Michael Dell kauft ... zurück und nimmt ... :

분리동사 *zurück*kaufen 및 동사 nehmen의 현재 시제임.

주어 "Michael Dell"은 남성 **er**에 해당함.

→ ① 동사 kaufen의 현재 시제 형태는 kauf*t*임. 즉 "**kauft** ... zurück"임.

② 동사 nehmen의 현재 시제 형태는 어간 모음 변화하여 nimm*t*임.

2. seine Computerfirma :

여성명사 Computerfirma가 분리동사 "kauft ... zurück"의 4격 목적어임. → 여성 4격!

소유대명사 sein-('그의' 영. his)은 여성 4격 부정관사 eine처럼 변화하여 seine임.

3. ... nimmt das Unternehmen von der Börse :

「etw.[4] von der Börse nehmen」 '무엇을 주식 시장에서 제외시키다'

① 중성명사 Unternehmen이 동사 nimmt의 4격 목적어임. → 중성 4격!
중성 4격 정관사 **das**가 앞에 옴.

② 여성명사 Börse가 3격 전치사 von과 결합함. → 여성 3격!
여성 3격 정관사 **der**가 앞에 옴.

PART 2
경제

Er[주어] will[동사] den Konzern umbauen und ... machen

- will: 화법조동사(현재 시제)
- den Konzern: umbauen의 4격 목적어(남성 4격)
- umbauen: 동사 원형 1
- machen: 동사 원형 2

Er will ... umbauen und ... machen :

화법조동사 wollen의 현재 시제임.
주어가 남성의 "Er"임. → wollen의 형태는 불규칙적으로 **will**임.
(이 화법조동사 will과 결합하는 동사 원형은 umbauen과 machen 두 개임.)

- kauft ... zurück ⇒ 분리동사 *zurück*kaufen의 현재 시제
  *zurück*kaufen (kaufen ... *zurück*) [분리&타동] ...을 다시 구입하다 (영. buy back)
  - 3 기본형 : *zurück*kauf*en* - *zurück*kauf*te* (kauf*te* ... *zurück*) - *zurückge*kauf*t*
- die **Computerfirma** 컴퓨터 회사 (영. computer firm)
  → der **Computer** (die -) 컴퓨터 (영. computer)
  → die **Firma** (die Firm*en*) 회사, 기업 (영. firm, company)
- nimmt ⇒ 동사 nehmen의 현재 시제, 불규칙 형태
  nehmen [타동] ...을 갖다, 취하다 (영. take)
  - 현재 시제 불규칙 변화 : du nimm*st* ; er (sie, es) nimm*t*
  - 3 기본형 : nehmen - nahm - genommen

- das **Unternehmen** (die -) 회사, 기업 (영. firm, company) ≈ die Firma, der Betrieb

- **von** [3격 전치사] ~로부터 (영. from)

- die **Börse** (die Börse*n*) 주식 시장 (영. stock market)
  「**etw. von der Börse nehmen**」 *무엇*을 주식 시장에서 제외시키다

- **will** ⇒ 화법조동사 wollen('...하려 하다' 영. will)의 현재 시제, 불규칙 형태
  wollen의 현재 시제 불규칙 변화 : ich will ; du will*st* ; er (sie, es) will ; wir woll*en* ...

- der **Konzern** (die Konzern*e*) 대기업, 그룹, 콘체른 (영. group)

- ***um*bauen** (bauen ... *um*) [분리&타동] ...을 개조하다, 개혁하다 (영. rebuild, reorganize)
  3 기본형 : *um*bau*en* - *um*bau*te* (bau*te* ... *um*) - *umge*bau*t*

- **wieder** [부] 다시, 재차 (영. again)

- **wettbewerbsfähig** [형] 경쟁력 있는 (영. competitive)
  → der **Wettbewerb** (die Wettbewerb*e*) 경쟁, 대회 (영. competition)
  → **...fähig** (합성어로서) ...할 수 있는, ...할 능력 있는
  fähig [형] 능력 있는, 유능한 (영. able, capable)
  「**zu etw.**[3] **fähig sein**」 *무엇*을 할 수 있다 (영. be capable of)

- **machen** [타/자동] (형용사와 결합하여) (...을) ...한 상태가 되도록 하다 (영. do, make)
  3 기본형 : mach*en* - mach*te* - *ge*mach*t*

Memo

042

Nach Einschätzung der Rentenversicherer könnten die Beitragssätze 2013 um 0,6 Prozentpunkte gesenkt werden – und bis 2016 auf dem Niveau von 19,0 Prozent bleiben.

연금보험회사들의 추산에 따르면 보험료들이 2013년에는 0.6퍼센트 점 만큼 감소될지 모르고, 그래서 2016년까지 19퍼센트의 수준에 머무르게 될지 모른다.

Nach Einschätzung (여성 3격) der Rentenversicherer (복수 2격) könnten[동사] (화법조동사(접속법 II))

die Beitragssätze[주어] (복수 1격) ... gesenkt (수동태 pp형) werden (동사 원형 1(수동태 조동사)) -

und ... auf dem Niveau (중성 3격) ... bleiben (동사 원형 2)

1. Nach Einschätzung der Rentenversicherer :

「Nach Einschätzung + 2격」 '...의 평가에 따르면'

복수명사 Rentenversicherer가 앞 명사를 수식하는 2격임. → 복수 2격!

복수 2격 정관사 **der**가 앞에 옴.

2. ... könnten die Beitragssätze ... gesenkt werden - und ... bleiben :

화법조동사 können의 접속법 II 형태 「**könnte** ... 동사 원형」임.

주어 "die Beitragss**ätze**"는 복수의 **sie**에 해당함. → könnte는 어미 **-n**이 붙어 könnte<u>n</u>임.

이 könnten과 먼저 ① 타동사 senken의 수동태 "werden ... gesenkt"가 결합하고, 이어서 ② 동사 bleiben이 결합함.

▶ 「könnte ... 동사 원형」 (잠재적 가능성) '...할 수 있을지도 모른다'

3. auf dem Niveau :

3·4격 전치사 auf는 동사 bleiben과 함께 '...에 머무르다'로 해석됨. → '위치'로서 3격 지배!
중성명사 Niveau가 전치사 auf의 3격 목적어임. → 중성 3격!
중성 3격 정관사 **dem**이 앞에 옴.

PART 2
경제

- nach [3격 전치사] ~에 따르면, ~에 따라 (영. according to)

- die **Einschätzung** (die Einschätzung*en*) 평가, 판단 (영. assessment, judgement)
  「nach Einschätzung + 2격」 ...의 평가에 따르면

- der **Rentenversicherer** 연금보험회사 (영. pension insurer)
  → die **Rente** (die Rente*n*) (퇴직 후 받는) 연금 (영. pension)
    └▸ der **Rentner** (die -) 연금 수령자, 퇴직자 (영. pensioner)
  → der **Versicherer** (die -) 보험회사 (영. insurer)

- **könnte** ⇒ 화법조동사 können의 접속법 II 형태 ('...할 수 있을지 모르다')
  können의 접속법 II 변화
  ich könnte ; du könnte*st* ; er (sie, es) könnte
  wir könnte*n* ; ihr könnte*t* ; sie, Sie könnte*n*

- der **Beitragssatz** 요금 액수, 요금 크기
  → der **Beitrag** (die Beiträg*e*) (보험료 등의) 정기적으로 지불하는 요금 (영. premium)
  → der **Satz** (die Sätz*e*) (정기적으로 지불하는 요금 등의) 금액 (영. rate)

- **2013** ⇒ "zweitausenddreizehn"

- **um** [4격 전치사] (측정 단위에 따른 수치와 함께) ~만큼 (영. by)

- **0,6** ⇒ "null Komma sechs"

- der **Prozentpunkt** (die Prozentpunkt*e* ; 주로 복수) 백분율 포인트 (영. percentage point)
  → das **Prozent** (die - 혹은 Prozent*e*) 퍼센트 (영. percent)
  → der **Punkt** (die Punkt*e*) 점, 포인트 (영. point)

- **gesenkt** ⇒ 동사 senken의 pp형
  senken [타동] ...을 가라앉히다 (영. lower, drop)
  3 기본형 : senk*en* - senk*te* - *ge*senk*t*
- **werden** ⇒ 수동태 「werden ... pp」의 조동사
- **bis** [4격 전치사] ~까지 (영. until, up to)
- **2016** ⇒ “zweitausendsechzehn”
- **auf** [3·4격 전치사] (3격 : '위치') ~위에, ~위에서 ; (4격 : '방향') ~위로 (영. on, on to)
- das **Niveau** [ni'vo:] (die Niveau*s* ; 주로 단수) 수준 (영. level, standard)
- **von** [3격 전치사] (대상의 내용이나 상태를 수치로 나타내어) ~의, ~에 달하는 (영. of)
- **19,0** ⇒ “neunzehn Komma null”
- **bleiben** [자동] (완료형 : sein ... pp) 머무르다 (영. stay, remain)
  3 기본형 : bleiben - blieb - geblieben

Memo

043

Die SPD will einen gesetzlichen Mindestlohn von 8,50 Euro. Bei gleicher Arbeit sollen Leiharbeiter den gleichen Lohn bekommen wie fest angestellte Kollegen.

독일사회민주당은 법률적으로 규정된 8 유로 50 센트의 최소임금을 원하고 있다. 동일한 작업의 경우 계약직 노동자들이 안정적으로 고용된 동료들과 동일한 급여를 받기를 기대한다.

Die SPD[주어] **will**[동사] **einen gesetzlichen Mindestlohn** ...
여성 1격 / 현재 시제 / 동사 will의 4격 목적어(남성 4격)

1. Die SPD will ... :

일반 타동사 wollen의 현재 시제임.

주어 "Die SPD"는 여성의 **sie**에 해당함. → wollen의 형태는 불규칙적으로 **will**임.

2. einen gesetzlichen Mindestlohn :

남성명사 Mindestlohn이 동사 will의 4격 목적어임. → 남성 4격!

- 남성 4격 부정관사 **einen**이 앞에 옴.
- 「ein**en**, d**en** + 형용사 **-en**」→ **einen** gesetzlich**en** ...

Bei gleicher Arbeit (여성 3격) sollen[동사] (화법조동사(현재 시제)) Leiharbeiter[주어] (복수 1격)
den gleichen Lohn (동사 bekommen의 4격 목적어(남성 4격)) bekommen (동사 원형) wie
fest angestellte Kollegen (복수 1격)

1. Bei gleicher Arbeit :

여성명사 Arbeit가 3격 전치사 bei와 결합함. → 여성 3격!

형용사 gleich 앞에 관사 없음. → 여성 3격 정관사 der처럼 변화하여 gleicher임.

2. ... sollen Leiharbeiter ... bekommen ... :

화법조동사 sollen의 현재 시제임.

주어 "Leiharbeiter"는 복수의 sie에 해당함. → "sollen ... bekommen"임.

3. ... den gleichen Lohn ... wie ... :

「gleich ... wie A」 'A와 동일한 ...'

남성명사 Lohn이 동사 bekommen의 4격 목적어임. → 남성 4격!

- 남성 4격 정관사 den이 앞에 옴.
- 「den, einen + 형용사 -en」 → den gleichen ...

4. fest angestellte Kollegen :

복수명사 Kollegen이 주어 Leiharbeiter와 동일한 1격임. → 복수 1격!

과거분사&형용사 angestellt- 앞에 관사 없음. → 복수 1격 정관사 die처럼 angestellte임.

die SPD (= "Sozialdemokratische Partei Deutschlands") (독일의 정당) 독일사회민주당

will ⇒ 타동사 wollen('...을 원하다' 영. want)의 현재 시제, 불규칙 형태

현재 시제 불규칙 변화

ich will ; du will*st* ; er (sie, es) will ; wir woll*en* ; ihr woll*t* ; sie, Sie woll*en*

3 기본형 : wollen - wollte - gewollt

[주의] 화법조동사가 아닌 타동사로서 동사 원형이 없으므로 pp형은 항상 gewollt임.

- **gesetzlich** [형] 법률의, 법률적인, 합법적인 (영. lawful, legal)
  ↳ das **Gesetz** (die Gesetz*e*) 법, 법률 (영. law)

- der **Mindestlohn** 최소 임금 (영. minimum wage)
  → **mindest-** [형] (명사 앞 수식어로서) 최소의 (영. minimum, least)
    ▶ wenig('적은' 영. litte, few)의 최상급

- **8,50 Euro** ⇒ "acht Euro fünfzig"

- der **Euro** (유럽연합 EU 소속 국가들의 화폐 단위) 유로 (영. Euro, euro)

- **bei** [3격 전치사] ~일 때, ~인 경우 (영. at, in the case of)

- **gleich** [형] 동일한 (영. same)

- die **Arbeit** (die Arbeit*en*) 일, 작업, 근무 (영. work)

- 「**sollen ...** 동사 원형」 [화법조동사] ...이어야 한다, ...이기를 원하다 (영. should)

- der **Leiharbeiter** (die -) 계약직 노동자 (영. subcontracted worker, seconded worker)

- der **Lohn** (die L*ö*hn*e*) (노동자가 받는) 수당, 임금 (영. wage)

- **bekommen** [타동] ...을 받다, 얻다 (영. receive, get)
  ✔ 3 기본형 : *be*kommen - *be*kam - *be*kommen
  [주의] 형태가 be-이므로 pp형에서 ge- 없음!

- **fest** [형] 굳은, 고정된 (영. firm, solid, fixed)

- **angestellt** [과거분사&형] 고용된 (영. employed)
  ↳ ***an*stellen** (stellen ... *an*) [분리&타동] 누구를 고용하다 (영. employ)
  ✔ 3 기본형 : *an*stell*te* - *an*stell*te* (stell*te* ... *an*) - *ange*stell*t*

- der **Kollege** (die Kollege*n*) 동료 (영. colleague)
  ▶ 단수의 경우, 주어 1격을 제외한 단수 2, 3, 4격이 복수형과 동일하게 Kollege*n*인 약변화 명사!

Memo

044

Auf der Jagd nach flüchtigen Steuerhinterziehern schlägt die britische Regierung einen harten Weg ein: Sie macht die Identität der Kriminellen öffentlich. Mit Fotos fahndet sie im Internet.

도피 중에 있는 탈세자들에 대한 추적에서 영국 정부는 단호한 길을 가고 있다. 영국 정부는 범법자들의 신분을 공개하고 있다. 사진들과 함께 영국 정부는 인터넷에서 추적하고 있다.

Auf der Jagd (여성 3격) nach flüchtigen Steuerhinterziehern (복수 3격)

schlägt[동사] (현재 시제(분리동사)) **die britische Regierung**[주어] (여성 1격)

einen harten Weg ("schlägt ... ein"의 4격 목적어(남성 4격)) ein (분리전철)

1. nach flüchtigen Steuerhinterziehern :

복수명사 Steuerhinterzieher가 3격 전치사 nach와 결합함. → 복수 3격!

- 형용사 flüchtig 앞에 관사 없음. → 복수 3격 정관사 den처럼 변화하여 flüchtigen임.
- 복수 3격 명사의 형태는 항상 **-n**이어야 함. → 추가로 **-n**이 붙어 Steuerhinterziehern임.

2. die britische Regierung :

여성명사 Regierung이 문장의 주어(= 1격)임. → 여성 1격!

- 여성 1격 정관사 **die**가 앞에 옴.
- 「여성 die, eine + 형용사 **-e**」 → **die** britische ...

3. einen harten Weg :

남성명사 Weg이 분리동사 "schlägt ... ein"의 4격 목적어임. → 남성 4격!

- 남성 4격 부정관사 **einen**이 앞에 옴.
- 「einen, den + 형용사 -en」→ **einen** harten ...

Sie(주어) macht(동사) die Identität der Kriminellen ...

- Sie: 여성의 sie(앞의 "Regierung"을 받음)
- macht: 현재 시제
- die Identität: 동사 macht의 4격 목적어(여성 4격)
- der Kriminellen: 복수 2격

... der Kriminellen :

Kriminell-은 '범법자들'을 뜻하여 복수이며, 앞 명사를 수식하는 2격임. → 복수 2격!

- 복수 2격 정관사 **der**가 앞에 옴.
- 형용사의 명사화 형태인 Kriminell-은 형용사 어미변화 함.

「복수의 관사 + 형용사 -en」→ ... **der** Kriminellen

Mit Fotos fahndet(동사) sie(주어) im Internet

- Mit Fotos: 복수 3격
- fahndet: 현재 시제
- sie: 여성 sie('그녀')
- im Internet: 중성 3격

- die **Jagd** (주로 단수) 사냥 (영. hunting) ; 「Auf der Jagd nach etw.[3]」 *무엇*에 대한 추적 중에
- **flüchtig** [형] 도피 중에 있는 (영. escaped)
- der **Steuerhinterzieher** (die -) 탈세자 (영. tax evader)
  → die **Steuer** (die Steuer*n*) 세금 (영. tax)
  → **hinterziehen** [타동] (돈을) 불법적으로 갖다, 착복하다, 횡령하다 (영. evade)
    3 기본형 : *hinterziehen* - *hinterzog* - *hinterzogen*
    [주의] 형태가 hinter-로서 pp형에서 ge- 없음!

schlägt ... ein ⇒ 분리동사 *ein*schlagen의 현재 시제, 불규칙 형태

***ein*schlagen** (schlagen ... *ein*) [분리&타동] 「einen Weg *ein*schlagen」 길을 가다

3 기본형 : *ein*schlagen - *ein*schlug (schlug ... *ein*) - *ein*geschlagen

현재 시제, 불규칙 변화 : du schlägst ... *ein* ; er (sie, es) schlägt ... *ein*

britisch [형] 브리튼의, 영국의 (영. British)

die **Regierung** (die Regierung*en*) 정부 (영. government)

hart [형] 힘든, 고된 (영. hard)

der **Weg** (die Weg*e*) 길 (영. way)

machen [타/자동] (형용사와 함께) (...을) ...한 상태로 만들다 (영. do, make)

3 기본형 : mach*en* - mach*te* - *ge*mach*t*

die **Identität** (die Identität*en* ; 주로 단수) 정체성, 개인적 신분 (영. identity)

Kriminell- (형용사 어미변화) 범죄자, 범인 (영. criminal)

형용사 kriminell의 명사화 : der Kriminell*e*, ein Kriminell*er* ...

→ **kriminell** [형] 범죄의, 유죄의 (영. criminal)

öffentlich [형] (영. public)

1 공공의, 공적인 ↔ privat 사적인 ; 2 공공연한, 널리 알려진 ↔ geheim 비밀인

「**etw. öffentlich machen**」 *무엇*을 공개적으로 알리다 ≈ 「etw. bekannt machen」

das **Foto** (die Foto*s*) 사진 (영. photo)

fahnden [자동] 「**nach j-m fahnden**」 *누구*를 추적하다 (영. search for)

3 기본형 : fahnd*en* - fahnd*ete* - *ge*fahnd*et*

[주의] 어간 끝이 -d이므로 과거형 및 과거분사(= pp형)에서 발음상 -e- 첨가!

das **Internet** (die Internet*s* ; 주로 단수) 인터넷 (영. internet)

Memo

045

Die ärmsten Staaten der Welt haben überwiegend keine demokratischen Staatsformen. Das ist kein Zufall. Wirtschaftlicher Erfolg ist auf Dauer nur in einer Marktwirtschaft möglich.

세계에서 가장 가난한 국가들은 대부분 민주적 국가 형태를 지니고 있지 않다. 이것은 우연이 아니다. 경제적 성공은 장기적으로는 오로지 시장경제 안에서만 가능하다.

Die ärmsten Staaten주어 (복수 1격) der Welt (여성 2격) haben동사 (현재 시제) ...

keine demokratischen Staatsformen (동사 haben의 4격 목적어(복수 4격))

1. Die ärmsten Staaten :

복수명사 Staat*en*이 문장의 주어(= 1격)임. → 복수 1격!

- 복수 1격 정관사 **Die**가 앞에 옴.
- 「복수의 관사 + 형용사 **-en**」→ **Die** ärmst**en** ...

2. Die ärmsten ... der Welt :

여성명사 Welt가 최상급 비교의 범위('...에서 가장 ...')로서 2격임. → 여성 2격!

여성 2격 정관사 **der**가 앞에 옴.

3. keine demokratischen Staatsformen :

복수명사 Staatsform*en*이 동사 haben의 4격 목적어임. → 복수 4격!

- 부정어 kein-은 복수 4격 정관사 die처럼 변화 하여 keine임.

▶ 소유대명사 **mein-, dein-, sein-, ihr-** ; 부정어 **kein-**

⇒ 복수일 때 정관사 **d-** 어미변화!

- 「복수 die (meine, deine, seine ... keine) + 형용사 **-en**」→ keine demokratischen ...

Das[주어] ist[동사] kein Zufall

(Das: 지시대명사 / ist: 현재 시제 / kein Zufall: 동사 ist의 주격 보어(남성 1격))

kein Zufall :

남성명사 Zufall이 동사 ist의 주격(= 1격) 보어임. → 남성 1격!

부정어 kein-은 남성 1격 부정관사 **ein_**처럼 어미 없이 그대로 **kein_**임.

Wirtschaftlicher Erfolg[주어] ist[동사] ... in einer Marktwirtschaft möglich

(Wirtschaftlicher Erfolg: 남성 1격 / ist: 현재 시제 / in einer Marktwirtschaft: 여성 3격 / möglich: ist의 형용사 보어)

1. Wirtschaftlicher Erfolg :

남성명사 Erfolg가 문장의 주어(= 1격)임. → 남성 1격!

형용사 wirtschaftlich 앞에 관사 없음. → 남성 1격 정관사 der처럼 Wirtschaftlicher임.

2. in einer Marktwirtschaft :

3·4격 전치사 in은 내용상 '...안에서 가능하다'로 해석됨. → '위치'로서 3격 지배!

여성명사 Marktwirtschaft가 전치사 in의 3격 목적어임. → 여성 3격!

여성 3격 부정관사 **einer**가 앞에 옴.

- **ärmst** ⇒ 형용사 arm의 최상급
  arm [형] 가난한, 궁핍한 (영. arm)
  3 비교형 : arm - ärm*er* - ärm*st*
- der **Staat** (die Staat*en*) 국가 (영. state)
- die **Welt** (die Welt*en* ; 주로 단수) 세계 (영. world)
- **haben** [타동] ...을 가지고 있다, 소유하다 (영. have)
- **überwiegend** [부] 주로, 무엇보다 (영. mainly) ≈ hauptsächlich, vor allem
- **demokratisch** [형] 민주적인 (영. democratic)
- die **Staatsform** 국가 형식, 국가 체제 (영. type of state, state system)
  → die **Form** (die Form*en*) 형태, 형식 (영. form)
- der **Zufall** (die Zufäll*e*) 우연 (영. chance)
- **wirtschaftlich** [형] 경제의, 경제적인 (영. economic)
- der **Erfolg** (die Erfolg*e*) 성과, 성공 (영. success)
- **ist** ⇒ 동사 sein('...이다' 영. be)의 현재 시제, 불규칙 형태
- die **Dauer** (die Dauer*n* ; 주로 단수) 기간, 지속 (영. length, duration)
  auf Dauer 장기적으로 (볼 때) (영. permanently)
- **nur** [부] 단지, 오로지, 불과 ... 밖에 (영. only)
- **in** [3·4격 전치사] (3격 : '위치') ~안에, ~안에서 ; (4격 : '방향') ~안으로 (영. in, into)
- die **Marktwirtschaft** 시장 경제 (영. market economy)
  → der **Markt** (die Märkt*e*) 시장 (영. market)
  → die **Wirtschaft** (die Wirtschaft*en* ; 주로 단수) 경제 (영. economy)
- **möglich** [형] 가능한 (영. possible)

Memo

046

Wegen des harten neuen Wettbewerbs hatten in Deutschland immer mehr Firmen große Probleme. Zuletzt mussten selbst einstige Weltmarktführer wie Solon oder Q-Cells Insolvenz anmelden.

힘든 새로운 경쟁 때문에 독일에서는 점점 더 많은 회사들이 큰 문제점들을 가지게 되었다. 가장 최근에는 솔론 혹은 큐쎌즈와 같은 과거의 세계 시장 선도 회사들조차 파산을 신고해야만 했다.

Wegen des harten neuen Wettbewerbs (남성 2격) hatten[동사] (과거 시제) in Deutschland immer mehr Firmen[주어] (복수 1격) große Probleme (동사 hatten의 4격 목적어(복수 4격))

1. ... hatten ... immer mehr Firmen ... :

동사 haben의 과거 시제임.

주어 "... Firm*en*"은 복수의 **sie**에 해당함. → 과거형 hatte에 어미 **-n**이 붙어 hatten임.

2. Wegen des harten neuen Wettbewerbs :

남성명사 Wettbewerb가 2격 전치사 wegen과 결합함. → 남성 2격!

- 남성 2격 정관사 **des**가 앞에 옴.
- 「2, 3격의 관사 + 형용사 **-en**」→ Wegen **des** harten neuen ...
- Wettbewerb는 남성명사임. → 2격 어미 **-s**가 붙어 Wettbewerbs임.

▶ 남성 및 중성명사 2격 ⇒ **-s** 혹은 **-es**가 붙음. (여성 및 복수명사는 아님!)

3. große Probleme :

복수명사 Probleme가 동사 hatten의 4격 목적어임. → 복수 4격!
형용사 groß 앞에 관사 없음. → 복수 4격 정관사 die처럼 변화하여 große임.

PART 2
경제

... mussten[동사] ... **einstige Weltmarktführer**[주어] ...
mussten: 과거 시제 / einstige Weltmarktführer: 복수 1격

Insolvenz anmelden
Insolvenz: anmelden의 4격 목적어(여성 4격) / anmelden: 동사 원형

1. ... mussten ... einstige Weltmarktführer ... anmelden :

화법조동사 müssen의 과거 시제임.
주어 "... Weltmarktführer"는 복수의 **sie**에 해당함.
→ 과거형 musste에 어미 **-n**이 붙어 mussten임. 즉, "**mussten** ... anmelden"임.

2. einstige Weltmarktführer :

복수명사 Weltmarktführer가 문장의 주어(= 1격)임. → 복수 1격!
형용사 einstig 앞에 관사 없음. → 복수 1격 정관사 die처럼 변화하여 einstige임.

- wegen [2격 전치사] ~때문에 (영. because of)
- hart [형] 힘든, 고된, 어려운 (영. hard)
- neu [형] 새, 새로운 (영. new)
- der Wettbewerb (die Wettbewerb*e*) 경쟁 (영. competition)
- hatte ⇒ 동사 haben('...을 가지고 있다' 영. have)의 과거 시제
  - 동사 haben의 3 비교형 : haben - hatte - gehabt
- in [3·4격 전치사] (3격 : '위치') ~안에, ~안에서 ; (4격 : '방향') ~안으로 (영. in, into)
- Deutschland (국가 명 ; 관사 없음) 독일 (영. Germany)

- **immer** [부] 항상, 언제나 (영. always)
  「**immer mehr ...**」 점점 더 많은 ... (영. more and more ...)
  「immer + 비교급」 점점 더 ... (영. 「비교급 and 비교급」)

- die **Firma** (die Firm*en*) 회사, 기업 (영. firm, company)

- **groß** [형] 큰, 커다란 (영. big, large, tall) ↔ klein 작은
  3 비교형 : groß - größ*er* - größ*t*

- das **Problem** (die Problem*e*) 문제, 문제점 (영. problem)

- **zuletzt** [부] 마지막에, 지난번, 가장 최근에 (영. last, the last time)

- **mussten** ⇒ 화법조동사 müssen('...해야 하다' 영. must)의 과거 시제
  müssen의 3 기본형 : müssen - musste - gemusst (müssen)
  [주의] 동사 원형 있을 경우 pp형 → müssen / 동사 원형 없을 경우 pp형 → gemusst

- **selbst** [부] ...조차, ...마저 (영. even) ≈ sogar, auch

- **einstig-** [형] (명사 앞 수식어로서) 예전의 (영. former) ≈ ehemalig-, früher-

- der **Weltmarktführer** 세계 시장 선도자 (영. world market leader)
  → der **Weltmarkt** 세계 시장 (영. world market)
    → der **Markt** (die Märkt*e*) 시장 (영. market)
  → der **Führer** (die -) 선도자, 지도자 (영. leader)
    ↳ **führen** [타동] ...을 이끌다, 선도하다 (영. lead)

- **wie** [접속사] (구체적 예를 들며) ...같은, ...처럼 (영. like, such as)

- die **Insolvenz** (die Insolvenz*en*) 파산, 지불 불능 (영. insolvency)

- ***an*melden** (melden ... *an*) [분리&타동] ...을 알리다, 신고하다 (영. make known, express)
  3 기본형 : *an*meld*en* - *an*meld*ete* (meld*ete* ... *an*) - *ange*meld*et*
  [주의] 어간 끝이 -d이므로 과거형 및 과거분사형(= pp형)에서 발음상 -e- 첨가!

Memo

047

Der Energiekonzern E.on hat mit dem russischen Gasunternehmen günstige Lieferverträge vereinbart. Ob Stromkunden von dem Milliardengeschenk profitieren, ist unklar.

에너지 대기업인 이온은 러시아의 가스 회사와 저렴한 공급 계약을 체결하였다. 이 수십억에 달하는 선물로부터 전기 소비자들이 이득을 얻게 될지 여부는 불확실하다.

Der Energiekonzern주어 (남성 1격) … hat동사 (현재완료(조동사 haben))

mit dem russischen Gasunternehmen (중성 3격) günstige Lieferverträge (vereinbart의 4격 목적어)

vereinbart (현재완료(pp형))

1. Der Energiekonzern hat … vereinbart :

동사 vereinbaren의 현재완료 시제 「**haben** … pp」임.

주어 “Der Energiekonzern”은 남성 **er**에 해당함. → “**hat** … vereinbart”임.

2. mit dem russischen Gasunternehmen :

중성명사 Gasunternehmen이 3격 전치사 mit와 결합함. → 중성 3격!

- 중성 3격 정관사 **dem**이 앞에 옴.
- 「2, 3격의 관사 … + 형용사 **-en**」→ mit **dem** russischen …

3. günstige Lieferverträge :

복수명사 Lieferverträge가 동사 vereinbart의 4격 목적어임. → 복수 4격!

형용사 günstig 앞에 관사 없음. → 복수 4격 정관사 die처럼 변화하여 günstige임.

Ob ... profitieren[주어], **ist**[동사] **unklar**

종속접속사 ob-부문장(부문장 전체 ⇒ 문장의 주어) / 현재 시제 / ist의 형용사 보어

Ob **Stromkunden**[주어] **von dem Milliardengeschenk** **profitieren**[동사], ...

종속접속사 / 복수 1격 / 중성 3격 / 현재 시제(후치됨!)

von dem Milliardengeschenk :

중성명사 Milliardengeschenk가 3격 전치사 von과 결합함. → 중성 3격!
중성 3격 정관사 **dem**이 앞에 옴.

- der **Energiekonzern** 에너지 대기업
  → die **Energie** (die Energie*n*) 에너지 (영. energy)
  → der **Konzern** (die Konzern*e*) 대기업, 콘체른, 그룹 (영. group of companies)
- **hat** ⇒ 현재완료 「haben ... pp」의 조동사 haben의 불규칙 형태
  haben의 현재 시제 불규칙 변화 : ich hab*e* ; du hast ; er (sie, es) hat ...
- **mit** [3격 전치사] ~와 함께 (영. with)
- **russisch** [형] 러시아의, 러시아어의, 러시아인의 (영. Russian)
- das **Gasunternehmen** 가스 회사
  → das **Gas** (die Gas*e*) 가스 (영. gas)
  → das **Unternehmen** (die -) 회사, 기업 (영. enterprise) ≈ die Firma, der Betrieb
- **günstig** [형] 「günstig (für j-n)」 (누구에게) 유리한, 좋은 (영. favourable, gut)

der **Liefervertrag** 공급 계약 (영. supply contract)

→ **liefern** [타동] 「j-m etw. liefern」 *누구*에게 *무엇*을 공급하다 (영. deliver, supply)

3 기본형 : liefer*n* - liefer*te* - *ge*liefer*t*

→ der **Vertrag** (die Verträg*e*) 계약, 조약 (영. contract)

vereinbart ⇒ 동사 vereinbaren의 pp형

vereinbaren [타동] 「**etw. mit j-m vereinbaren**」 *무엇*을 *누구*와 합의하다 (영. agree on)

3 기본형 : *ver*einbar*en* - *ver*einbar*te* - *ver*einbar*t*

[주의] 형태가 ver-이므로 pp형에서 ge- 탈락!

ob [종속접속사] ...인지 여부 (영. whether, if)

der **Stromkunde** 전기 사용 고객

→ der **Strom** [1] (항상 단수) 전기 (영. current) ; [2] (die Ström*e*) 물의 흐름, 강 (영. river)

→ der **Kunde** (die Kunde*n*) 고객 (영. custormer, client)

단수의 경우, 주어를 제외한 단수 2, 3, 4격이 복수형과 동일하게 Kunde*n*인 약변화 명사

das **Milliardengeschenk** 몇 십억에 달하는 선물

→ die **Milliarde** (die Milliarde*n*) 10억 (영. billion)

→ das **Geschenk** (die Geschenk*e*) 선물 (영. present, gift)

profitieren [자동] 「**von etw.**[3] **profitieren**」 *무엇*으로부터 이득을 얻다 (영. profit, gain)

3 기본형 : profitier*en* - profitier*te* - profitier*t*

[주의] 형태가 -ieren이므로 pp형에서 ge- 탈락!

ist ⇒ 동사 sein('...이다' 영. be)의 현재 시제, 불규칙 형태

unklar [형] 불명확한, 불투명한 (영. unclear, uncertain)

Memo

048

5,6 Millionen Euro Gewinn erzielte die Firma im Jahr 2011. Der Umsatz von rund 90 Millionen Euro ist kontinuierlich gewachsen, während die Branche insgesamt schwere Zeiten durchmacht.

그 회사는 2011년에 560만 유로의 수익을 달성했다. 대략 9,000만 유로에 달하는 판매액은 지속적으로 성장했지만, 반면에 그 분야는 전체적으로 어려운 시기들을 겪고 있다.

5,6 Millionen Euro Gewinn	erzielte[동사]	**die Firma**[주어]
동사 erzielte의 4격 목적어(남성 4격)	과거 시제	여성 1격

im Jahr 2011

... erzielte **die Firma ... :**

동사 erzielen의 과거 시제임.

주어 "die Firma"는 여성의 **sie**에 해당함. → 과거형 erziel***te***는 어미 없이 그대로 erziel*te*_임.

Der Umsatz^주어 ... **ist**^동사 ... **gewachsen,**
남성 1격 / 현재완료(조동사 sein) / 현재완료(pp형)

während ... durchmacht
종속접속사 während-부문장

Der Umsatz ... ist ... gewachsen ... :
'상태 변화' 자동사 wachsen의 현재완료 시제 「**sein** ... pp」임.
주어 "Der Umsatz"는 남성 **er**에 해당함. → "**ist** ... gewachsen"임.

... , **während** **die Branche**^주어 ... schwere Zeiten
종속접속사 / 여성 1격 / durchmacht의 4격 목적어(복수 4격)

durchmacht^동사
현재 시제(후치됨!)

1. ... , während die Branche ... durchmacht :
분리동사 *durch*machen의 현재 시제임.
주어 "die Branche"는 여성의 **sie**에 해당함.
→ 동사 형태는 *durch*mach*t*임. (부문장 안에서 후치되어 뒤에 위치함.)

2. schwere Zeiten :
복수명사 Zeit*en*이 분리동사 *durch*macht의 4격 목적어임. → 복수 4격!
형용사 schwer 앞에 관사 없음. → 복수 4격 정관사 die처럼 변화하여 schwere임.

- 5,6 ⇒ "fünf Komma sechs"
- die **Million** (die Million*en*) 백만 (= 1,000,000) (영. million)
- der **Euro** (유럽연합 EU 소속 국가들의 화폐 단위) 유로 (영. Euro, euro)
- der **Gewinn** (die Gewinn*e*) 이득, 이익 (영. profit, benefit)

- **erzielte** ⇒ 동사 erzielen의 과거 시제
  erzielen [타동] (목표로 설정한) ...을 성취하다, 도달하다 (영. achieve)
  - 3 기본형 : *erzielen* - *erzielte* - *erzielt*
    [주의] 형태가 er-이므로 pp형에서 ge- 탈락!
  - ↳ das **Ziel** (die Ziel*e*) 목표 (영. aim)
  - ↳ **zielen** [자동] 「**auf etw.**[4] **zielen**」 *무엇*을 목표로 하다, 겨냥하다 (영. aim at)
- die **Firma** (die Firm*en*) 회사, 기업 (영. company, firm)
- das **Jahr** (die Jahr*e*) (시간 단위) 해, 년 (영. year)
- **2011** ⇒ "zweitausendelf"
- der **Umsatz** (die Umsätz*e*) 판매액, 매상 (영. turnover)
- **rund** [형] [1] 대략의 (영. ... or so, about) ; [2] 둥근, 원형의 (영. round, circular)
- **90** ⇒ "neunzig"
- **ist** ⇒ 현재완료 「sein ... pp」의 조동사 sein의 불규칙 형태
  - sein의 현재 시제 불규칙 변화 : ich bin ; du bist ; er (sie, es) ist ...
- **kontinuierlich** [형] 계속적인, (부사적) 계속적으로 (영. continuous, steady)
- **gewachsen** ⇒ 동사 wachsen의 pp형
  wachsen [자동] (완료형 : sein ... pp) 성장하다 (영. grow)
  - 3 기본형 : wachsen - wuchs - gewachsen
  - 현재 시제 불규칙 변화 : du wächs*t* ; er (sie, es) wächs*t*
- **während** [종속접속사] ...인 반면에, ...인 동안에 (영. while)
- die **Branche** ['brã:ʃə] (die Branche*n*) (산업의) 분야, 영역 (영. industrial sector)
- **insgesamt** [부] 전체적으로, 다 함께 (영. altogether, in all)
- **schwer** [형] 무거운, 어려운, 힘든 (영. heavy, difficult, hard)
- die **Zeit** (die Zeit*en* ; 주로 단수) 시간, 시대 (영. time)
- ***durch*machen** (machen ... *durch*) [분리&타동] 어려움 등을 겪다 (영. go through)
  - 3 기본형 : *durch*mach*en* - *durch*macht*e* (macht*e* ... *durch*) - *durchge*mach*t*

Memo

049

Es gibt in der Schweiz mehr als 300 Banken. Die meisten von ihnen betreuen auch deutsche Kunden, unter denen sich erfahrungsgemäß viele Steuerhinterzieher befinden.

스위스에는 300개가 넘는 은행들이 있다. 이들 가운데 대부분은 독일 고객들도 돌보고 있는데, 이들 중에는 경험에 의거할 때 많은 탈세자들이 있다.

Es [주어] (비인칭 주어) **gibt** [동사] (현재 시제) in der Schweiz (여성 3격) mehr als 300 Banken (동사 gibt의 4격 목적어(복수 4격))

in der Schweiz :

3·4격 전치사 in은 내용상 '...안에 있다'로 해석됨. → '위치'로서 3격 지배!

여성명사 Schweiz가 전치사 in의 3격 목적어임. → 여성 3격!

여성 3격 정관사 **der**가 앞에 옴.

Die meisten [주어] (복수 1격) von ihnen (복수 3격) **betreuen** [동사] (현재 시제) ...

deutsche Kunden, (동사 betreuen의 4격 목적어(복수 4격)) unter **denen** ... befinden (관계대명사 부문장(앞의 선행사 "deutsche Kunden"를 수식 · 설명함.))

1. Die meisten von ihnen :

「die meisten von + 복수 3격」'...들 중의 대부분'

ihnen은 복수 인칭대명사 **sie**('그것들' 영. they)의 3격 형임. → 3격 전치사 von과 결합함.

2. deutsche Kunden :

복수명사 Kunde*n*이 동사 betreuen의 4격 목적어임. → 복수 4격!

형용사 deutsch 앞에 관사 없음. → 복수 4격 정관사 die처럼 변화하여 deutsche임.

... Kunden, unter **denen** sich ...

(Kunden: 관계대명사의 선행사(복수 4격) / denen: 관계대명사(복수 3격) / sich: 재귀대명사 4격)

viele Steuerhinterzieher주어 befinden동사

(viele Steuerhinterzieher: 복수 1격 / befinden: 현재 시제(후치됨!))

unter denen ... :

denen은 관계대명사 복수 3격임.

→ 앞의 복수명사 "Kunden"을 선행사로 받으며, 전치사 unter의 3격 목적어임.

- gibt ⇒ 동사 geben의 현재 시제, 불규칙 형태
  geben [타동] 「j-m etw. geben」 누구에게 무엇을 주다 (영. give)
  「Es gibt etw.[4]」 무엇이 있다 (영. There is/are ...)
  - 현재 시제, 불규칙 변화 : du gib*st* ; er (sie, es) gib*t*
  - 3 기본형 : geben - gab - gegeben
- in [3 · 4격 전치사] (3격 : '위치') ~안에, ~안에서 ; (4격 : '방향') ~안으로 (영. in, into)
- die Schweiz (국가 명 ; 정관사 사용) 스위스 (영. Switzerland)
- 「mehr als ...」 ... 이상 (영. 「more than ...」)
  - 3 비교형 : viel, viele - mehr - meist
- 300 ⇒ "dreihundert"
- die Bank (die Bank*en*) 은행 (영. bank)
- meist- [형] (명사 앞 수식어로서) 대부분의 ... (영. most)

- von [3격 전치사] ~중에, ~가운데 (영. of)

- **betreuen** [타동] ...을 돌보다 (영. look after)
  - 3 기본형 : *betreuen* - *betreute* - *betreut*
  - [주의] 형태가 be-이므로 pp형에서 ge- 탈락!

- **deutsch** [형] 독일의, 독일인의, 독일어의 (영. German)

- der **Kunde** (die Kunden) 고객, 손님 (영. customer)
  - 단수의 경우, 주어를 제외한 단수 2, 3, 4격이 복수형과 동일하게 Kunden인 약변화 명사

- **unter** [3·4격 전치사] (3격 지배) ~중에, ~사이에서 (영. among)

- **denen** ⇒ 관계대명사 (복수 3격)

- **erfahrungsgemäß** [부] 경험에 의해 (아는 사실로서) (영. We know from experience that ...)
  - → **die Erfahrung** (die Erfahrungen) 경험 (영. experience)
  - → **gemäß** [3격 전치사] ...에 따라, 일치하여 (영. according to) ≈ entsprechend, laut, nach

- 「viele + 복수명사」 많은 ... (영. many)

- der **Steuerhinterzieher** (die -) 탈세자 (영. tax evader)
  - → die **Steuer** (die Steuern) 세금 (영. tax)
  - → **hinterziehen** [타동] (돈을) 불법적으로 갖다, 착복하다, 횡령하다 (영. evade)
  - 3 기본형 : *hinterziehen* - *hinterzog* - *hinterzogen*
  - [주의] 형태가 hinter-로서 pp형에서 ge- 탈락!

- 「sich ... befinden」 [4격 재귀동] ('장소' 부사어와 함께) ...에 있다, 소재하다 (영. be)
  - 3 기본형 : *befinden* - *befand* - *befunden*
  - [주의] 형태가 be-이므로 pp형에서 ge- 탈락!

Memo

050

Er ist Geschäftsführer und beschäftigt mehr als 20 Mitarbeiter. Die haben unter anderem die Aufgabe, neue Produkte zu entdecken und den Kontakt zu Lieferanten herzustellen.

그는 경영대리인이며 20명 이상의 직원들을 고용하고 있다. 이들은 또한 새로운 생산품들을 찾아내고 공급자들과의 연결을 성사시키는 임무를 지닌다.

Er[주어] ist[동사1] (현재 시제) Geschäftsführer (동사 ist의 주격 보어(남성 1격)) und beschäftigt[동사2] (현재 시제)
mehr als 20 Mitarbeiter (동사 beschäftigt의 4격 목적어(복수 4격))

Er ist **... und** beschäftigt **... :**
동사 sein 및 beschäftigen의 현재 시제임.
주어가 "Er"임. → 동사 형태는 각각 **ist** 및 beschäftig*t*임.

Die주어 haben동사 ... die Aufgabe,
지시대명사(복수 1격) 현재 시제 haben의 4격 목적어(여성 4격)

... zu entdecken und ... herzustellen
zu-부정사(형용사적 용법 : 앞의 "die Aufgabe"를 수식 · 설명함.)

Die haben ... :
동사 haben('...을 가지고 있다')의 현재 시제임.
주어인 지시대명사 "Die"는 복수 1격임. → 동사 형태는 haben임.
(여기서 "Die"는 앞 문장의 복수명사 "Mitarbeiter"를 가리킴.)

..., neue Produkte zu entdecken und
뒤의 동사 원형 entdecken의 4격 목적어 (복수 4격) zu + 동사 원형

den Kontakt ... herzustellen
뒤의 동사 원형 herstellen의 4격 목적어 (남성 4격) zu + 동사 원형

1. ..., neue Produkte zu entdecken ... :
복수명사 Produkt*e*가 zu-부정사의 동사 원형 entdecken의 4격 목적어임. → 복수 4격!
형용사 neu 앞에 관사 없음. → 복수 4격 정관사 die처럼 변화하여 neue임.

2. ... und den Kontakt ... herzustellen :
남성명사 Kontakt가 zu-부정사의 동사 원형 herstellen의 4격 목적어임. → 남성 4격!
남성 4격 정관사 **den**이 앞에 옴.

- ist ⇒ 동사 sein('...이다' 영. be)의 현재 시제, 불규칙 형태
  - 동사 sein의 현재 시제 불규칙 변화 : ich bin ; du bist ; er (sie, es) ist ...

- der **Geschäftsführer** (die -) (고용된) 사장, 매니저 (영. manager, secretary)

- beschäftigen [타동] 누구를 고용하다 (영. employ)
  - 3 기본형 : *beschäftigen* - *beschäftigte* - *beschäftigt*

    [주의] 형태가 be-이므로 pp형에서 ge- 탈락!

- mehr ⇒ 부정수사 viel, viele('많은')의 비교급
  「**viel** + 단수명사」 (추상, 물질명사) 많은 ... (영. much) ; 「**viele** + 복수명사」 많은 ... (영. many)
  「**mehr als** ...」 ... 이상 (영. 「more than ...」)
  - 3 비교형 : viel, viele - mehr - meist

- 20 ⇒ "zwanzig"

- der **Mitarbeiter** (die -) 노동자, 동료 노동자 (영. employee)

- die ⇒ 정관사 형태 지시대명사 d- (복수 1격)
  der, die, das ... [지시대명사] (앞에 나온 명사를 받아) 그것들, 그들, 그 ...들

- haben [타동] ...을 가지고 있다 (영. have)
  - 3 기본형 : haben - hatte - gehabt

- **unter anderem** 그 밖에도, 또한 (영. among other things) ≈ außerdem, auch noch
  → **ander-** [형] (명사 앞 수식어로서) 다른 ... (영. other ...)

- die **Aufgabe** (die Aufgaben) 임무, 과제 (영. task, duty)
  「**die Aufgabe, ... zu** + 동사 원형」 ...할 임무

- neu [형] 새, 새로운 (영. new)

- das **Produkt** (die Produkte) 생산품, 생산물, 산물 (영. product)

- ... zu entdecken ⇒ 동사 entdecken의 zu-부정사
  entdecken [타동] ...을 발견하다 (영. discover, find out)
  - 3 기본형 : *entdecken* - *entdeckte* - *entdeckt*

    [주의] 형태가 ent-이므로 pp형에서 ge- 탈락!

- der **Kontakt** (die Kontakt*e*) 접촉 (영. contact)
- **zu** [3격 전치사] ~에 대한, ~을 향한 (영. to)
- der **Lieferant** (die Lieferant*en*) (제품, 상품의) 공급자 (영. supplier)
- ... **herzustellen** ⇒ 분리동사 *her*stellen의 zu-부정사
  ***her*stellen** (stellen ... *her*) [분리&타동] ...을 생산하다 (영. produce) ≈ produzieren
  3 기본형 : *her*stell*en* - *her*stell*te* (stell*te* ... *her*) - *herge*stell*t*

051

Facebook und Yahoo haben ihren Patentstreit beigelegt. In Zukunft wollen sie in der Onlinewerbung sogar enger zusammenarbeiten und Google Konkurrenz machen.

페이스북과 야후는 그들의 특허 분쟁을 원만하게 해결했다. 앞으로 이들은 온라인 광고에서는 심지어 더 긴밀하게 협력하여 구글에 경쟁하려고 한다.

Facebook und Yahoo 주어 — 복수 1격
haben 동사 — 현재완료(조동사)
ihren Patentstreit — 동사 beigelegt의 4격 목적어(남성 4격)
beigelegt — 현재완료(pp형)

1. Facebook und Yahoo haben ... beigelegt :

분리동사 *bei*legen의 현재완료 시제「**haben** ... pp」임.
주어 "Facebook und Yahoo"는 복수의 **sie**에 해당함. → "hab**en** ... beigelegt"임.

2. ihren Patentstreit :

남성명사 Patentstreit가 동사 beigelegt의 4격 목적어임. → 남성 4격!
소유대명사 ihr-('그들의' 영. their)는 남성 4격 부정관사 ein**en**처럼 변화하여 ihr**en**임.

... wollen[동사] sie[주어] in der Onlinewerbung ... enger zusammenarbeiten und Google Konkurrenz machen

... wollen	sie	in der Onlinewerbung	... enger	zusammenarbeiten	und	Google	Konkurrenz	machen
화법조동사(현재 시제)	복수 1격	여성 3격	부사어(비교급)	동사 원형 1(분리동사)		동사 machen의 3격 목적어		동사 원형 2

1. ... wollen sie ... zusammenarbeiten und ... machen :

화법조동사 wollen의 현재 시제임.
주어는 복수의 **sie**임. → 화법조동사 형태는 woll**en**임.
(이 wollen이 두 개의 동사 원형 zusammenarbeiten 및 machen과 결합함.)

2. in der Onlinewerbung :

3·4격 전치사 in은 동사와 함께 '...에서 협력하다'로 해석됨. → '위치'로서 3격 지배임.
여성명사 Onlinewerbung이 전치사 in의 3격 목적어임. → 여성 3격!
여성 3격 정관사 **der**가 앞에 옴.

3. ... Google Konkurrenz machen :

「j-m Konkurrenz machen」 '누구와 경쟁하다'

- **haben** ⇒ 현재완료 「haben ... pp」의 조동사

- der **Patentstreit** 특허권 분쟁 (영. patent quarrel)
  → das **Patent** (die Patent*e*) 특허, 특허권 (영. patent)
  → der **Streit** (die Streit*e*) 다툼, 분쟁 (영. quarrel)

- **beigelegt** ⇒ 분리동사 *bei*legen의 pp형
  ***bei*legen** (legen ... *bei*) [분리&타동] (다툼 등을) 원만히 해결하다 (영. settle)
  3 기본형 : *bei*leg*en* - *bei*leg*te* (leg*te* ... *bei*) - *beige*leg*t*

- die **Zukunft** (die Zukünft*e* ; 주로 단수) 미래 (영. future)
  in Zukunft 앞으로는, 미래에는 (영. in future)

- 「**wollen ... 동사 원형**」 [화법조동사] ...하려고 하다 (영. will)

- **in** [3·4격 전치사] (3격 : '위치') ~안에, ~안에서 ; (4격 : '방향') ~안으로 (영. in, into)

- die **Onlinewerbung** 온라인 광고 (영. online advertising)
  → die **Werbung** (die Werbung*en*) 광고, 선전 (영. advertising)

- **sogar** [부] 심지어, ... 조차 (영. even)

- **enger** ⇒ 형용사 eng의 비교급
  eng [형] 좁은, 밀접한, (부사적) 좁게, 밀접하게 (영. narrow, close)
  3 비교형 : eng - eng*er* - eng*st*

- ***zusammen*arbeiten** (arbeiten ... *zusammen*) [분리&자동] 협력하다 (영. work together)
  3 기본형 :
  *zusammen*arbeit*en* - *zusammen*arbeit*ete*(arbeit*ete* ... *zusammen*) - *zusammenge*arbeit*et*
  [주의] 어간 끝이 -t이므로 과거형 및 과거분사형(= pp형)에서 발음상 -e- 첨가!

- die **Konkurrenz** (die Konkurrenz*en* ; 주로 단수) 경쟁 (영. competition, rivalry)
  「**j-m Konkurrenz machen**」 누구와 경쟁하다 (영. compete with)

- **machen** [타동] ...을 하다, 행하다 (영. make, do)
  3 기본형 : mach*en* - mach*te* - *ge*mach*t*

Memo

052

Die Investoren haben unter anderem mit Erfolg die frühere Siemens-Tochtergesellschaft Wincor Nixdorf übernommen und an die Börse gebracht.

그 밖에도 투자자들은 성공적으로 과거의 지멘스 자회사 윈코르 닉스도르프를 인수하여 주식 시장에 상장하였다.

Die Investoren[주어] (복수 1격) haben[동사] (현재완료(조동사)) ...

die frühere Siemens-Tochtergesellschaft ... (동사 übernommen의 4격 목적어(여성 4격)) übernommen (현재완료(pp형 1))

und an die Börse (여성 4격) gebracht (현재완료(pp형 2))

1. Die Investoren haben ... übernommen und ... gebracht :

두 개의 동사 übernehmen 및 bringen의 현재완료 시제 「**haben** ... pp」임.

주어 "Die Investor*en*"은 복수의 **sie**에 해당함.

→ "hab**en** ... übernommen und gebracht"임.

2. die frühere Siemens-Tochtergesellschaft :

여성명사 Siemens-Tochtergesellschaft가 동사 übernommen의 4격 목적어임. → 여성 4격!

- 여성 4격 정관사 **die**가 앞에 옴.
- 「여성의 di**e**, ein**e** + 형용사 **-e**」 → **die** frühere ...

3. ... an die Börse gebracht :

3·4격 전치사 an은 내용상 '...으로 가져가다'로 해석됨. → '방향'을 뜻하여 4격 지배임.

여성명사 Börse가 전치사 an의 4격 목적어임. → 여성 4격!

여성 4격 정관사 **die**가 앞에 옴.

- der **Investor** (die Investor*en*) 투자자 (영. investor)

- **haben** ⇒ 현재완료 「haben ... pp」의 조동사

- **unter anderem** 그 밖에, 또한 (영. among other things) ≈ außerdem, auch noch
  → **ander-** [형] (명사 앞 수식어로서) 다른 ... (영. other ...)

- **mit** [3격 전치사] [1] (동반) ~와 함께 ; [2] (수단) ~을 가지고 (영. with)

- der **Erfolg** (die Erfolg*e*) 성공, 성과 (영. success)

- **früher-** [형] (명사 앞 수식어로서) 이전의, 과거의 (영. former, earlier)
  ↳ **früher** [부] 전에, 과거에 (영. formerly)

- die **Tochtergesellschaft** 자회사 (영. subsidiary company) ≈ die Tochterfirma
  → die **Tochter** (die Töchter) 딸 (영. daughter)
  → die **Gesellschaft** (die Gesellschaft*en*) 회사 (영. company) ≈ die Firma

- **übernommen** ⇒ 동사 übernehmen의 pp형
  übernehmen [타동] ...을 인수하다, 물려받다 (영. take over)
  - 3 기본형 : *über*nehmen - *über*nahm - *über*nommen
    [주의] 형태가 über-로서 pp형은 ge- 없음!
  - 현재 시제 불규칙 변화 : du übern**i**mm*st* ; er (sie, es) übern**i**mm*t*

- die **Börse** (die Börse*n*) 주식, 주식 시장 (영. stock)

- **gebracht** ⇒ 동사 bringen의 pp형
  bringen [타동] ...을 가져오다, 데려오다 (영. bring)
  - 3 기본형 : bringen - brachte - gebracht

053

Die Bankkunden verlieren an Vertrauen in ihre Geldinstitute. Mehr als die Hälfte der Deutschen vertraut ihren Banken heute weniger als vor einem Jahr.

은행 고객들은 자신들의 금융기관에 대한 신뢰를 잃고 있다. 오늘날 독일인들의 절반 이상이 자신들의 은행을 1년 전보다 덜 신뢰하고 있다.

Die Bankkunden주어 (복수 1격) verlieren동사 (현재 시제) an Vertrauen (중성 3격) in ihre Geldinstitute (복수 4격)

1. Die Bankkunden verlieren ... :

동사 verlieren의 현재 시제임.

주어 "Die Bankkunde*n*"은 복수의 **sie**에 해당함. → 동사 형태는 verlier**en**임.

2. ... verlieren an Vertrauen ... :

「verlieren an etw.[3]」 '*무엇을* 점차 잃다'

3. ... Vertrauen in ihre Geldinstitute :

「das Vertrauen in etw.[4]」 '*무엇*에 대한 신뢰'

복수명사 Geldinstitut*e*가 전치사 in의 4격 목적어임. → 복수 4격!

소유대명사 ihr-('그들의' 영. their)는 복수 4격 정관사 di**e**처럼 변화하여 ihr**e**임.

▶ 소유대명사 **mein-, dein-, sein-, ihr-** ... ; 부정어 **kein-**

⇒ 복수의 경우 정관사 **d-** 어미변화!

Mehr als die Hälfte(주어) der Deutschen vertraut(동사) ihren Banken ... weniger als vor einem Jahr

Mehr als die Hälfte(주어)	der Deutschen	vertraut(동사)
여성 1격	복수 2격	현재 시제

ihren Banken	...	weniger als	vor einem Jahr
동사 vertraut의 3격 목적어(복수 3격)		비교급 비교	중성 3격

1. ... die Hälfte der Deutschen :

Deutsch-는 여기서 '독일인들'을 뜻하여 복수이며, 앞 명사를 수식하는 2격임. → 복수 2격!

- 복수 2격 정관사 **der**가 앞에 옴.
- Deutsch-는 형용사 어미변화 함 : 「복수의 관사 + 형용사 **-en**」→ ... **der** Deutsch**en**

2. ihren Banken :

복수명사 Bank*en*이 동사 vertraut의 3격 목적어임. → 복수 3격!

소유대명사 ihr-('그들의' 영. their)는 복수 3격 정관사 den처럼 변화하여 ihren임.

3. ... weniger als vor einem Jahr :

① 「... weniger als A」 (비교급 비교) 'A보다 적게 ...' (영. ... less than ...)

② 「vor + 3격」 (시간적) '... 전에'

중성명사 Jahr가 전치사 vor의 3격 목적어임. → 중성 3격!

중성 3격 부정관사 **einem**이 앞에 옴.

der **Bankkunde** 은행 고객 (영. bank customer)

→ der **Kunde** (die Kund*n*) 고객, 단골 (영. customer, client)

단수의 경우, 주어를 제외한 단수 2, 3, 4격이 모두 복수형과 동일하게 Kunde*n*인 약변화 명사

verlieren [타동] ...을 잃다, 분실하다 (영. lose)

「an etw.[3] verlieren」 *무엇*을 점차 잃어가다

3 기본형 : verlieren - verlor - verloren

das **Vertrauen** (항상 단수) 신뢰, 믿음 (영. confidence, trust)

「das Vertrauen in etw.[4]」 *무엇*에 대한 신뢰, 믿음

- das **Geldinstitut** 금융기관 (영. financial institution)
  → das **Geld** (die Geld*er* ; 주로 단수) 돈 (영. money)
  → das **Institut** (die Institut*e*) 기관, 연구소 (영. institute)

- **mehr** ⇒ viel, viele('많은')의 비교급
  「**viel** + 단수명사」(추상, 물질명사) **많은 ...** (영. much)
  「**viele** + 복수명사」 많은 ... (영. many)
  「**mehr als ...**」 ... 이상 (영. 「more than ...」)
  3 비교형 : viel, viele - mehr - meist

- die **Hälfte** (die Hälfte*n*) 반, 1/2 (영. half)

- **Deutsch-** (형용사 어미변화) 독일인 (영. German)
  형용사 deutsch의 명사화 : der Deutsch*e*, ein Deutsch*er* ...

- **vertrauen** [자동] 「**j-m vertrauen**」 혹은 「**auf j-n vertrauen**」 누구를 신뢰하다 (영. trust)
  3 기본형 : *vertrauen* - *vertraute* - *vertraut*
  [주의] 형태가 ver-이므로 pp형은 ge- 없음!

- die **Bank** [1] (die Bank*en*) 은행 (영. bank) ; [2] (die Bänk*e*) 벤치, 의자 (영. bench)

- **wenig** 적은, 적게 (영. little, few)
  「**weniger als A**」 A보다 덜 ..., A보다 적게 ... (영. 「less than ...」)
  3 비교형 : wenig - wenig*er* (혹은 minder) - wenig*st* (혹은 mindest)

- **vor** [3·4격 전치사] (3격 지배 : 시간적) ~전에 (영. before) ↔ nach ~후에 (영. after)

- das **Jahr** (die Jahr*e*) (시간 단위) 해, 년 (영. year)

PART 3
사회

054

Nach der neuesten Statistik leidet ein rundes Drittel aller Amerikaner – mehr als 110 Millionen Menschen! – an Fettleibigkeit.

가장 최근의 통계에 따르면 모든 미국인들의 대략 1/3이 - 1억 천만 명 이상의 사람들 - 비만으로 고생하고 있다.

Nach der neuesten Statistik (여성 3격) leidet[동사] (현재 시제) ein rundes Drittel[주어] (중성 1격) aller Amerikaner (복수 2격) – mehr als 110 Millionen Menschen (앞의 주어 "ein rundes Drittel"과 동격으로서 상세 설명함.(복수 1격)) – an Fettleibigkeit (여성 3격)

1. Nach der neuesten Statistik :

여성명사 Statistik이 3격 전치사 nach와 결합함. → 여성 3격!

- 여성 3격 정관사 **der**가 앞에 옴.
- 「2, 3격 관사 + 형용사 **-en**」→ Nach **der** neuest**en** ...

2. ein rundes Drittel :

중성명사 Drittel이 주어(= 1격)임. → 중성 1격!

- 중성 1격 부정관사 **ein**이 앞에 옴.
- 「중성 **ein** + 형용사 **-es**」→ **ein** rund**es** ...

3. ... leidet ein rundes Drittel ... :

동사 leiden의 현재 시제임.

주어 "... Drittel"은 중성의 **es**에 해당함. → 동사 형태는 leid*et*임.

▶ 동사 leiden은 어간 끝이 **-d**이므로 발음상 **-e-** 첨가!

4. ... aller Amerikaner :

복수명사 Amerikaner가 앞 명사를 수식하는 2격임. → 복수 2격!

all-('모든 ...')은 정관사 d- 어미변화 함. → 복수 2격 정관사 der처럼 변화하여 aller임.

PART 3 사회

5. ... leidet ... an Fettleibigkeit :

「an etw.³ leiden」 '무엇으로 고생하다, 힘들다'

- nach [3격 전치사] ~에 따르면, ~에 따라 (영. according to)
- neuest ⇒ 형용사 neu의 최상급
  neu [형] 새, 새로운 (영. new)
  ✔ 3 비교형 : neu - neu*er* - neu*est*
- die **Statistik** (die Statistik*en*) 통계 (영. statistics)
- **leiden** [자동] 힘들다, 고생하다 (영. suffer)
  「an etw.³ leiden」 (질병 등으로 인해) 힘들다, 고생하다
  「unter etw.³ leiden」 (문제점 등으로 인해) 힘들다, 고생하다
  ✔ 3 기본형 : leiden - litt - gelitten
- **rund** [형] ¹ 대략의 (영. ... or so, about) ; ² 둥근, 원형의 (영. round, circular)
- das **Drittel** (die -) 1/3 (영. one third)
  ▶ 분수 「서수 + -el」 : zwei Drittel 2/3 , ein Viertel 1/4 , zwei Fünftel 2/5
- 「all- + 복수명사」 [부정수사] (복수 정관사 d- 어미변화) 모든 ... (영. all)
- der **Amerikaner** (die -) 아메리카인, 미국인 (영. American)

- mehr ⇒ 부정수사 viel, viele('많은')의 비교급
  「mehr als + 숫자」... 이상 (영. more than ...)
  3 비교형 : viel, viele - mehr - meist

- 110 ⇒ "(ein)hundertzehn"

- die **Million** (die Million*en*) 백만 (= 1,000,000) (영. million)

- der **Mensch** (die Mensch*en*) 사람, 인간 (영. person, man, human being)
  단수의 경우, 주어를 제외한 단수 2, 3, 4격이 복수형과 동일하게 Mensch*en*인 약변화 명사

- die **Fettleibigkeit** (주로 단수) 비만, 살찜 (영. obesity)
  → **fettleibig** [형] 비만인, 살찐 (영. obese)
    → **fett** [형] [1] (음식 등이) 기름진 (영. greasy, fatty) ; [2] (사람이) 뚱뚱한 (영. fat)
    → der **Leib** (die Leib*er*) (옛 표현) 몸, 육체 (영. body) ≈ der Körper

Memo

055

Frauen bekommen heute im Durchschnitt mit 29/30 Jahren ihr erstes Kind.

여자들은 오늘날 평균적으로 29세 및 30세에 자신들의 첫 아이를 갖는다.

Frauen주어 (여성 1격) **bekommen**동사 (현재 시제) heute im Durchschnitt

mit 29/30 Jahren (복수 3격) ihr erstes Kind (동사 bekommen의 4격 목적어 (중성 4격))

1. Frauen bekommen ... :

동사 bekommen의 현재 시제임.

주어 Frau*en*은 복수의 **sie**에 해당함. → 동사 형태는 bekomm**en**임.

2. mit 29/30 Jahren :

복수명사 Jahr*e*가 3격 전치사 mit와 결합함. → 복수 3격!

복수 3격 명사 형태는 항상 **-n**이어야 함. → 추가로 어미 **-n**이 붙어 Jahre**n**임.

3. ihr erstes Kind :

중성명사 Kind가 동사의 4격 목적어임. → 중성 4격!

- 소유대명사 ihr-('그들의' 영. their)는 중성 4격 부정관사 **ein_**처럼 어미 없이 **ihr_**임.
- 「중성 **ein (mein, dein, sein, ihr ...)** + 형용사 **-es**」 → **ihr** erst**es** ...

▶ 「남성 **ein** + 형용사 **-er**」

- die **Frau** (die Frau*en*) 성인 여성, 아내 (영. woman, wife)
- **bekommen** [타동] ...을 받다, 얻다 (영. get, receive)
  - 3 기본형 : *be*kommen - *be*kam - *be*kommen
- **heute** [부] 오늘 (영. today)
- **im** ⇒ "in dem"의 축약형
- der **Durchschnitt** (die Durchschnitt*e*) 평균 (영. average)
  im Durchschnitt 평균적으로, 일반적으로 (영. on average)
- **mit 29/30 Jahren** ⇒ "mit neunundzwanzig bis dreißig Jahren"
- **mit** [3격 전치사] 「**mit ... Jahren**」 ...세 때 (영. at the age of ...)
- das **Jahr** (die Jahr*e*) (시간 단위) 해, 년 (영. year)
- **erst-** [수] (서수) 첫째, 제 1의 (영. first)
- das **Kind** (die Kind*er*) 아이, 어린이 (영. child)

056

Mit Streiks wollen die Arbeitnehmer die Arbeitgeber unter Druck setzen.

파업을 수단으로 하여 노동자들은 고용주들을 압박하려고 한다.

Mit Streiks (복수 3격) wollen[동사] (화법조동사(현재 시제)) **die Arbeitnehmer**[주어] (복수 1격)

die Arbeitgeber (동사 원형 setzen의 4격 목적어(복수 4격)) unter Druck setzen (동사 원형)

1. Mit Streiks :

복수명사 Streiks가 3격 전치사 mit와 결합함. → 복수 3격!

원래 복수 3격 명사 형태는 항상 **-n**이어야 하지만,

복수형이 **-s**인 명사는 외래어로서 예외임. (즉, Streiksn 아님!)

2. ... wollen die Arbeitnehmer ... setzen :

화법조동사 wollen의 현재 시제임.

주어인 "die Arbeitnehmer"는 복수의 **sie**('그들')에 해당함. → "wollen ... setzen"임.

3. ... die Arbeitgeber unter Druck setzen :

「j-n unter Druck setzen」 '누구를 압박하다'

복수명사 Arbeitgeber가 동사의 4격 목적어임. → 복수 4격!

복수 4격 정관사 **die**가 앞에 옴.

- mit [3격 전치사] (도구, 수단) ~을 가지고, ~으로써 (영. with)

- der **Streik** (die Streik*s*) 파업 (영. strike)
  ↳ **streiken** [자동] 파업하다 (영. strike, be on strike)
    - 3 기본형 : streik*en* - streik*te* - *ge*streik*t*

- 「**wollen** ... 동사 원형」 [화법조동사] ...을 하려 하다 (영. will)
  - 현재 시제 불규칙 변화 : ich will ; du will*st* ; er (sie, es) will ; wir woll*en* ...

- der **Arbeitnehmer** (die -) 고용인 (영. employee)
  → die **Arbeit** (die Arbeit*en* ; 주로 단수) 직업, 일자리 (영. work, job)
  → der **Nehmer** (die -) 취하는 사람, 수령인 (영. taker)
    ↳ **nehmen** [타동] ...을 취하다, 갖다 (영. take)
      - 3 기본형 : nehmen - nahm - genommen
      - 현재 시제 불규칙 변화 : du nimm*st* ; er (sie, es) nimm*t*

- der **Arbeitgeber** (die -) 고용주 (영. employer)
  → der **Geber** (die -) 주는 사람, 기부자 (영. giver)
    ↳ **geben** [타동] ...을 주다 (영. give)
      - 3 기본형 : geben - gab - gegeben
      - 현재 시제 불규칙 변화 : du gib*st* ; er (sie, es) gib*t*

- der **Druck** (die Drück*e* ; 주로 단수) 압력, 압박 (영. pressure)
  「**j-n unter Druck setzen**」 누구를 압박하다 (영. put pressure on)

- **setzen** [타동] ...을 앉히다, 앉혀 놓다 (영. sit, put, set)
  - 3 기본형 : setz*en* - setz*te* - *ge*setz*t*

057

Amerikanische Einwanderungsbehörden fürchten sich vor der Einreise ausländischer Verbrecher.

미국의 이민 담당 관청들은 외국 범법자들의 입국을 두려워하고 있다.

Amerikanische Einwanderungsbehörden(주어; 복수 1격) **fürchten**(동사; 현재 시제)

sich (4격 재귀대명사) vor der Einreise (여성 3격) ausländischer Verbrecher (복수 2격)

1. Amerikanische Einwanderungsbehörden :

복수명사 Einwanderungsbehörden이 주어(= 1격)임. → 복수 1격!

형용사 amerikanisch 앞에 관사 없음. → 복수 1격 정관사 die처럼 Amerikanische임.

2. Amerikanische Einwanderungsbehörden fürchten ... :

동사 fürchten의 현재 시제임.

주어 "... Einwanderungsbehörde*n*"은 복수의 **sie**('그것들')에 해당함.

→ 동사의 현재 시제 형태는 fürcht**en**임.

3. ... fürchten sich vor der Einreise :

「sich^{4} vor etw.^{3} fürchten」 '*무엇을 두려워하다*'

여성명사 Einreise가 전치사 vor의 3격 목적어임. → 여성 3격!

여성 3격 정관사 **der**가 앞에 옴.

4. ... Einreise ausländischer Verbrecher :

복수명사 Verbrecher가 앞 명사를 수식하는 2격임. → 복수 2격!

형용사 ausländisch 앞에 관사 없음. → 복수 2격 정관사 d**er**처럼 변화하여 ausländisch**er**임.

- **amerikanisch** [형] 아메리카의, 미국의 (영. American)

- die **Einwanderungsbehörde** (이민 업무 담당 관청) 이민국 (영. immigration authorities)
  → die **Einwanderung** (주로 단수) (외국으로부터 국내로의) 이주, 이민 (영. immigration)
  → die **Behörde** (die Behörde*n*) 관청, 당국 (영. authority, department)

- **fürchten** [4격 재귀동] 「sich vor etw.[3] fürchten」 *무엇*을 두려워하다 (영. be afraid of)
  3 기본형 : fürcht*en* - fürcht*ete* - *ge*fürcht*et*
  [주의] 어간 끝이 -t이므로 과거형 및 과거분사형(= pp형)에서 발음상 -e- 첨가!
  ↳ die **Furcht** (항상 단수) 두려움, 걱정 (영. fear) ≈ die Angst

- die **Einreise** (die Einreise*n*) 입국 (영. entry)
  ↳ ***ein*reisen** (reisen ... *ein*) [분리&자동] (완료형 : sein ... pp) 입국하다, 들어오다 (영. enter)
  3 기본형 : *ein*reis*en* - *ein*reis*te* (reis*te* ... *ein*) - ein*ge*reis*t*

- **ausländisch** [형] 외국의 (영. foreign)
  ↳ das **Ausland** (항상 단수) 외국 (영. foreign countries)
  ↳ der **Ausländer** (die -) 외국인 (영. foreigner)

- der **Verbrecher** (die -) 범죄자 (영. criminal)
  ↳ das **Verbrechen** (die -) 범죄, 죄악 (영. crime)

PART 3
사회

058

Taucher haben vor der US-Ostküste ein deutsches U-Boot aus dem Zweiten Weltkrieg entdeckt.

잠수부들은 미국 동부 해안 앞에서 제 2차 세계대전 시기의 독일 잠수함 한 대를 발견했다.

Taucher주어 (복수 1격) haben동사 (현재완료(조동사)) vor der US-Ostküste (여성 3격)
ein deutsches U-Boot (동사 entdeckt의 4격 목적어) aus dem Zweiten Weltkrieg (남성 3격) entdeckt (현재완료(pp형))

1. Taucher haben ... entdeckt :

동사 entdecken의 현재완료 시제 「**haben** ... pp」임.

주어 Taucher은 복수의 **sie**('그것들')에 해당함. → "haben ... entdeckt"임.

2. vor der US-Ostküste :

3·4격 전치사 vor는 내용상 '... 앞에서'로 해석됨. → '위치'로서 3격 지배!

여성명사 US-Ostküste가 전치사 vor의 3격 목적어임. → 여성 3격!

여성 3격 정관사 **der**가 앞에 옴.

3. ein deutsches U-Boot :

중성명사 U-Boot가 동사의 4격 목적어임. → 중성 4격!

- 중성 4격 부정관사 **ein**이 앞에 옴.
- 「중성 **ein** + 형용사 **-es**」→ ein deutsches ...

4. aus dem Zweiten Weltkrieg :

남성명사 Weltkrieg이 3격 전치사 aus와 결합함. → 남성 3격!

- 남성 3격 정관사 **dem**이 앞에 옴.
- 「2, 3격 관사 + 형용사 **-en**」→ aus **dem** Zweiten ...

- der **Taucher** (die -) 잠수하는 사람, 잠수부 (영. diver)
  ↳ **tauchen** [자동] 잠수하다, 잠수해서 가다 (영. dive)
  - 3 기본형 : tauch*en* - tauch*te* - *ge*taucht

- **haben** ⇒ 현재완료 「haben ... pp」의 조동사

- **vor** [3 · 4격 전치사] (3격 : '위치') ~앞에, ~앞에서 ; (4격 : '방향') ~앞으로 (영. in front of)

- die **US-Ostküste** 미국 동부 해안
  → **Ostküste** 동부 해안 (영. east coast)
    → **Ost...** (합성어로서) 동부 ... , 동쪽 ... (영. east ...)
    → die **Küste** (die Küste*n*) 해안, 해변 (영. coast, shore)

- **deutsch** [형] 독일의, 독일인의, 독일어의 (영. German)

- das **U-Boot** (die U-Boot*e*) (= "Unterseeboot") 잠수함 (영. submarine)

- **aus** [3격 전치사] ~로부터 (영. out of)

- der **Zweit*e* Weltkrieg** 제 2차 세계대전 (영. the Second World War)

- **zweit-** [수] (서수) 둘째의, 제 2의 (영. second)

- der **Weltkrieg** 세계대전 (영. world war)
  → die **Welt** (die Welt*en* ; 주로 단수) 세계 (영. world)
  → der **Krieg** (die Krieg*e*) 전쟁 (영. war)

- **entdeckt** ⇒ 동사 entdecken의 pp형
  entdecken [타동] ...을 발견하다 (영. discover)
  - 3 기본형 : *ent*deck*en* - *ent*deck*te* - *ent*deck*t*

  [주의] 형태가 ent-이므로 pp형에서 ge- 없음!

PART 3
사회

059

Er ist im Juni wegen einer Infektion des Darms fünf Tage im Krankenhaus behandelt worden.

그는 6월에 장염 때문에 5일 동안 병원에서 치료받았다.

Er[주어] **ist**[동사] (수동태 현재완료) ... **wegen einer Infektion** (여성 2격) **des Darms** (남성 2격) **fünf Tage** (4격의 '시간' 부사어) **im Krankenhaus** (중성 3격) **behandelt worden** (수동태 현재완료)

1. Er ist ... behandelt worden :

타동사 behandeln의 수동태 현재완료 시제「**sein** ... pp **worden**」임.
주어가 "**Er**"임. → "**ist** ... behandelt worden"

2. wegen einer Infektion :

여성명사 Infektion이 2격 전치사 wegen과 결합함. → 여성 2격!
여성 2격 정관사 **der**가 앞에 옴. (여성, 복수명사는 2격 어미 **-s, -es** 없음!)

3. ... Infektion des Darms :

남성명사 Darm이 앞 명사를 수식하는 2격임. → 남성 2격!

- 남성 2격 정관사 **des**가 앞에 옴.
- 남성, 중성 2격 명사는 **-s** 혹은 **-es**가 붙음. → 남성이므로 **-s**가 붙어 Darms임.

4. im Krankenhaus :

3·4격 전치사 in은 내용상 '병원 안에서 치료되었다'로 해석됨. → '위치'로서 3격 지배!
중성명사 Krankenhaus가 전치사 in의 3격 목적어임. → 중성 3격!
중성 3격 정관사 **dem**이 전치사 in과 함께 **im**으로 축약됨.

- **ist** ⇒ 현재완료 「sein ... pp」의 조동사 sein의 불규칙 형태
  - 현재 시제 불규칙 변화 : ich bin ; du bist ; er (sie, es) ist ...

- der **Juni** (die Junis ; 주로 단수) 6월 (영. June) ; **im Juni** 6월에

- **wegen** [2격 전치사] ~때문에 (영. because of)

- die **Infektion** (die Infektion*en*) 감염, 염증 (영. infection)

- der **Darm** (die Därm*e*) (인체의 기관) 장, 대장 및 소장 (영. intestine)

- **fünf** [수] 5, 다섯 (영. five)

- der **Tag** (die Tag*e*) [1] (시간 단위) 날, 일 ; [2] 낮 (영. day)

- das **Krankenhaus** (die Krankenhäus*er*) 병원, 종합병원 (영. hospital)

- **behandelt** ⇒ 동사 behandeln의 pp형
  behandeln [타동] ...을 다루다, 치료하다 (영. treat, deal with)
  - 3 기본형 : *behandeln* - *behandelte* - *behandelt*
    [주의] 형태가 be-이므로 pp형에서 ge- 없음!

- **worden** ⇒ 수동태 조동사 werden의 pp형
  (수동태 현재완료 「sein ... pp worden」에 사용됨.)
  - 3 기본형 : werden - wurde - worden
    [주의] 일반 동사 werden('... 되다' 영. become)의 pp형은 geworden임.

060

Rechtsextremismus darf man nicht unterschätzen. Er ist brandgefährlich für unser Land.

극우주의를 우리는 과소평가해서는 안 된다. 그것은 우리 나라에게 극도로 위험하다.

Rechtsextremismus (동사 unterschätzen의 4격 목적어(남성 4격)) darf동사 (화법조동사(현재 시제)) man주어 nicht unterschätzen (동사 원형)

... darf man nicht unterschätzen :

화법조동사 dürfen의 현재 시제임.

주어인 부정대명사 man은 3인칭 단수 **er**에 일치함. → "**darf** ... unterschätzen"임.

(dürfen의 부정문은 '금지'를 뜻함 : '...해서는 안 된다')

Er주어 ist동사 (현재 시제) brandgefährlich (ist의 형용사 보어) für unser Land. (중성 4격)

1. Er ist ... :

동사 sein의 현재 시제임.

주어가 **Er**임. → 동사 sein의 형태는 불규칙적으로 **ist**임.

(주어인 "Er"는 앞 문장의 남성명사 "Rechtsextremismus"를 받음.)

2. für unser Land :

중성명사 Land가 4격 전치사 für와 결합함. → 중성 4격!

소유대명사 unser-('우리의' 영. our)는 중성 4격 부정관사 ein_처럼 어미 없이 unser_임.

▶ 소유대명사 **mein-, dein-, sein-** ... 및 부정어 **kein-** ⇒ 원칙적으로 부정관사 **ein-** 어미 변화 함.

- der **Rechtsextremismus** 극우주의 (영. right-wing extremism)
  ▶ 명사 어미 -ismus '...주의, ...론' (영. -ism) : 항상 남성이며, 복수형은 -ismen임.
  → **recht-** [형] (명사 앞 수식어) [1] 오른쪽의 (영. right) ; [2] (정치) 우익의 (영. right-wing)
  → **extrem** [형] 극단적인 (영. extreme)

- **darf** ⇒ 화법조동사 dürfen의 현재 시제, 불규칙 형태

- **man** [부정대명사] (특정인이 아닌 막연한 다수를 뜻하여) 사람들은 (영. people, one)
  ▶ man은 er, sie, es처럼 3인칭 단수임 (항상 주어로 사용) :
  Man darf ... (즉, Man dürfen ... 아님!)

- **unterschätzen** [타동] ...을 과소평가 하다 (영. underestimate, underrate)
  ✔ 3 기본형 : *unter*schätz*en* - *unter*schätz*te* - *unter*schätz*t*
  [주의] 형태가 unter-로서 pp형에서 ge- 없음!
  ↳ **überschätzen** [타동] ...을 과대평가 하다 (영. overestimate, overrate)
  ✔ 3 기본형 : *über*schätz*en* - *über*schätz*te* - *über*schätz*t*
  [주의] 형태가 über-로서 pp형에서 ge- 없음!

- **ist** ⇒ 동사 sein('...이다' 영. be)의 현재 시제 불규칙 형태

- **brandgefährlich** [형] 매우 위험한 (영. perilous, highly dangerous)
  → der **Brand** (die Bränd*e*) 불, 화재 (영. fire)
  → **gefährlich** [형] 위험한 (영. dangerous)
  ↳ die **Gefahr** (die Gefahr*en*) 위험 (영. danger)

- **für** [4격 전치사] [1] ~에게, ~에게는 ; [2] ~을 위해, ~을 위한 (영. for)

- das **Land** (die Länd*er*) 국가 (영. country, state)

061

Eine 27-Jährige ist in Rickenbach (Kreis Waldshut) mit ihrem Auto gegen einen Baum gefahren und ums Leben gekommen.

한 27세 여자가 릭켄바흐(발츠훗 지역)에서 자신의 자동차를 타고 나무 한 그루와 충돌하여, 목숨을 잃었다.

Eine 27-Jährige주어 (여성 1격) **ist**동사 (현재완료(조동사 sein)) in Rickenbach (Kreis Waldshut)

mit ihrem Auto (중성 3격) gegen einen Baum (남성 4격) **gefahren** (현재완료(pp형 1))

und ums Leben **gekommen** (현재완료(pp형 2))

1. Eine 27-Jährige :

형용사 27-jährig의 명사화 형태임. → 형용사 어미변화!

'여자'를 뜻하므로 여성이며, 문장의 주어(= 1격)임. → 여성 1격!

- 여성 1격 부정관사 **eine**가 앞에 옴.
- 「eine + 형용사 -e」→ Eine 27-Jährige

▶ 형용사의 명사화 : 앞 철자를 대문자 표기하고, 형용사 어미변화 함.

2. Eine 27-Jährige ist ... gefahren und ... gekommen :

'장소 이동' 자동사 fahren 및 kommen의 현재완료 시제 「**sein** ... pp」임.

주어 "Eine 27-Jährige"는 여성의 **sie**에 해당함.

→ "**ist** ... gefahren und ... gekommen"임.

3. mit ihrem Auto :

중성명사 Auto가 3격 전치사 mit와 결합함. → 중성 3격!
소유대명사 ihr-('그녀의' 영. her)는 중성 3격 어미 -em가 붙어 ihrem임.
(여기서 ihr-는 앞에 나온 여성명사 "Eine 27-Jährige"를 받음.)

4. ... gegen einen Baum gefahren ... :

「gegen etw.[4] fahren」'*무엇과 충돌하다*'
남성명사 Baum이 4격 전치사 gegen과 결합함. → 남성 4격!
남성 4격 부정관사 einen이 앞에 옴.

- 27 ⇒ "siebenundzwanzig"
- ...-Jährig- (형용사 어미변화) (연령이) ...세인 사람
  - 형용사 ...-jährig의 명사화 : der 27-Jährig*e*, ein 27-Jährig*er* ...
- ist ⇒ 현재완료 「sein ... pp」의 조동사 sein의 불규칙 형태
- der **Kreis** (die Kreis*e*) (소규모 행정 구역) 지역, 지방 ; 「Kreis ...」 ... 지역 (영. district)
- **mit** [3격 전치사] (차량) ~을 타고 (영. by)
- das **Auto** (die Auto*s*) 차, 자동차 (영. car)
- **gegen** [4격 전치사] ~을 향하여, ~에 반대하여 (영. towards, against)
- der **Baum** (die Bäum*e*) 나무 (영. tree)
- **gefahren** ⇒ 동사 fahren의 pp형
  fahren [자동] (완료형 : sein ... pp) (차량을 타고) 가다 (영. go, drive)
  「**gegen etw.[4] fahren**」 (차량이) *무엇*과 충돌하다 (영. go, drive)
  - 3 기본형 : fahren - fuhr - gefahren
  - 현재 시제 불규칙 변화 : du fähr*st* ; er (sie, es) fähr*t*
- **ums** ⇒ "um das"의 축약형
  um [4격 전치사] ~주위에, ~을 빙 돌아 (영. around)

- das **Leben** (die - ; 주로 단수) 삶, 살아있음, 생명 (영. living, life)

- **gekommen** ⇒ 동사 kommen의 pp형
  kommen [자동] (완료형 : sein ... pp) 오다 (영. come)
  ums Leben kommen 죽다 ≈ sterben
  3 기본형 : kommen - kam - gekommen

Memo

062

Die Zahl der Kinder und Jugendlichen, die wegen ihres Alkoholkonsums in Krankenhäusern behandelt werden, steigt.

술 소비 때문에 병원에서 치료되는 아이들과 청소년들의 숫자가 증가하고 있다.

Die Zahl주어 der Kinder und Jugendlichen
여성 1격 복수 2격

(, **die** ... werden,) steigt동사
관계대명사 부문장(앞의 선행사 "der Kinder und Jugendlichen"을 수식 · 설명함.) 현재 시제

1. Die Zahl ... steigt :

동사 steigen의 현재 시제임.

주어 "Die Zahl"은 여성의 **sie**에 해당함. → 동사 형태는 steig*t*임.

2. ... Zahl der Kinder und Jugendlichen :

두 개의 복수명사가 앞 명사를 수식하는 2격임. → 복수 2격!

- 복수 2격 정관사 **der**가 옴.
- 명사 Kind의 복수 2격 형은 Kind**er**임.
- Jugendlich-는 형용사 어미변화 함.

「2, 3격 관사 + 형용사 **-en**」→ ... **der** ... und Jugendlich**en**

... der Kinder und Jugendlichen, die[주어]
뒤의 관계대명사의 선행사(복수 2격) / 관계대명사(복수 1격)

wegen ihres Alkoholkonsums in Krankenhäusern
남성 2격 / 복수 3격

behandelt werden[동사], ...
수동태 현재 시제(후치됨!)

1. ... die ... :

die는 관계대명사 복수 1격임.

→ 앞의 복수명사 "der Kinder und Jugendlichen"을 선행사로 받으며, 부문장 안의 주어임.

2. ... , die ... behandelt werden :

타동사 behandeln의 수동태 현재 시제 「**werden** ... pp」임.

주어가 복수 관계대명사 "**die**"임. → 조동사 werden의 형태는 werd**en**임.

즉, "**werden** ... behandelt"이지만, 부문장 안에서 후치되어 "... behandelt **werden**"임.

3. ... wegen ihres Alkoholkonsums :

남성명사 Alkoholkonsum이 2격 전치사 wegen과 결합함. → 남성 2격!

- 소유대명사 ihr-('그들의' 영. their)는 남성 2격 어미 **-es**가 붙어 ihr**es**임.
  (여기서 ihr-는 앞의 복수명사 "der Kinder und Jugendlichen"를 받음)
  → 남성, 중성 2격은 **-s** 혹은 **-es**가 붙음 → 남성이므로 **-s**가 붙어 Alkoholkonsum**s**임.

4. in Krankenhäusern :

3·4격 전치사 in은 내용상 '...안에서'로 해석됨. → ('방향'이 아닌) '위치'이므로 3격 지배!

복수명사 Krankenh**ä**us*er*가 전치사 in의 3격 목적어임. → 복수 3격!

복수 3격 명사의 형태는 항상 **-n**이어야 함. → 추가로 어미 **-n**이 붙어 Krankenhäuser**n**임.

- die **Zahl** (die Zahl*en*) 수, 숫자 (영. number)
- das **Kind** (die Kind*er*) 어린이, 아이 (영. child)
- **Jugendlich-** (형용사 어미변화) 청소년 (영. young person)
  - 형용사 jugendlich의 명사화 : der Jugendlich*e*, ein Jugendlich*er* ...
- **wegen** [2격 전치사] ~때문에 (영. because of)
- der **Alkoholkonsum** 술 소비 (영. consumption of alcohol)
  → der **Alkohol** (die Alkohol*e* ; 주로 단수) 알코올, 술 (영. alcohol)
  → der **Konsum** (항상 단수) 소비 (영. consumption)
- das **Krankenhaus** (die Krankenhäus*er*) 병원, 종합병원 (영. hospital)
  → **krank** [형] 아픈, 병든 (영. sick, ill)
  → das **Haus** (die Häus*er*) 집, 건물 (영. house, building)
- **behandelt** ⇒ 동사 behandeln의 pp형
  behandeln [타동] ...을 다루다, 치료하다 (영. treat, deal with)
  - 3 기본형 : *behandeln* - *behandelte* - *behandelt*

  [주의] 형태가 be-이므로 pp형에서 ge- 없음!
- **werden** ⇒ 수동태 현재 시제 「werden ... pp」의 조동사
  - werden의 현재 시제 불규칙 변화 : du wirst ; er (sie, es) wird
- **steigen** [자동] (완료형 : 「sein ... pp」) 올라가다 (영. go up, climb, rise)
  - 3 기본형 : steigen - stieg - gestiegen

Memo

063

Vor 20 Jahren wurden in Deutschland noch fast doppelt so viele Kinder adoptiert wie heute.

20년 전에는 독일에서 지금보다도 거의 두 배나 되는 아이들이 입양되었다.

Vor 20 Jahren (복수 3격) wurden[동사] (수동태 과거 시제(수동태 조동사)) ... doppelt so viele Kinder[주어] (복수 1격) adoptiert (수동태 pp형) wie heute

1. Vor 20 Jahren :

「vor + 3격」 (시간적) '... 전에'

복수명사 Jahr*e*가 전치사 vor의 3격 목적어임. → 복수 3격!

복수 3격 명사의 형태는 항상 **-n**이어야 함. → 추가로 어미 **-n**이 붙어 Jahre<u>n</u>임.

2. ... wurden ... Kinder adoptiert ... :

타동사 adoptieren의 수동태 과거 시제 「**wurde** ... pp」임.

주어 Kinder는 복수의 **sie**에 해당함. → 조동사 wurde는 어미 **-n**이 붙어 wurde<u>n</u>임.

즉 "**wurden** ... adoptiert"임.

3. ... doppelt so viele Kinder ... wie ... :

「... doppelt so + 형용사 + wie A」 (동등비교 형식) 'A보다 두 배 ...하다'

- vor [3 · 4격 전치사] (3격 : 시간적) ~전에 (영. before) ↔ nach ~후에 (영. after)
- 20 ⇒ "zwanzig"
- das **Jahr** (die Jahr*e*) (시간 단위) 해, 년 (영. year)
- wurde ⇒ 수동태 조동사 werden의 과거 시제
  (수동태 과거 시제 「wurde ... pp」에 사용됨.)
  - werden의 3 기본형 : werden - wurde - worden
    [주의] 일반 동사 werden('... 되다' 영. become)의 pp형은 geworden임.
- in [3 · 4격 전치사] (3격 : '위치') ~안에, ~안에서 ; (4격 : '방향') ~안으로 (영. in, into)
- Deutschland (국가 명 ; 관사 없음) 독일 (영. Germany)
- noch [부] 아직, 여전히 (영. still)
- fast [부] 거의 (영. almost)
- doppelt [형] 두 배의, (부사적) 두 배로 (영. double)
  「**doppelt so ... wie ...**」 ...보다 두 배 ...인 (영. twice as ... as ...)
- so [부] 그렇게 (영. so)
  「so + 형용사 + wie ...」 (동등 비교) ...와 동일하게 ...이다
- 「viel*e* + 복수명사」 많은 ... (영. many)
- das **Kind** (die Kind*er*) 아이, 어린이 (영. child)
- adoptiert ⇒ 동사 adoptieren의 pp형
  adoptieren [타동] 누구를 입양하다 (영. adopt)
  - adoptier*en* - adoptier*te* - adoptier*t*
    [주의] 형태가 -ieren이므로 pp형에서 ge- 없음!
- wie [접속사] (비교를 나타내어) ...처럼, ...같이 (영. as)
- heute [부] 오늘 (영. today)

PART 3
사회

064

Einen Tag nach einem gigantischen Stromausfall in Indien hat sich die Lage weiter verschlimmert.

인도에서 거대한 정전 사고가 있은 지 하루가 지난 후 상황은 계속적으로 악화되었다.

Einen Tag (4격의 '시간' 부사어) nach einem gigantischen Stromausfall (남성 3격)

in Indien hat동사 (현재완료(조동사)) sich (4격 재귀대명사) die Lage주어 (여성 1격) ... verschlimmert (현재완료(pp형))

1. nach einem gigantischen Stromausfall :

남성명사 Stromausfall이 3격 전치사 nach와 결합함. → 남성 3격!

- 남성 3격 부정관사 **einem**이 앞에 옴.
- 「2, 3격 관사 + 형용사 **-en**」 → nach **einem** gigantisch**en** ...

2. ... hat sich die Lage ... verschlimmert :

「sich^4 verschlimmern」 '악화되다'

동사 verschlimmern의 현재완료 시제 「**haben** ... pp」임.

주어 "die Lage" 여성의 **sie**에 해당함. → 조동사 haben의 형태는 불규칙적으로 **hat**임.

즉, "**hat** ... verschlimmert"임.

3. ... hat sich die Lage ... :

어순 : "sich"는 재귀대명사임. → 명사인 주어 "die Lage"보다 앞에 옴.

- der **Tag** (die Tag*e*) [1] (시간 단위) 날, 일 ; [2] 낮 (영. day)

- **nach** [3격 전치사] (시간적) ~후에, ~뒤에 (영. after) ↔ 「vor + 3격」 ~전에 (영. before)

- **gigantisch** [형] 거대한, 대규모의 (영. huge, gigantic)

- der **Stromausfall** 정전 (영. power failure)
  → der **Strom** (항상 단수) 전기 (영. current)
  → der **Ausfall** (항상 단수) (계획된 행사 등의) 탈락, 취소, 중지 (영. loss, dropping out)
  ↳ ***ausfallen*** [분리&자동] (완료형 : sein ... pp) 취소되다, 중지되다 (영. fall out)
  ✔ 3 기본형 : *aus*fallen - *aus*fiel - *aus*gefallen

- **in** [3 · 4격 전치사] (3격 : '위치') ~안에, ~안에서 ; (4격 : '방향') ~안으로 (영. in, into)

- **Indien** (국가 명 ; 관사 없음) 인도 (영. India)

- **hat** ⇒ 현재완료 「haben ... pp」의 조동사 haben의 불규칙 형태
  ✔ haben의 현재 시제 불규칙 변화 : ich hab*e* ; du hast ; er (sie, es) hat ; wir hab*en* ...

- die **Lage** (die Lage*n*) 상황, 상태 (영. situation, circumstances)

- **weiter** [부] 계속해서, 지속적으로 (영. further)

- **verschlimmert** ⇒ 동사 verschlimmern의 pp형
  verschlimmern
  [1] [타동] ...을 악화시키다, 나쁘게 만들다 (영. make ... worse)
  [2] [4격 재귀동] 「**sich verschlimmern**」 악화되다, 나빠지다 (영. get worse, worsen)
  ✔ 3 기본형 : *ver*schlimmer*n* - *ver*schlimmer*te* - *ver*schlimmer*t*
  [주의] 형태가 ver-이므로 pp형에서 ge- 없음!
  ↳ **schlimm** [형] 나쁜 (영. bad)

PART 3
사회

065

Das Internet wird immer wichtiger fürs Lernen, Arbeiten oder auch fürs alltägliche Leben.

인터넷은 학습이나 근무를 위해, 또는 일상의 생활을 위해서도 역시 점점 더 중요해지고 있다.

Das Internet[주어] (중성 1격) **wird**[동사] (현재 시제) **immer wichtiger** (wird의 형용사 보어 「immer + 비교급」)

fürs Lernen, Arbeiten (중성 4격) **oder auch** **fürs alltägliche Leben** (중성 4격)

1. Das Internet wird ... :

동사 werden의 현재 시제임.

주어 "Das Internet"은 중성의 **es**에 해당함. → werden은 불규칙 변화하여 **wird**임.

2. ... wird immer wichtiger ... :

「immer + 비교급」 '점점 더 ...'

3. fürs Lernen, Arbeiten ... :

중성명사들인 Lernen, Arbeiten이 4격 전치사 für와 결합함. → 중성 4격!

중성 4격 정관사 **das**가 전치사 für와 함께 **fürs**로 축약됨.

4. fürs alltägliche Leben :

중성명사 Leben이 4격 전치사 für와 결합함. → 중성 4격!

- 중성 4격 정관사 **das**가 전치사 für와 함께 **fürs**로 축약됨.
- 「**das** + 형용사 **-e**」 → **fürs** alltäglich**e** ...

- **das Internet** (die Internets ; 주로 단수) 인터넷 (영. internet)

- **wird** ⇒ 동사 werden의 현재 시제, 불규칙 형태
  werden [자동] (완료형 : sein ... pp) (형용사 혹은 명사 보어와 함께) ... 되다 (영. become)
  - 현재 시제 불규칙 변화 : ich werde ; du wirst ; er (sie, es) wird ; wir werden ...
  - 3 기본형 : werden - wurde - geworden

  [주의] 수동태 조동사 werden의 pp형은 worden임. (즉, geworden 아님!)

- **immer** [부] 항상, 언제나 (영. always) ; **immer wichtiger** 점점 더 중요한
  - 「immer + 비교급」 점점 더 ... (영. 「비교급 and 비교급」)

- **wichtig** [형] 중요한 (영. important)

- **fürs** ⇒ "für das"의 축약형

- **das Lernen** (동사 lernen의 명사화) 배움, 학습 (영. learning, studying)
  - 동사 원형의 대문자 표기 → 추상적 의미의 중성명사 :
    lernen '배우다' → das Lernen 배움, 배우기
    ↳ **lernen** [타/자동] (...을) 배우다, 학습하다 (영. learn, study)
    - 3 기본형 : lern*en* - lern*te* - *ge*lern*t*

- **das Arbeiten** (동사 arbeiten의 명사화) 일하기, 근무 (영. working)
  ↳ **arbeiten** [자동] 일하다, 근무하다 (영. work)
  - 3 기본형 : arbeit*en* - arbeit*ete* - *ge*arbeit*et*

  [주의] 어간 끝이 -t이므로 과거형 및 과거분사형(= pp형)에서 발음상 **-e- 첨가**!

- **auch** [부] 역시, 또한, ...도 (영. also, too, as well)

- **alltäglich** [형] 일상의, 매일 매일의 (영. ordinary, everyday)

- **das Leben** (die -) 삶, 생활 (영. living, life)

066

Die meisten Lehrer sind keine Angestellten, sondern Beamte. Beamte sind im Staatsdienst tätig und dürfen nicht streiken.

대부분의 교사들은 고용인이 아니라 공무원이다. 공무원들은 국가 공공 업무에서 활동하며, 파업해서는 안 된다.

Die meisten Lehrer주어 (복수 1격) **sind**동사 (현재 시제) keine Angestellten, (sind의 주격 보어 1(복수 1격))

sondern Beamte (sind의 주격 보어 2(복수 1격))

1. Die meisten Lehrer :

복수명사 Lehrer가 문장의 주어임. → 복수 1격!

- 복수 1격 정관사 **die**가 앞에 옴.
- 「복수 정관사 + 형용사 **-en**」 → **Die** meist**en** ...

2. Die meisten Lehrer sind ... :

동사 sein의 현재 시제임.

주어 "... Lehrer"는 복수의 **sie**에 해당함. → 동사 sein의 형태는 불규칙적으로 **sind**임.

3. ... keine Angestellen, sondern ... :

「kein- ... , sondern ...」 '...이 아니라 ...이다'

Angestellt-('고용인')는 형용사 어미변화 함.

'고용인들'을 뜻하여 복수이며, 동사 sind의 주격 보어임. → 복수 1격!

- 부정어 kein-은 복수 1격 정관사 die처럼 변화하여 keine임.
- 「복수 die (keine, meine, deine ... diese ...) + 형용사 **-en**」 → keine Angestellt**en** ...

Beamte주어 sind동사1 im Staatsdienst tätig und dürfen동사2 nicht streiken

(Beamte: 복수 1격 / sind: 현재 시제 / im Staatsdienst: 남성 3격 / tätig: sind의 형용사 보어 / dürfen: 화법조동사(현재 시제) / streiken: 동사 원형)

1. Beamte sind ... und dürfen ... streiken :

동사 sein 및 화법조동사 dürfen의 현재 시제임.

주어 Beamte는 복수의 **sie**에 해당함.

→ 동사 sein의 형태는 **sind**이며, 화법조동사 dürfen의 형태는 "dürfen ... streiken"임.

2. im Staatsdienst :

3·4격 전치사 in은 내용상 '공무에서'로 해석됨. → '위치'로서 3격 지배!

남성명사 Staatsdienst가 전치사 in의 3격 목적어임. → 남성 3격!

남성 3격 정관사 **dem**이 전치사 in과 함께 **im**으로 축약됨.

3. ... dürfen ... streiken :

화법조동사 dürfen의 현재 시제임.

주어 Beamte는 복수의 **sie**('그들')에 해당함. → 현재 시제 형태는 dürfen임.

4. ... dürfen nicht ... :

화법조동사 **dürfen**의 부정문은 '금지', 즉 '...해서는 안된다'임.

PART 3
사회

- **meist-** [형] (명사 앞 수식어로서) 대부분의 ... (영. most)

- der **Lehrer** (die -) 선생, 교사 (영. teacher)
  ↳ **lehren** [타동] ...을 가르치다 (영. teach)
    - 3 기본형 : lehr*en* - lehr*te* - *ge*lehr*t*

- **sind** ⇒ 동사 sein('...이다' 영. be)의 현재 시제, 불규칙 형태
  - sein의 현재 시제 불규칙 변화
    ich bin ; du bist ; er (sie, es) ist ; wir sind ; ihr seid ; sie, Sie sind

- **Angestellt-** (형용사 어미변화) (고정 월급을 받는) 고용인, 직원 (영. salaried employee)
  - 과거분사&형용사 angestellt의 명사화 : der Angestellt*e*, ein Angestellt*er* ...

- 「... **kein** (혹은 **nicht**) ... , **sondern** ...」 ...이 아니라 ...이다 (영. 「... not ... , but ...」)

- der **Beamte** (die Beamte*n*) (형용사 어미변화) 공무원, 남자 공무원 (영. official)
  - 과거분사&형용사 beamt의 명사화 : der Beamt*e*, ein Beamt*er* ...
  ↳ die Beamt*in* (die Beamtin*nen*) 여자 공무원

- **im** ⇒ "in dem"의 축약형

- der **Staatsdienst** 공무, 공공 업무 (영. civil service, public service)
  → der **Staat** (die Staat*en*) 국가 (영. state, country, nation)
  → der **Dienst** (die Dienst*e*) 업무, 봉사, 서비스 (영. service)

- **tätig** [형] 일하는, 활동하는 (영. active)
  「j-d주어 **ist ... tätig**」 ('장소'의 부사어와 함께) 누구는 ...에서 활동하다, 일하다 (영. work)

- 「**dürfen** ... 동사 원형」 [화법조동사] (허락, 허가) ...해도 되다 (영. may)
  「**dürfen nicht** ...」 (금지) ...해서는 안 되다 (영. may not ...)
  - 현재 시제 불규칙 변화 : ich darf ; du darf*st* ; er (sie, es) darf ; wir dürf*en* ...
  - 3 기본형 : dürfen - durfte - gedurft (dürfen)
    [주의] 동사 원형 있을 경우 pp형 → dürfen / 동사 원형 없을 경우 pp형 → gedurft

- **streiken** [자동] 파업하다 (영. strike, go on strike)
  - 3 기본형 : streik*en* - streik*te* - *ge*streik*t*

Memo

067

Unter deutschen Muslimen ist ein Streit darüber ausgebrochen, wer ihre Religion an Schulen unterrichten darf.

누가 자신들의 종교를 학교에서 가르쳐도 되는지에 관한 논쟁이 독일의 이슬람교도들 사이에서 일어났다.

Unter deutschen Muslimen (복수 3격) ist[동사] (현재완료(조동사)) ein Streit[주어] (남성 1격)

darüber (über + das('그것')(뒤의 wer-부문장을 가리킴.)) ausgebrochen, (현재완료 (pp형)) wer ... darf (의문사 wer-부문장)

1. Unter deutschen Muslimen :

「unter + 복수 3격」'...들 가운데'

복수명사 Muslim*e*가 전치사 unter의 3격 목적어임. → 복수 3격!

- 형용사 deutsch 앞에 관사 없음. → 복수 3격 정관사 d**en**처럼 변화하여 deutsch**en**임.
- 복수 3격 명사의 형태는 항상 **-n**이어야 함. → 추가로 어미 **-n**이 붙어 Muslime**n**임.

2. ... ist ein Streit ... ausgebrochen ... :

'상태 변화' 자동사 *aus*brechen의 현재완료 시제「**sein** ... pp」임.

주어인 "ein Streit"는 남성의 **er**에 해당함. → "**ist** ... ausgebrochen"

3. ... ein Streit darüber ... :

「ein Streit über etw.[4]」'*무엇*에 대한 다툼, 논쟁'

darüber ⇒ 전치사 über + 지시대명사 das('그것')

여기서 darüber('그것에 대한')는 뒤에 오는 wer-부문장 내용을 가리킴.

... , wer[주어] ihre Religion an Schulen unterrichten darf[동사]

wer	ihre Religion	an Schulen	unterrichten
의문사(1격 형)	unterrichten의 4격 목적어(여성 4격)	복수 3격	동사 원형

darf: 화법조동사 (후치됨!)(현재 시제)

1. ... , wer ... :

부문장 안의 주어임. → 1격 형 **wer**가 사용됨.

2. ... , wer ... unterrichten darf :

화법조동사 dürfen의 현재 시제임.

주어인 의문사 wer는 3인칭 단수 **er**에 해당함. → dürfen의 현재 시제 형태는 **darf**임.

즉, "**darf** ... unterrichten"이지만, 부문장 안에서 후치되어 "... unterrichten **darf**"임.

3. ihre Religion :

여성명사 Religion이 동사 unterrichten의 4격 목적어임. → 여성 4격!

소유대명사 ihr-('그들의' 영. their)는 여성 4격 정관사 die처럼 변화하여 ihre임.

▶ 소유대명사 **mein-, dein-, sein-, ihr-** ... ⇒ 복수의 경우는 정관사 **d-** 어미변화!

4. an Schulen ... unterrichten ... :

3·4격 전치사 an은 동사와 함께 '...에서 가르치다'로 해석됨. → '위치'로서 3격 지배!

복수명사 Schule*n*이 전치사 in의 3격 목적어임. → 복수 3격!

PART 3 사회

- **unter** [3·4격 전치사] (3격 지배) ~중에, ~사이에서 (영. among)

- **deutsch** [형] 독일의, 독일인의, 독일어의 (영. German)

- der **Muslim** (die Muslim*e*) 이슬람교인 (영. Muslim)
  ↳ **islamisch** = **muslimisch** [형] 이슬람교의 (영. Islamic)

- **ist** ⇒ 현재완료「sein ... pp」의 조동사 sein의 불규칙 형태
  - sein의 현재 시제 불규칙 변화
    ich bin ; du bist ; er (sie, es) ist ; wir sind ; ihr seid ; sie, Sie sind

- der **Streit** (항상 단수)「**ein Streit über etw.**[4]」*무엇*에 대한 다툼, 논쟁 (영. quarrel)

- **darüber** ⇒ "über + das"의 축약형 ('그것에 대하여')
  über [3·4격 전치사] (4격 지배) ~에 대하여, ~에 관하여 (영. about)

- **ausgebrochen** ⇒ 분리동사 *aus*brechen의 pp형
  ***aus*brechen** (brechen ... *aus*) [분리&자동] (완료형 : sein ... pp) 발생하다 (영. break out)
  - 3 기본형 : *aus*brechen - *aus*brach - *aus*gebrochen
  - 현재 시제 불규칙 변화 : du brich*st* ... *aus* ; er (sie, es) brich*t* ... *aus*

- **wer** [의문대명사] 누가? (영. who)

- die **Religion** (die Religion*en*) 종교 (영. religion)

- die **Schule** (die Schule*n*) 학교 (영. school)

- **unterrichten** [타/자동] (...을) 가르치다, 수업하다 (영. teach)
  - 3 기본형 : *unter*richt*en* - *unter*richt*ete* - *unter*richt*et*
    [주의] 형태가 unter-이므로 pp형에서 ge- 없음!
    [주의] 어간 끝이 -t이므로 과거형 및 과거분사형(= pp형)에서 발음상 -e- 첨가!
  ↳ der **Unterricht** (die Unterricht*e*) 수업 (영. teaching, instruction, lessons)

- **darf** ⇒ 화법조동사 dürfen('...해도 되다' 영. may)의 현재 시제, 불규칙 형태
  - dürfen의 현재 시제 불규칙 변화 : ich darf ; du darf*st* ; er (sie, es) darf ; wir dürf*en* ...

Memo

068

Kein Kind, das nicht gerne Süßigkeiten isst. Und kaum Eltern, für die das nicht ein erzieherisches Problem wäre.

사탕을 즐겨 먹지 않는 아이들은 없다. 그리고 이것이 교육상의 문제가 되지 않을 부모는 좀체 없다.

Kein Kind, (뒤의 관계대명사의 선행사(중성 1격)) das[주어] (관계대명사(중성 1격)) nicht gerne Süßigkeiten (isst의 4격 목적어(복수 4격)) isst[동사] (현재 시제 (후치됨))

1. Kein Kind :

중성명사 Kind가 1격임. → 중성 1격!

부정어 kein-은 중성 1격 부정관사 **ein_**처럼 변화하여 **Kein_**임.

2. ... , das ... :

das는 관계대명사 중성 1격임.

→ 앞에 있는 중성명사 Kind를 선행사로 받으며, 부문장 안에서 주어임.

3. ... , das ... isst :

동사 essen의 현재 시제임.

주어가 중성 관계대명사 **das**임.

→ 동사 형태는 어간 모음이 변화하여 iss*t*임. (부문장 안이므로 후치되어 맨 뒤에 위치함.)

Und kaum Eltern, für die das[주어] ...
관계대명사의 선행사(복수 1격) / 관계대명사(복수 4격) / 지시대명사

ein erzieherisches Problem wäre[동사]
wäre의 주격 보어(중성 1격) / 접속법 II

1. ... , für die ... :

die는 관계대명사 복수 4격임.

→ 앞에 있는 복수명사 Eltern을 선행사로 받으며, 부문장 안에서 4격 전치사 für와 결합함.

2. ... , für die das ... wäre :

동사 sein의 접속법 II 형태임.

주어 "das"는 지시대명사 단수 3인칭임. → 동사 형태는 wäre임. (부문장 안이므로 후치됨!)

여기서 지시대명사 das는 앞 문장 전체 내용을 가리킴.

▶ 접속법 II 는 잠재적으로 가능한 추측임. ('어쩌면 ...일지도 모르다')

3. ein erzieherisches Problem :

중성명사 Problem이 주격 보어임. → 중성 1격!

- 중성 1격 부정관사 ein이 앞에 옴.
- 「중성 ein + 형용사 -es」 → ein erzieherisches ...

- das **Kind** (die Kind*er*) 어린이, 아이 (영. child)

- die **Süßigkeit*en*** (주로 복수) (사탕, 초콜릿 등의) 달콤한 것 (영. sweets, candy)
  → **süß** [형] (맛의 종류) 단 맛의, 달콤한 (영. sweet)

- **isst** ⇒ 동사 essen의 현재 시제, 불규칙 형태
  essen [타동] ...을 먹다 (영. eat)
  - 현재 시제 불규칙 변화 : du iss*t* ; er (sie, es) iss*t*
  - 3 기본형 : essen - aß - gegessen

- **kaum** [부] 좀체 ... 않다, 드물게 ...이다 (영. hardly, barely)

- die **Eltern** (항상 복수) 부모 (영. parents)

- **für** [4격 전치사] [1] ~에게, ~에게는 ; [2] ~을 위해, ~을 위한 (영. for)

- **erzieherisch** [형] 교육의, 교육적인 (영. educational)
  → die **Erziehung** (항상 단수) 교육 (영. education)
  → **erziehen** [타동] (누구를) 교육하다 (영. educate, bring up)
  - 3 기본형 : *er*ziehen - *er*zog - *er*zogen

    [주의] 형태가 er-이므로 pp형에서 ge- 없음!

- das **Problem** (die Problem*e*) 문제, 문제점 (영. problem)

- **wäre** ⇒ 동사 sein('...이다' 영. be)의 접속법 II 형태
  - sein의 접속법 II 변화

ich wäre	; du wär*est* 혹은 wär*st*	; er (sie, es) wäre
wir wär*en*	; ihr wär*et*	; sie, Sie wär*en*

Memo

069

Die Rettungskräfte hatten große Schwierigkeiten, in den Wald vorzudringen, um das Feuer an einzelnen Stellen zu löschen.

구조 인력들은 개별 장소들에서 불을 끄기 위해 숲 안으로 진입하는 데에 커다란 어려움을 가졌다.

Die Rettungskräfte주어 (복수 1격) hatten동사 (과거 시제) große Schwierigkeiten, (hatten의 4격 목적어(복수 4격))

... vor**zu**dringen, (분리동사 *vor*dringen의 zu-부정사) um ... **zu** löschen (「um ... zu + 동사 원형」)

1. Die Rettungskräfte hatten ... :

동사 haben의 과거 시제임.

주어 "Die Rettungskräfte"는 복수의 **sie**('그들')에 해당함.

→ 과거형 **hatte**에 어미 **-n**이 붙어 hatten임.

2. große Schwierigkeiten :

복수명사 Schwierigkeit*en*이 동사의 4격 목적어임. → 복수 4격!

형용사 groß 앞에 관사 없음. → 복수 4격 정관사 die처럼 어미변화 하여 große임.

3. ... große Schwierigkeiten , ... vorzudringen :

zu-부정사 "... vorzudringen"은 앞의 명사 "... Schwierigkeiten"을 수식·설명함.

→ 형용사적 용법 : '...하는 ...'

4. ... , um ... zu löschen :

「um ... zu + 동사 원형」 '...하기 위해'

zu-부정사 "**um** ... **zu** löschen"은 앞의 zu-부정사 "... vor**zu**dringen"을 수식·설명함.

→ 부사적 용법 : '...하기 위해'

PART 3
사회

... , in den Wald (남성 4격) vor**zu**dringen, (zu + 동사 원형) um das Feuer (löschen의 4격 목적어(중성 4격)) an einzelnen Stellen (복수 3격) **zu** löschen (zu + 동사 원형)

1. ... , in den Wald ... vorzudringen , ... :

3·4격 전치사 in은 동사 vordringen과 함께 '...안으로'로 해석됨. → '방향'으로서 4격 지배!

남성명사 Wald가 전치사 in의 4격 목적어임. → 남성 4격!

남성 4격 정관사 **den**이 앞에 옴.

2. an einzelnen Stellen :

3·4격 전치사 an은 내용상 '...에서 불을 끄다'로 해석됨. → '위치'로서 3격 지배!

복수명사 Stelle*n*이 전치사 an의 3격 목적어임. → 복수 3격!

형용사 einzeln 앞에 관사 없음. → 복수 3격 정관사 den처럼 어미변화 하여 einzelnen임.

- die **Rettungskräfte** (항상 복수) 구조대, 구조 인원 (영. rescue personnel)
  → die **Rettung** (die Rettung*en*) 구조, 구원 (영. rescue)
  ↳ **retten** [타동] ...을 구하다, 구조하다 (영. save, rescue)
  ✔ 3 기본형 : rett*en* - rett*ete* - *ge*rett*et*
  → **...kräfte** (합성어로서, 항상 복수) ... 인원, 요원 (영. ... personnel)

- **hatte** ⇒ 동사 haben('...을 가지다' 영. have)의 과거 시제
  ✔ haben의 3 기본형 : haben - hatte - gehabt

- **groß** [형] 큰, 커다란 (영. big, large, tall) ↔ klein 작은

- die **Schwierigkeit** (die Schwierigkeit*en*) 어려움 (영. difficulty)
  ↳ **schwierig** [형] 어려운, 힘든 (영. difficult)

- **in** [3·4격 전치사] (3격 : '위치') ~안에, ~안에서 ; (4격 : '방향') ~안으로 (영. in, into)

- der **Wald** (die Wäld*er*) 숲 (영. woods, forest)

- **... vorzudringen** ⇒ 분리동사 *vor*dringen의 zu-부정사
  ***vor*dringen** [분리&자동] (완료형 : sein ... pp) 앞으로 나아가다 (영. push ahead)
  「**in etw.**[4] **vordringen**」 (방해, 장애 등을 극복하고) *무엇* 안으로 나아가다, 전진하다
  ✔ 3 기본형 : *vor*dringen - *vor*drang (drang ... *vor*) - *vor*gedrungen
  ↳ **dringen** [자동] (완료형 : sein ... pp) 뚫고 들어가다 (영. break through, penetrate)
  ✔ 3 기본형 : dringen - drang - gedrungen

- das **Feuer** (die - ; 주로 단수) 불, 화재 (영. fire)

- **einzeln-** [형] (명사 앞 수식어로서) 개별 ... (영. separate, individual)

- die **Stelle** (die Stelle*n*) [1] 장소, 위치 (영. point, place) ; [2] 일자리, 직위 (영. job, position)

- **löschen** [타동] (불, 화재 등을) 끄다, 진화하다 (영. put out)
  ✔ 3 기본형 : lösch*en* - lösch*te* - *ge*lösch*t*

Memo

070

Künftig sollen Asylbewerber nur noch neun Monate warten müssen, bis sie arbeiten dürfen.

앞으로 망명 신청자들은 일할 수 있는 허가를 받기까지 단지 9 개월만 기다려야 하도록 되어 있다.

... sollen[동사] (화법조동사(현재 시제)) Asylbewerber[주어] (복수 1격) ... neun Monate (4격의 '시간' 부사어) warten (동사 원형) müssen, (화법조동사(= 동사 원형)) bis ... dürfen (종속접속사 bis-부문장)

... sollen Asylbewerber ... warten müssen **:**
화법조동사 müssen 구문 "müssen ... warten"이 다시 화법조동사 sollen(현재 시제)과 결합함. 즉, "**sollen** ... warten **müssen**"임.
주어인 Asylbewerber는 복수의 **sie**('그들')에 해당함. → "soll**en** ... warten müssen"임.

... , **bis** (종속접속사) **sie**[주어] (sie('그들')) arbeiten (동사 원형) dürfen[동사] (화법조동사 (후치됨!)(현재 시제))

... , bis sie arbeiten dürfen **:**
화법조동사 dürfen의 현재 시제임.
주어가 복수의 **sie**('그들' 영. they)임. → dürfen의 현재 시제 형태는 dürf**en**임.
즉, "**dürfen** ... arbeiten"이지만, 부문장 안에서 후치되어 "... arbeiten **dürfen**"임.

- künftig [형] 미래의, (부사적) 미래에, 장차 (영. future, in future)

- 「sollen ... 동사 원형」 [화법조동사] (특정인의 바램, 소망) ...해야 하다 (영. should)
  - 현재 시제 불규칙 변화 : ich soll ; du sollst ; er (sie, es) soll ; wir dürfen ...
  - 3 기본형 : sollen - sollte - gesollt (sollen)

    [주의] 동사 원형 있을 경우 pp형 → sollen / 동사 원형 없을 경우 pp형 → gesollt

- der **Asylbewerber** (die -) 망명 신청자 (영. asylum-seeker, political refugee)
  - → das **Asyl** (die Asyle) (정치적) 망명, 도피 (영. asylum)
  - → der **Bewerber** (die -) 지원자, 신청자 (영. applicant, candidate)
    - ↳ bewerben [4격 재귀동] 「sich um etw.[4] bewerben」 *무엇*을 신청하다 (영. apply)
      - 3 기본형 : *be*werben - *be*warb - *be*worben

        [주의] 형태가 be-이므로 pp형에서 ge- 없음!

- nur [부] 단지, 오로지, 불과 ... 밖에 (영. only)

- noch [부] 아직 (영. still)

- neun [수] 9, 아홉 (영. nine)

- der **Monat** (die Monate) (시간 단위) 달, 개월 (영. month)

- warten [자동] 기다리다 (영. wait) ; 「auf etw.[4] warten」 *무엇*을 기다리다
  - 3 기본형 : warten - wartete - gewartet

    [주의] 어간 끝이 -t이므로 과거형 및 과거분사형(= pp형)에서 발음상 -e- 첨가!

- 「müssen ... 동사 원형」 [화법조동사] (의무, 강제) ...해야 하다 (영. must)
  - 현재 시제 불규칙 변화 : ich muss ; du musst ; er (sie, es) muss ; wir müssen ...
  - 3 기본형 : müssen - musste - gemusst (müssen)

    [주의] 동사 원형 있을 경우 pp형 → müssen / 동사 원형 없을 경우 pp형 → gemusst

- bis [종속접속사] ...할 때까지 (영. till, until)

- arbeiten [자동] 일하다, 근무하다 (영. work)
  - 3 기본형 : arbeiten - arbeitete - gearbeitet

    [주의] 어간 끝이 -t이므로 과거형 및 과거분사형(= pp형)에서 발음상 -e- 첨가!

- 「dürfen ... 동사 원형」 [화법조동사] (허락, 허가) ...해도 되다 (영. may)
  - 현재 시제 불규칙 변화 : ich darf ; du darfst ; er (sie, es) darf ; wir dürfen ...
  - 3 기본형 : dürfen - durfte - gedurft (dürfen)

    [주의] 동사 원형 있을 경우 pp형 → dürfen / 동사 원형 없을 경우 pp형 → gedurft

071

Es ist ganz wichtig, dass die Frauen zum Arzt gehen, wenn sie schwanger sind, damit der schaut, ob Schwierigkeiten bei der Geburt zu erwarten sind.

성인 여성들은 임신했을 경우 의사에게 가는 것이 아주 중요한데, 출산할 때 어려움들이 예견될 수 있을지 여부를 의사가 살펴보도록 하기 위해서이다.

Es주어 (비인칭 주어) **ist**동사 (현재 시제) ... **wichtig,** (ist의 형용사 보어) **dass ... gehen,** (종속접속사 dass-부문장)

wenn ... sind, (종속접속사 wenn-부문장) **damit ... schaut,** (종속접속사 damit-부문장) **ob ... sind** (종속접속사 ob-부문장)

1. Es ... , dass ... :

Es는 비인칭 주어(= "가주어")임. 뒤에 오는 **dass**-부문장을 가리킴 **dass**-부문장이 실질적인 주어(= "진주어")임.

2. ... , dass ... , wenn ... :

wenn-부문장은 앞의 **dass**-부문장 내용의 '조건'을 설명함

3. ... , dass ... , wenn ... , damit ... :

damit-부문장은 앞의 **dass**-부문장과 **wenn**-부문장 내용의 '목적'을 설명함

4. ... , damit ... schaut , ob ... :

ob-부문장 전체는 앞의 동사 schaut의 4격 목적어임.

..., **dass** (종속접속사) **die Frauen**[주어] (복수 1격) zum Arzt (남성 3격) gehen[동사] (현재 시제 (후치됨!)), ...

..., **wenn** (종속접속사) **sie**[주어] (복수 sie('그들')(앞의 "Frauen"을 가리킴)) schwanger (sind의 형용사 보어) sind[동사] (현재 시제 (후치됨!)), ...

..., **damit** (종속접속사) **der**[주어] (지시대명사 남성 1격(앞의 "Arzt"를 가리킴)) schaut[동사] (현재 시제 (후치됨)), ...

..., **ob** (종속접속사) **Schwierigkeiten**[주어] (복수 1격) bei der Geburt (여성 3격) **zu** erwarten (zu + 동사 원형) sind[동사] (현재 시제 (후치됨!))

1. ... zu erwarten sind :

「sein ... zu + 동사 원형」 '...될 수 있다' 혹은 '... 되어야 한다' (영. be to ...)

2. bei der Geburt :

여성명사 Geburt가 3격 전치사 bei와 함께 옴. → 여성 3격!

여성 3격 정관사 **der**가 옴.

- ist ⇒ 동사 sein('...이다' 영. be)의 현재 시제, 불규칙 형태
  - sein의 현재 시제 불규칙 변화 : ich bin ; du bist ; er (sie, es) ist ...
- ganz- [형] (명사 앞 수식어로서) 전체의 (영. whole)
- wichtig [형] 중요한 (영. important)
- die **Frau** (die Frau*en*) 성인 여성 (영. woman)
- der **Arzt** (die Ärzt*e*) 의사 (영. doctor)
- gehen [자동] (완료형 : sein ... pp) 가다 (영. go)
  - 3 기본형 : gehen - ging - gegangen
- wenn [종속접속사] ...일 경우, 만약 ...이면 (영. if, when)
- schwanger [형] 임신한 (영. pregnant)
- sind ⇒ 동사 sein('...이다' 영. be)의 현재 시제, 불규칙 형태
  - sein의 현재 시제 불규칙 변화 : ... wir sind ; ihr seid ; sie, Sie sind
- damit [종속접속사] ...하기 위하여, ...하도록 (영. so that ...)
- schauen [자동] 「schauen, ob ...」 ... 여부를 살펴보다, 검사하다 (영. have a look)
  - 3 기본형 : schau*en* - schau*te* - *ge*schau*t*
- ob [종속접속사] ...인지 여부 (영. whether, if)
- die **Schwierigkeit** (die Schwierigkeit*en*) 어려움 (영. difficulty)
- bei [3격 전치사] (시간적) ~일 때 (영. at, on)
- die **Geburt** (die Geburt*en*) 출산, 출생 (영. birth)
- erwarten [타동] ...을 예견하다, 예상하다 (영. expect)
  - 3 기본형 : *er*wart*en* - *er*wart*ete* - *er*wart*et*

  [주의] 형태가 er-이므로 pp형은 ge- 없음!

  [주의] 어간 끝이 -t이므로 과거형과 과거분사형(= pp형)은 발음상 -e- 첨가!
- sind ⇒ 동사 sein의 현재 시제, 불규칙 형태

Memo

072

Nelson Mandela war für lange Zeit der berühmteste Gefangene der Welt. Fast 28 Jahre saß er in einer Zelle auf der Gefängnisinsel Robben Island vor der Küste Südafrikas.

넬슨 만델라는 오랜 기간 동안 세계에서 가장 유명한 죄수이다. 거의 28년 동안 그는 남아프리카의 해안 앞에 위치한 교도소 섬인 로벤 아일랜드의 한 감방 안에 수감되어 있었다.

Nelson Mandela[주어] (남성 1격) **war**[동사] (과거 시제) für lange Zeit (여성 4격)

der berühmteste Gefangene (동사 war의 주격 보어 (남성 1격)) der Welt (여성 2격)

1. für lange Zeit :

여성명사 Zeit가 4격 전치사 für의 목적어임. → 여성 4격

형용사 lang 앞에 관사 없음. → 여성 4격 정관사 die처럼 변화하여 lange임.

2. der berühmteste Gefangene :

'(남자) 죄수'를 뜻하므로 남성이며, 동사 war의 주격(= 1격) 보어임. → 남성 1격

- 남성 1격 정관사 **der**가 옴.
- 「남성의 **der** + 형용사 **-e**」→ **der** berühmteste ...
- Gefangen-은 형용사 어미변화 함 : 바로 앞 berühmteste와 동일하게 Gefangene임.

3. ... der berühmteste ... der Welt :

여성명사 Welt가 최상급 비교의 관련 범위를 나타내어 2격임. → 여성 2격

여성 2격 정관사 **der**가 앞에 옴. (여성, 복수명사는 2격 어미 -s, -es 없음!)

... saß[동사] er[주어] in einer Zelle auf der Gefängnisinsel ...
과거 시제 / 여성 3격 / 여성 3격

vor der Küste Südafrikas
여성 3격 / 고유명사 2격

1. in einer Zelle :

3·4격 전치사 in은 동사와 함께 '... 안에 앉아 있다'로 해석됨. → '위치'로서 3격 지배!
여성명사 Zelle가 전치사 in의 3격 목적어임. → 여성 3격이므로 부정관사 einer가 옴.

2. auf der Gefängnisinsel :

3·4격 전치사 auf는 앞 명사를 수식하여 '... 위에 있는 ...'을 뜻함. → '위치'로서 3격 지배!
여성명사 Gefängnisinsel이 전치사 auf의 3격 목적어임. → 여성 3격이므로 정관사 der가 옴.

3. vor der Küste :

3·4격 전치사 vor는 앞 명사를 수식하여 '... 앞에 있는 ...'을 뜻함. → '위치'로서 3격 지배!
여성명사 Küste가 전치사 vor의 3격 목적어임. → 여성 3격이므로 정관사 der가 옴.

4. ... Südafrikas :

「지역 명 + -s」 ...의 : Koreas ... '한국의 ...'

- war ⇒ 동사 sein('있다, 존재하다' 영. be)의 과거 시제
  - 3 기본형 : sein - war - gewesen
- für [4격 전치사] (시간적) ~동안 (영. for)
- lang [형] (시간, 길이가) 긴 (영. long)
- die Zeit (die Zeit*en* ; 주로 단수) 시간, 시대 (영. time)
- berühmtest ⇒ 형용사 berühmt의 최상급
  berühmt [형] 유명한 (영. famous)
  - 3 비교형 : berühmt - berühmt*er* - berühmt*est*

- **Gefangen-** (형용사 어미변화) 죄수, 형무소 수감자 (영. prisoner)
  - 과거분사&형용사 gefangen의 명사화 : der Gefangen*e*, ein Gefangen*er* ...
  - ↳ **fangen** [타동] *무엇을* 잡다, *누구를* 체포하다 (영. catch, trap)
    - 3 기본형 : fangen - fing - gefangen
    - 현재 시제 불규칙 변화 : du fäng*st* ; er (sie, es) fäng*t*

- die **Welt** (die Welt*en* ; 주로 단수) 세계 (영. world)

- das **Jahr** (die Jahr*e*) (시간 단위) 해, 년 (영. year)

- **28** ⇒ "achtundzwanzig"

- **saß** ⇒ 동사 sitzen의 과거 시제
  sitzen [자동] 앉아 있다 (영. sit, be)
  - 3 기본형 : sitzen - saß - gesessen

- die **Zelle** (die Zelle*n*) (교도소 안의) 감방 (영. cell)

- **auf** [3 · 4격 전치사] (3격 : '위치') ~위에, ~위에서 ; (4격 : '방향') ~위로 (영. on, on to)

- die **Gefängnisinsel** 형무소 섬
  → das **Gefängnis** (die Gegängnis*se*) 형무소, 교도소 (영. prison, jail)
  → die **Insel** (die Insel*n*) 섬 (영. Island)

- **vor** [3 · 4격 전치사] (3격 : '위치') ~앞에, ~앞에서 ; (4격 : '방향') ~앞으로 (영. in front of)

- die **Küste** (die Küste*n*) 해안 (영. coast)

- **Südafrika** (국가 명 ; 관사 없음) 남아프리카 공화국 (영. South Africa)

Memo

073

Fünf Bergsteiger sind in den Walliser Alpen in der Schweiz tödlich verunglückt. Bei ihnen soll es sich laut einem Zeitungsbericht um Deutsche handeln, die aus dem Raum Berlin stammen.

5명의 등산객이 스위스의 발리스 지역 알프스에서 목숨을 잃는 사고를 당했다. 신문 보도에 따르면 이들의 경우 베를린 권역 출신인 독일 사람들이 해당된다고 한다.

Fünf Bergsteiger주어 (복수 1격) sind동사 (현재완료(조동사 sein)) in den Walliser Alpen (복수 3격)

in der Schweiz (여성 3격) … verunglückt (현재완료(pp형))

1. in den Walliser Alpen :

「도시, 지역 명 + -er」...의 : Walliser ... '발리스의 ...'

2. in der Schweiz :

3·4격 전치사 in은 앞 명사를 수식하여 '...에 있는 ...'으로 해석됨. → '위치'로서 3격 지배!
여성명사 Schweiz가 전치사 in의 3격 목적어임. → 여성 3격이므로 정관사 der가 옴.

Bei ihnen (3격) soll[동사] (화법조동사(현재 시제)) es[주어] (비인칭 주어) sich (재귀대명사 4격)

laut einem Zeitungsbericht (남성 3격) um Deutsche (복수 4격) handeln, (동사 원형)

die ... stammen

관계대명사 부문장(앞의 선행사 "Deutsche"를 수식 · 설명함.)

1. Bei ihnen :

ihnen은 복수의 sie('그들' 영. they)의 3격 형임. → 3격 전치사 bei와 결합!

2. ... es sich ... um Deutsche handeln ... :

「Es handelt sich um etw.[4]」'*무엇이 중요하다, 무엇이 문제가 되다*'

'독일인들'을 뜻하므로 복수이며, 4격 전치사 um과 결합함. → 복수 4격

Deutsch-는 형용사 어미변화 : Deutsch- 앞에 관사 없음. → 복수 4격 die처럼 Deutsche임.

... Deutsche (관계대명사 선행사) ..., die[주어] (관계대명사(복수 1격)) aus dem Raum Berlin (남성 3격) stammen[동사] (현재 시제 (후치됨!))

... die ... :

die는 관계대명사 복수 1격임.

→ 앞의 복수형 Deutsche를 선행사로 받으며, 부문장 안의 주어임.

- **fünf** [수] 5, 다섯 (영. five)
- der **Bergsteiger** (die -) 등반가, 등산객 (영. mountain climber)
  - → der **Berg** (die Berg*e*) 산 (영. mountain)
  - → **steigen** [자동] (완료형 : sein ... pp) 올라가다 (영. climb)
    - 3 기본형 : steigen - stieg - gestiegen

- **sind** ⇒ 현재완료 「sein ... pp」의 조동사 sein의 불규칙 형태

- **Wallis** (스위스의 지역 명) 발리스

- die **Alp*en*** (항상 복수) 알프스 (영. Alps)

- die **Schweiz** (국가 명 ; 정관사 사용) 스위스 (영. Switzerland)

- **tödlich** [형] 치명적인, 죽음의 (영. fatal, deadly)
  ↳ der **Tod** (die Tod*e* ; 주로 단수) 죽음, 사망 (영. death)

- **verunglückt** ⇒ 동사 verunglücken의 pp형
  verunglücken [자동] (완료형 : sein ... pp) 사고를 당하다 (영. have an accident)
  3 기본형 : *ver*unglück*en* - *ver*unglück*te* - *ver*unglück*t*

- **bei** [3격 전치사] (사람과 결합하여) ~에게서, ~와 함께 (영. with, at)

- **soll** ⇒ 화법조동사 sollen의 현재 시제, 불규칙 형태
  sollen [화법조동사] 「**sollen** ... 동사 원형」 (소문) ...라고들 하다 (영. be said to)
  현재 시제, 불규칙 변화 : ich soll ; du soll*st* ; er (sie, es) soll ...

- **laut** [3격 전치사] ~에 따르면, ~에 따라 (영. according to) ≈ nach, gemäß

- der **Zeitungsbericht** 신문 보도 (영. newspaper report)
  → die **Zeitung** (die Zeitung*en*) 신문 (영. newspaper)
  → der **Bericht** (die Bericht*e*) 보고, 보고서 (영. report)

- **Deutsch-** (형용사 어미변화) 독일인 (영. German)
  형용사 deutsch의 명사화 : der Deutsch*e*, ein Deutsch*er* ...

- **handeln** [자동] 행동하다 (영. act, behave)
  「**Es handelt sich um etw.**[4]」 *무엇*이 중요하다, *무엇*이 문제가 되다 (영. It is a matter of ...)
  3 기본형 : handel*n* - handel*te* - *ge*handel*t*

- **aus** [3격 전치사] ~로부터 (영. out of)

- der **Raum** (die Räum*e*) [1] 공간, 방 (영. space, room) ; [2] 권역, 지역 (영. area)

- **stammen** [자동] 「**aus etw.**[3] **stammen**」 *무엇*에서 유래하다, 출신이다 (영. come from)
  3 기본형 : stamm*en* - stamm*te* - *ge*stamm*t*

Memo

074

Eine Pflegerin ist im Zoo von Köln von einem Tiger angefallen und getötet worden. Zoodirektor Theo Pagel erschießt daraufhin das Tier, um die Besucher zu schützen.

쾰른의 동물원에서 한 여자 사육사가 호랑이에 의해 공격을 당하여 사망했다. 그 후 곧바로 동물원장인 테오 파겔은 방문객들을 보호하기 위해 그 동물을 사살한다.

Eine Pflegerin[주어] (여성 1격) **ist**[동사] (수동태 현재완료(현재완료 조동사 sein)) ... **von einem Tiger** (수동태 '행위자'(남성 3격))

angefallen (수동태 pp형1) und **getötet** (수동태 pp형2) **worden** (수동태 조동사(현재완료 pp형))

1. Eine Pflegerin ist ... angefallen und getötet worden :

두 개의 타동사 anfallen 및 töten의 수동태 현재완료 시제「**sein** ... pp **worden**」임.
주어인 "Eine Pflegerin"은 여성의 **sie**('그녀')에 해당함.
→ "ist ... angefallen und getötet worden"

2. von einem Tiger :

남성명사 Tiger가 3격 전치사 von과 결합함. → 남성 3격!
남성 3격 부정관사 **einem**이 앞에 옴.

Zoodirektor Theo Pagel[주어] (남성 1격) erschießt[동사] (현재 시제) ... das Tier, (erschießt의 4격 목적어(중성 4격))

um ... zu schützen (「um ... zu + 동사 원형」(앞 문장 내용을 보충 설명함.))

Zoodirektor Theo Pagel erschießt **... :**
동사 erschießen의 현재 시제임.
주어인 "Zoodirektor ..."는 남성의 **er**에 해당함. → 동사 형태는 erschieß*t*임.

PART 3
사회

... , um die Besucher (뒤의 동사 원형 schützen의 4격 목적어 (복수 4격)) **zu** schützen (zu + 동사 원형)

... die Besucher zu schützen :
복수명사 Besucher가 뒤에 오는 동사 원형 schützen의 4격 목적어임. → 복수 4격!
복수 4격 정관사 **die**가 앞에 옴.

- die **Pflegerin** (die Pflegerin*nen*) 여자 관리자, 여자 사육사
  - ▸ der **Pfleger** (die -) 돌보는 사람, 관리자, 사육사 (영. keeper, curator)
    - ▸ **pflegen** [타동] ...을 돌보다, 보살피다 (영. look after, take care of)
      - 3 기본형 : pfleg*en* - pfleg*te* - *ge*pfleg*t*
- **ist** ⇒ 수동태 현재완료 「sein ... pp worden」의 조동사 sein의 불규칙 형태
- der **Zoo** (die Zoo*s*) 동물원 (영. zoo)
- **von** [3격 전치사] (수동태의 '행위자') ...에 의해 (영. by)
- der **Tiger** (die -) 호랑이 (영. tiger)

- angefallen ⇒ 분리동사 *an*fallen의 pp형
  *an*fallen (fallen ... *an*) [분리&타동] (동물이) ...을 공격하다 (영. attack)
  3 기본형 : *an*fallen - *an*fiel (fiel ... *an*) - *an*gefallen

- getötet ⇒ 동사 töten의 pp형
  töten [타동] ...을 죽이다 (영. kill)
  3 기본형 : töt*en* - töt*ete* - *ge*töt*et*
  [주의] 어간 끝이 -t이므로 과거형 및 과거분사형(= pp형)에서 발음상 -e- 첨가!

- worden ⇒ 수동태 조동사 werden의 pp형
  (수동태 현재완료 「sein ... pp worden」에 사용됨.)
  조동사 werden의 3 기본형 : werden - wurde - worden
  [주의] 일반 동사 werden('... 되다' 영. become)의 pp형은 geworden임.

- der **Zoodirektor** 동물원 관리자 (영. zoo director)
  → der **Direktor** (die Direktor*en*) 관리자, 지도자, 지배인 (영. director, manager)

- erschießen [타동] ...을 사살하다, 쏘아서 죽이다 (영. shoot and kill)
  3 기본형 : *er*schießen - *er*schoss - *er*schossen

- daraufhin [부] (앞에서 언급된 내용과 연계하여) 그런 까닭에, 그래서 (영. as a result)

- das **Tier** (die Tier*e*) 동물 (영. animal)

- 「um ... zu + 동사 원형」 (목적) ...하기 위하여 (영. in order to ...)

- der **Besucher** (die -) 방문자, 손님 (영. visitor, guest)

- schützen [타동] ...을 보호하다 (영. protect, defend)
  「j-n vor etw.[3] schützen」 *누구를 무엇*으로부터 보호하다
  3 기본형 : schütz*en* - schütz*te* - *ge*schütz*t*

Memo

075

Immer weniger Kinder und Jugendliche bekommen Bücher geschenkt, dabei fördert Lesen die Fantasie und ist eine wichtige Voraussetzung fürs Lernen.

점점 더 적은 수의 아이들과 청소년들이 책을 선물로 받고 있다. 독서는 상상력을 촉진하며, 학습을 위한 중요한 전제조건임에도 불구하고.

Immer weniger Kinder und Jugendliche주어 (복수 1격) bekommen동사 (현재 시제)

Bücher (동사의 4격 목적어(복수 4격)) geschenkt , ...

1. Immer mehr Kinder und Jugendliche :

「immer mehr + 복수명사」 '점점 더 많은 ...들'

'청소년들'을 뜻하여 복수이며, 주어(= 1격)임. → 복수 1격

Jugendlich-는 형용사 어미변화 함 : 앞에 관사 없음. → 복수 1격 die처럼 Jugendliche임.

2. Immer weniger Kinder und Jugendliche bekommen ... geschenkt :

「j-d bekommt etw.[4] geschenkt」 '*누구*는 *무엇*을 선물 받다'

동사 bekommen의 현재 시제임.

주어 "... Kind*er* und Jugendlich*e*"는 복수의 **sie**에 해당함.

→ 동사 형태는 bekomm**en**임.

... dabei fördert[동사1] Lesen[주어] die Fantasie und
(fördert: 현재 시제 / Lesen: 중성 1격 / die Fantasie: 동사 fördert의 4격 목적어(여성 4격))

ist[동사2] eine wichtige Voraussetzung fürs Lernen
(ist: 현재 시제 / eine wichtige Voraussetzung: 동사 ist의 주격 보어(여성 1격) / fürs Lernen: 중성 4격)

1. eine wichtige Voraussetzung :

여성명사 Voraussetzung이 동사 ist의 주격 보어임. → 여성 1격

- 여성 1격 부정관사 **eine**가 앞에 옴.
- 「eine + 형용사 -e」 → **eine** wichtige ...

2. ... Voraussetzung fürs Lernen :

「eine Voraussetzung für etw.[4]」 '*무엇*에 대한 전제조건'

동사 원형을 대문자 표기하면 중성명사가 됨 : lernen '배우다' ⇒ **das** Lernen '배움, 학습'

- immer [부] 항상, 언제나 (영. always) ; 「immer weniger ...」 점점 더 적은 ...
  - 「immer + 비교급」 점점 더 ... (영. 「비교급 and 비교급」)
- weniger ⇒ 부정수사 wenig('적은' 영. little, few)의 비교급
  - 비교급 형태 wenig*er* 및 mehr는 어미변화 없음!
  (즉, mehr*e* 혹은 weniger*e* 등은 틀림!)
- das Kind (die Kind*er*) 아이, 어린이 (영. child)
- Jugendlich- (형용사 어미변화) 청소년 (영. young person)
  - 형용사 jugendlich의 명사화 : der Jugendlich*e*, ein Jugendlich*er* ...
- bekommen [타동] ...을 받다, 얻다 (영. get, receive)
  「etw.[4] geschenkt bekommen」 *무엇*을 선물 받다
  - 3 기본형 : *be*kommen - *be*kam - *be*kommen
  [주의] 형태가 be-이므로 pp형은 ge- 없음!

  → schenken [타동] ...을 선물하다, 선사하다 (영. give as a present)
  - 3 기본형 : schenk*en* - schenk*te* - *ge*schenk*t*

- **das Buch** (die Büch*er*) 책, 서적 (영. book)

- **dabei** [부] (뒤에 양보적 내용을 이끌며) 비록 ...임에도 불구하고 (영. but) ≈ obwohl

- **fördern** [타동] ...을 지원하다, 후원하다 (영. encourage, promote, support)
  - 3 기본형 : förder*n* - förder*te* - *ge*förder*t*

- das **Lesen** (die - ; 주로 단수) 읽기, 독서 (영. reading)
  - 동사 lesen('...을 읽다')의 명사화 : 동사 원형의 대문자 표기 → 추상적 의미의 중성명사!
  - ↳ **lesen** [타/자동] (...을) 읽다, 독서하다 (영. read)
    - 3 기본형 : lesen - las - gelesen
    - 현재 시제, 불규칙 변화 : du lie*st* ; er (sie, es) lie*st*

- die **Fantasie** (die Fantasie*n* ; 주로 단수) 상상력, 환상 (영. imagination, fantasy)

- **ist** ⇒ 동사 sein('...이다' 영. be)의 현재 시제, 불규칙 형태

- **wichtig** [형] 중요한 (영. important)

- die **Voraussetzung** (die Voraussetzung*en*) 전제, 전제조건 (영. condition, prerequisite)
  「**die Voraussetzung für etw.**[4]」 *무엇*을 위한 전제조건

- **fürs** ⇒ "für das"의 축약형

- das **Lernen** 배움, 학습 (영. learning)
  - 동사 lernen('...을 배우다')의 명사화 : 동사 원형을 대문자 표기하면 중성명사가 됨!
  - ↳ **lernen** [타/자동] (...을) 배우다, 학습하다 (영. learn)
    - 3 기본형 : lern*en* - lern*te* - *ge*lern*t*

Memo

076

Eisbären, Robben und Pinguine sind im neuen Eismeer des Tierparks Hagenbeck in Hamburg zu sehen: Von den Besuchern trennt sie nur eine Glasscheibe.

북극곰들과 물개류들, 그리고 펭귄들이 함부르크의 하겐벡 동물원의 새 얼음 바다에서 관람될 수 있다 : 방문객들로부터 이들을 단지 유리창 하나가 분리시키고 있다.

Eisbären, Robben und Pinguine주어 (복수 1격) sind동사 (현재 시제)

im neuen Eismeer (중성 3격) des Tierparks (남성 2격) ... in Hamburg (중성 3격)

zu sehen (zu + 동사 원형) : ...

1. ... sind ... zu sehen :

「sein ... zu + 동사 원형」'... 될 수 있다' 혹은 '... 되어야 하다'

2. im neuen Eismeer :

중성명사 Eismeer가 전치사 in의 3격 목적어임. → 중성 3격!

- 중성 3격 정관사 **dem**이 전치사 in과 함께 **im**으로 축약됨.
- 「2, 3격 관사 + 형용사 **-en**」→「**im** + 형용사 **-en**」→ **im** neu**en** ...

3. ... Eismeer des Tierparks :

남성명사 Tierpark가 앞 명사를 수식하는 2격임. → 남성 2격!

- 남성 2격 정관사 **des**가 앞에 옴.
- 명사 Tierpark는 남성임. → 2격 명사 어미 **-s**가 붙어 Tierpark**s**임.

Von den Besuchern (복수 3격) trennt[동사] (현재 시제) sie (trennt의 4격 목적어(복수 4격)) ...
eine Glasscheibe[주어] (여성 1격)

Von den Besuchern trennt sie ... :

「etw.[4] von etw.[3] trennen」 '*무엇을 무엇으로부터 분리시키다*'

① 복수의 **sie**('그들, 그것들')의 4격 형 **sie**가 옴.
(앞에 나온 "Eisbären, Robben und Pinguine"를 받음.)

② Von **den** Besucher**n** :
복수명사 Besucher가 3격 전치사 von과 결합함. → 복수 3격!
- 복수 3격 정관사 **den**이 앞에 옴.
- 복수 3격 명사의 형태는 항상 **-n**이어야 함. → 추가로 **-n**이 붙어 Besucher**n**임.

- der **Eisbär** 북극곰 (영. polar bear)
  → das **Eis** (항상 단수) 얼음, 아이스크림 (영. ice, ice creme)
  → der **Bär** (die Bär*en*) 곰 (영. bear)
- die **Robbe** (die Robbe*n*) 물개, 바다표범 (영. seal)
- der **Pinguin** (die Pinguin*e*) 펭귄 (영. penguin)
- **sind** ⇒ 동사 sein의 현재 시제, 불규칙 형태
  「sein ... zu + 동사 원형」 [1] ...될 수 있다 ; [2] ...되어야 하다 (영. be to ...)
  sein의 현재 시제 불규칙 변화
  ich bin ; du bist ; er (sie, es) ist ; wir sind ; ihr seid ; sie, Sie sind
- **neu** [형] 새, 새로운 (영. new)
- das **Eismeer** (남극, 북극의) 빙하가 있는 바다 (영. polar sea)
  → das **Meer** (die Meer*e*) 바다 (영. sea, ocean)

- der **Tierpark** 동물 공원, 동물원 (영. zoo)
  → das **Tier** (die Tier*e*) 동물 (영. animal)
  → der **Park** (die Park*s*) 공원 (영. park)

- **sehen** [타동] ...을 보다, 만나다 (영. see)
  - 3 기본형 : sehen - sah - gesehen
  - 현재 시제 불규칙 변화 : du sieh*st* ; er (sie, es) sieh*t*

- **von** [3격 전치사] ~로 부터 (영. from)

- der **Besucher** (die -) 방문자, 손님 (영. visitor, guest)
  ↳ **besuchen** [타동] ...을 방문하다 (영. visit)
  - 3 기본형 : *besuchen* - *besuchte* - *besucht*

  [주의] 형태가 be-이므로 pp형은 ge- 없음!

- **trennen** [타동] ...을 분리시키다, 구별하다 (영. separate, distinguish)
  - 3 기본형 : trenn*en* - trenn*te* - *ge*trenn*t*

- **nur** [부] 단지, 오로지, 불과 ... 밖에 (영. only)

- die **Glasscheibe** 유리창, 유리판 (영. pane of glass)
  → das **Glas** (die Gläs*er*) 유리, 유리잔 (영. glass)
  → die **Scheibe** (die Scheibe*n*) 얇은 판, 얇게 자른 조각 (영. disc, slice)

Memo

077

Die Deutschen haben im letzten Jahr 3,3 Milliarden Euro für ihre Haustiere ausgegeben. In Europa haben nur die Engländer mehr Geld für ihre Tiere bezahlt.

독일인들은 작년에 33억 유로를 자신들의 애완동물을 위해 지출했다. 유럽 안에서는 오로지 영국인들만이 자신들의 동물을 위해 이보다 더 많은 돈을 지불했다.

Die Deutschen[주어] (복수 1격) haben[동사] (현재완료(조동사)) im letzten Jahr (중성 3격)
3,3 Milliarden Euro (ausgegeben의 4격 목적어) für ihre Haustiere (복수 4격) ausgegeben (현재완료(pp형))

1. Die Deutschen :

'독일인들'을 뜻하여 복수이며, 주어(= 1격)임 → 복수 1격!

- 복수 1격 정관사 **die**가 앞에 옴.
- Deutsch-는 형용사 어미변화 함 : 「복수의 정관사 + 형용사 **-en**」 → **Die** Deutsch**en**

2. Die Deutschen haben ... ausgegeben :

분리동사 *aus*geben의 현재완료 시제 「**haben** ... pp」임.
주어 "Die Deutschen"은 복수의 **sie**에 해당함. → "hab**en** ... ausgegeben"임.

3. im letzten Jahr :

3·4격 전치사 in은 시간적 의미임. → 3격 지배!
중성명사 Jahr가 전치사 in의 3격 목적어임. → 중성 3격!

- 중성 3격 정관사 **dem**이 전치사 in과 함께 **im**으로 축약됨.
- 「2, 3격 관사 + 형용사 **-en**」 → 「**im** + 형용사 **-en**」 → **im** letzt**en** ...

4. für ihre Haustiere :

복수명사 Haustiere가 4격 전치사 für와 결합함. → 복수 4격!
소유대명사 ihr-('그들의' 영. their)는 복수 4격 정관사 die처럼 변화하여 ihre임.
(ihr-는 앞의 "Die Deutschen"을 받음.)

... haben(동사, 현재완료(조동사)) ... die Engländer(주어, 복수 1격) mehr Geld(bezahlt의 4격 목적어) für ihre Tiere(복수 4격) bezahlt(현재완료(pp형))

... haben ... die Engländer ... bezahlt :

동사 bezahlen의 현재완료 시제 「**haben** ... pp」임.
주어 "die Engländer"는 복수의 **sie**에 해당함. → "haben ... bezahlt"임.

- **Deutsch-** (형용사 어미변화) 독일인, 독일사람 (영. German)
  ▶ 형용사 deutsch의 명사화 : der Deutsche, ein Deutscher ...
- **haben** ⇒ 현재완료 「haben ... pp」의 조동사
- **letzt-** [형] (명사 앞 수식어로서) 지난, 마지막의 (영. last)
- das **Jahr** (die Jahre) (시간 단위) 년, 해 (영. year)
- **3,3** ⇒ "drei Komma drei"
- die **Milliarde** (die Milliarden) 10억 (영. billion)
- der **Euro** (유럽연합 EU 소속 국가들의 화폐 단위) 유로 (영. Euro, euro)
- **für** [4격 전치사] [1] ~을 위해, ~을 위한 ; [2] ~에게, ~에게는 (영. for)

- das **Haustier** (die Haustier*e*) 가축, 애완동물 (영. domestic animal)
  → das **Haus** (die Häus*er*) 집, 건물 (영. house, building)
  Haus... (합성어로서) 가정 ... (영. home ...)
  → das **Tier** (die Tier*e*) 동물 (영. animal)

- **ausgegeben** ⇒ 분리동사 *aus*geben의 pp형
  ***aus*geben** (geben ... *aus*) [분리&타동] (비용으로) ...을 지출하다 (영. spend)
  3 기본형 : *aus*geben - *aus*gab (gab ... *aus*) - *aus*gegeben

- **Europa** (지역 명 ; 관사 없음) 유럽 (영. Europe)

- **haben** ⇒ 현재완료 「haben ... pp」의 조동사

- **nur** [부] 단지, 오로지, 불과 ... 밖에 (영. only)

- der **Engländer** (die -) 영국인 (영. Englishman)

- **mehr** ⇒ 부정수사 viel, viele('많은, 많이' 영. much, many)의 비교급
  3 비교형 : viel, viele - mehr - meist

- das **Geld** (die Geld*er* ; 주로 단수) 돈 (영. money)

- das **Tier** (die Tier*e*) 동물 (영. animal)

- **bezahlt** ⇒ 동사 bezahlen의 pp형
  bezahlen [타/자동] (...을) 지불하다 (영. pay)
  3 기본형 : *bezahlen* - *bezahlte* - *bezahlt*
  [주의] 형태가 be-이므로 pp형은 ge- 없음!

Memo

078

Studien haben gezeigt, dass arme Kinder öfter krank sind, weniger gutes Essen bekommen und oft schlechter in der Schule sind. Dadurch werden arme Kinder benachteiligt und ausgeschlossen.

연구들을 통해 드러난 사실은 가난한 아이들은 더 빈번히 병에 걸리고, 덜 좋은 음식을 취하며, 학교 성적이 더 나쁜 경우들이 빈번하다는 것이다. 이를 통해 가난한 아이들은 손해를 입으며 배제 당하고 있다.

Studien주어 (복수 1격) **haben**동사 (현재완료(조동사)) **gezeigt**, (현재완료(pp형))

dass ... sind , ... bekommen und ... sind
종속접속사 dass-부문장(부문장 전체 ⇒ 앞의 gezeigt의 4격 목적어)

..., dass ... sind , ... bekommen und ... sind :
dass-부문장은 세 개의 부분 문장들로 구성됨.

..., **dass** (종속접속사) **arme Kinder**주어 (복수 1격) öfter (부사어(비교급)) krank (sind의 형용사 보어) sind동사1 (현재 시제(후치됨!)), weniger (부사어(비교급)) gutes Essen (뒤에 오는 bekommen의 4격 목적어 (중성 4격)) bekommen동사2 (현재 시제(후치됨!)) und ... schlechter (뒤에 오는 sind의 형용사 보어 (비교급)) in der Schule (여성 3격) sind동사3 (현재 시제 (후치됨!))

1. ... öfter ... , weniger ... und ... schlechter ... :

각 부분 문장들에서 비교급 비교가 이루어짐.

2. arme Kinder :

복수명사 Kind*er*가 문장의 주어임. → 복수 1격!

형용사 arm 앞에 관사 없음. → 복수 1격 정관사 die처럼 변화하여 arme임.

3. gutes Essen :

중성명사 Essen이 동사의 4격 목적어임. → 중성 4격!

형용사 gut 앞에 관사 없음. → 중성 4격 정관사 das처럼 변화하여 gutes임.

... werden동사 (수동태 현재 시제(수동태 조동사)) **arme Kinder**주어 (복수 1격) benachteiligt (수동태 pp형 1) und ausgeschlossen (수동태 pp형 2)

... werden ... benachteiligt und ausgeschlossen :

두 개의 타동사 benachteiligen 및 ausschließen의 수동태 현재 시제 「**werden** ... pp」임.

- die **Studie** [-diə] (die Studie*n*) 연구, 연구 논문 (영. study) ≈ die Untersuchung

- **haben** ⇒ 현재완료 「haben ... pp」의 조동사

- **gezeigt** ⇒ 동사 zeigen의 pp형
  zeigen [타동] 「**j-m etw. zeigen**」 누구에게 무엇을 보여주다 (영. show)
  「**zeigen, dass ...**」 ...라는 사실을 보여주다
  3 기본형 : zeig*en* - zeig*te* - *ge*zeig*t*

- **arm** [형] 가난한, 궁핍한 (영. poor)

- das **Kind** (die Kind*er*) 아이, 어린이 (영. child)

- **öfter** ⇒ 부사 oft의 비교급
  oft [부] 자주, 빈번히 (영. often, frequently) ≈ häufig ↔ selten 드물게, 좀체 ... 않다
  3 비교형 : oft - öft*er* - öft*est*

- **krank** [형] 아픈, 병든 (영. sick, ill)

- **sind** ⇒ 동사 sein('...이다' 영. be)의 현재 시제, 불규칙 형태

- **weniger** ⇒ 부정수사 wenig('적은, 적게' 영. little, few)의 비교급
  3 비교형 : wenig - wenig*er* (혹은 minder) - wenig*st* (혹은 mindest)

- **gut** [형] 좋은 (영. good)
  3 비교형 : gut - besser - best

- das **Essen** (die - ; 주로 단수) 식사, 음식 (영. eating, food)

- **bekommen** [타동] ...을 받다, 얻다 (영. get, receive)
  3 기본형 : *be*kommen - *be*kam - *be*kommen
  [주의] 형태가 be-이므로 pp형은 ge- 없음!

- **schlecht** [형] 나쁜 (영. bad)

- die **Schule** (die Schule*n*) **학교, 초·중·고등학교** (영. school)
  「**j-d**$_{주어}$ **ist schlecht in der Schule**」 **누구는 학교 성적이 나쁘다**

- **benachteiligt** ⇒ 동사 benachteiligen의 pp형
  benachteiligen [타동] **...에게 불리하게 하다** (영. put ... at a disadvantage)
  3 기본형 : *be*nachteilig*en* - *be*nachteilig*te* - *be*nachteilig*t*

werden ⇒ 수동태 현재 시제 「werden ... pp」의 조동사

ausgeschlossen ⇒ 분리동사 *aus*schließen의 pp형

*aus*schließen (schließen ... *aus*) [분리&타동] ...을 배제하다, 제외하다 (영. exclude)

3 기본형 : *aus*schließen - *aus*schloss (schloss ... *aus*) - *aus*geschlossen

079

In Frankreich streikte am Donnerstag fast das ganze Land. Tausende Menschen in 200 Städten gingen auf die Straßen, um gegen die Politik der Regierung zu protestieren.

프랑스에서는 목요일에 거의 온 나라가 파업을 했다. 200개 도시의 수 천 명의 사람들이 정부의 정책에 대해 항의하기 위해 거리로 나갔다.

... streikte[동사] ... **das ganze Land**[주어]

과거 시제 / 중성 1격

das ganze Land :

중성명사 Land가 문장의 주어임. → 중성 1격!

- 중성 1격 정관사 das가 앞에 옴.
- 「**das** + 형용사 **-e**」→ **das** ganze ...

Tausende Menschen[주어] in 200 Städten gingen[동사]

복수 1격 / 복수 3격 / 과거 시제

auf die Straßen, um ... zu protestieren

복수 4격 / 「um ... zu + 동사 원형」(앞의 내용에 대한 보충 설명 : '...하기 위해')

1. Tausende Menschen ... gingen **... :**

동사 gehen의 과거 시제임.

주어 "... Mensch*en*"은 복수의 **sie**('그들')에 해당함.

→ 과거형 ging에 추가로 어미 **-en**이 붙어 gingen임.

2. ... Menschen in 200 Städten :

3·4격 전치사 in은 앞 명사를 수식하여 '... 안의 사람들'로 해석됨. → '위치'로서 3격 지배!
복수명사 Städte가 전치사 in의 3격 목적어임. → 복수 3격!
복수 3격 명사의 형태는 항상 -n이어야 함. → 추가로 어미 -n이 붙어 Städten임.

3. ... gingen ... auf die Straßen :

3·4격 전치사 auf은 동사와 결합하여 '...로 갔다'로 해석됨. → '방향'으로서 4격 지배!
복수명사 Straßen이 전치사 auf의 4격 목적어임. → 복수 4격!
복수 4격 정관사 die가 앞에 옴.

... , um	gegen die Politik	der Regierung	zu protestieren
	여성 4격	여성 2격	zu + 동사 원형

1. gegen die Politik ... zu protestieren :

「gegen etw.[4] protestieren」 '*무엇*에 대하여 항의하다'
여성명사 Politik이 4격 전치사 gegen과 결합함. → 여성 4격!
여성 4격 정관사 die가 앞에 옴.

2. ... Politik der Regierung :

여성명사 Regierung이 앞 명사를 수식하는 2격임. → 여성 2격!
여성 2격 정관사 der가 앞에 옴. (여성 및 복수명사는 2격 어미 -s, -es 없음.)

- Frankreich (국가 명 ; 관사 없음) 프랑스 (영. France)
- streiken [자동] 파업하다 (영. strike)
  - 3 기본형 : streik*en* - streik*te* - *ge*streik*t*
- der **Donnerstag** (die Donnerstag*e*) 목요일 (영. Thursday) ; **am Donnerstag** 목요일에
- **fast** [부] 거의 (영. almost)
- **ganz-** [형] (명사 앞 수식어로서) 전체의 (영. whole)
- das **Land** (die Länd*er*) 국가 (영. country, state)
- 「**tausende** + 복수명사」 수천의 ...
- der **Mensch** (die Mensch*en*) 사람, 인간 (영. person, man, human being)
  - 단수의 경우, 주어 1격을 제외한 단수 2, 3, 4격이 복수형과 동일하게 Mensch*en*인 약변화 명사
- **200** ⇒ "zweihundert"
- die **Stadt** (die Städt*e*) 시, 도시, 시내 (영. city, downtown)
- **gingen** ⇒ 동사 gehen의 과거 시제
  gehen [자동] (완료형 : sein ... pp) 가다 (영. go)
  - 3 기본형 : gehen - ging - gegangen
- **auf** [3 · 4격 전치사] (3격 : '위치') ~위에, ~위에서 ; (4격 : '방향') ~위로 (영. on, on to)
- die **Straße** (die Straße*n*) 거리 (영. road, street)
- **gegen** [4격 전치사] ~을 향하여, ~에 반대하여 (영. towards, against)
- die **Politik** (die Politik*en* ; 주로 단수) 정치, 정책 (영. politics, policy)
- die **Regierung** (die Regierung*en*) 정부 (영. government)
- **protestieren** [자동] 「**gegen etw.⁴ protestieren**」 *무엇*에 대하여 항의하다 (영. protest)
  - 3 기본형 : protestier*en* - protestier*te* - protestier*t*

    [주의] 형태가 -ieren이므로 pp형은 ge- 없음!

Memo

080

Die öffentliche Armut in einem der wohlhabendsten Länder der Erde nimmt zu, während der private Reichtum eines Teils der Gesellschaft wächst.

지구상에서 가장 부유한 국가들 가운데 하나의 공적인 궁핍함이 증가하고 있으며, 반면에 사회 일부의 사적인 부유함은 성장하고 있다.

Die öffentliche Armut주어 (여성 1격) **in einem** (지시대명사 ein-(중성 3격))
der wohlhabendsten Länder (복수 2격) **der Erde** (여성 2격(최상급의 관련 범위)) **nimmt**동사 (현재 시제(분리동사))
zu, (분리전철) **während ... wächst** (종속접속사 während-부문장)

1. Die öffentliche Armut :

여성명사 Armut가 문장의 주어(= 1격)임. → 여성 1격!

- 여성 1격 정관사 **die**가 앞에 옴.
- 「여성 **die** + 형용사 **-e**」→ **Die** öffentliche ...

2. in einem der wohlhabendsten Länder der Erde :

「ein- der ... (복수 2격)」'...들 중의 하나' (영. one of ...)

① in einem ... :

3·4격 전치사 in은 앞 명사를 수식하여 '...에서의 ...'로 해석됨. → '위치'로서 3격 지배!
부정대명사 ein-은 뒤에 오는 중성명사 Land에 일치하며, 전치사 in의 3격 목적어임.
→ 중성 3격 정관사 dem과 동일하게 einem임.

② ... der wohlhabendsten Länder ... :

복수명사 Länd*er*가 2격 형임. → 복수 2격!

- 복수 2격 정관사 der가 앞에 옴.
- 「복수 정관사 + 형용사 -en」→ ... der wohlhabendsten ...

③ ... wohlhabendsten ... der Erde :

여성명사 Erde가 최상급 비교의 관련 범위로서 2격임. → 여성 2격!

여성 2격 정관사 der가 앞에 옴.

..., während (종속접속사) der private Reichtum (주어, 남성 1격) eines Teils (남성 2격) der Gesellschaft (여성 2격) wächst (동사, 현재 시제 (후치됨!))

1. der private Reichtum :

남성명사 Reichtum이 부문장의 주어(= 1격)임. → 남성 1격!

- 남성 1격 정관사 der가 앞에 옴.
- 「남성 der + 형용사 -e」→ der private ...

2. ... Reichtum eines Teils :

남성명사 Teil이 앞 명사를 수식하는 2격임. → 남성 2격!

- 남성 2격 부정관사 eines가 앞에 옴.
- 남성, 중성명사 2격은 어미 -s 혹은 -es 있음. → 명사 Teil은 남성이므로 Teils임.

3. ... Teils der Gesellschaft :

여성명사 Gesellschaft가 앞 명사를 수식하는 2격임. → 여성 2격!

여성 2격 정관사 der가 앞에 옴. (여성 및 복수명사는 2격 어미 -s, -es 없음.)

- **öffentlich** [형] 공공의, 공적인 (영. public)
- die **Armut** (항상 단수) 가난, 궁핍 (영. poverty)
- **ein-** [부정대명사] (정관사 d- 어미변화) (문맥 안의 특정 대상을 가리키며) 그 하나, 그것 하나
  「ein- + der ...」 ...들 중의 하나 (영. one of ...)
  (der ...: 복수 2격)
- **wohlhabend** [형] (사람이) 부유한, 유복한 (영. well-to-do, wealthy)
- das **Land** (die Länd*er*) 국가 (영. country, state)
- die **Erde** (die Erde*n* ; 주로 단수) 지구, 세계 (영. earth, world)
- **nimmt ... zu** ⇒ 분리동사 *zu*nehmen의 현재 시제, 불규칙 형태
  zunehmen (nehmen ... *zu*) [분리&자동] 증가하다, 체중이 늘다 (영. increase, put on weight)
  - 현재 시제 불규칙 변화 : du nimm*st* ... *zu* ; er (sie, es) nimm*t* ... *zu*
  - 3 기본형 : *zu*nehmen - *zu*nahm (nahm ... *zu*) - *zu*genommen
- **während** [종속접속사] ...하는 동안, ...인 반면에 (영. while)
- **privat** [형] 사적인, 개인적인 (영. private, personal)
- der **Reichtum** (die Reichtüm*er*) 부, 풍요 (영. richness, wealth)
- der **Teil** (die Teil*e*) 부분 (영. part)
- die **Gesellschaft** (die Gesellschaft*en*) 사회 (영. society)
- **wächst** ⇒ 동사 wachsen의 현재 시제, 불규칙 형태
  wachsen [자동] (완료형 : sein ... pp) 성장하다, 늘어나다 (영. grow, expand)
  - 현재 시제 불규칙 변화 : du wächs*t* ; er (sie, es) wächs*t*
  - 3 기본형 : wachsen - wuchs - gewachsen

Memo

081

Computerspiele an sich machen natürlich nicht dumm, wenn man die Medienkompetenz besitzt zu erkennen, wie man damit umgehen muss.

물론 컴퓨터 게임들 그 자체는 만약 사람들이 어떻게 그것을 다루어야 할지를 인식할 수 있는 미디어 능력을 소유하고 있을 경우라면 사람들을 바보로 만들지는 않는다.

Computerspiele주어 (복수 1격) an sich machen동사 (현재 시제) ..., **wenn** ... besitzt ... (종속접속사 wenn-부문장)

Computerspiele ... machen **... :**

동사 machen의 현재 시제임.

주어 Computerspiel*e*는 복수의 **sie**에 해당함. → 동사 형태는 mach**en**임.

... , **wenn** (종속접속사) **man**주어 die Medienkompetenz (동사 besitzt의 4격 목적어(여성 4격)) besitzt동사 (현재 시제(후치됨))

zu erkennen, (zu-부정사(앞의 "die Medienkompetenz"를 수식)) **wie** ... muss (의문사 wie-부문장(부문장 전체 ⇒ 앞에 나온 동사 원형 erkennen의 4격 목적어))

... , wenn man ... besitzt **... :**

동사 besitzen의 현재 시제임.

주어인 부정대명사 **man**은 3인칭 단수 **er**에 일치함.

→ 동사 형태는 besitz*t*임. (부문장 안에서 후치되어 맨 뒤에 옴!)

▶ **man**은 1격 형임. → 항상 주어로만 사용됨.

… , **wie** (의문사) **man**주어 **damit** (mit + das('그것')) **umgehen** (동사 원형) **muss**동사 (화법조동사 (현재 시제)(후치됨!))

1. … , wie man … umgehen muss :

화법조동사 müssen의 현재 시제임.

주어인 부정대명사 man은 3인칭 단수 er에 일치함. → müssen의 현재 시제 형태는 **muss**임.

즉, "**muss** … umgehen"이지만, 부문장 안에서 후치되어 "… umgehen **muss**"임.

PART 3 사회

2. … damit umgehen … :

「mit etw.[3] umgehen」 '*무엇을 다루다*'

damit ⇒ mit + 지시대명사 das('그것')

여기서 damit은 앞에 나온 "Computerspiele"를 가리킴.

- das **Computerspiel** 컴퓨터 게임 (영. computer game)
  → der **Computer** (die -) 컴퓨터 (영. computer)
  → das **Spiel** (die Spiel*e*) 놀이, 경기 (영. play, game)
- 「명사 + an sich」 … 자체 (영. … in itself) ;
  Computerspiele an sich 컴퓨터 게임 그 자체
- machen [타동] [1] …을 만들다, 제조하다 (영. make) ; [2] …을 행하다 (영. do, make)
  3 기본형 : mach*en* - mach*te* - *ge*mach*t*
- natürlich [1] [형] 자연의, 자연적인 (영. natural) ; [2] [부] 물론, 당연히 (영. of course)
- dumm [형] 어리석은, 우둔한 (영. stupid, foolish)
- wenn [종속접속사] 만약 …이라면, …일 경우 (영. when, if)
- man [부정대명사] (특정인이 아닌 막연한 다수를 뜻하여) 사람들은 (영. people, one)
  man은 er, sie, es처럼 3인칭 단수임 (항상 주어로 사용) :
  Man besitz*t* … (즉, Man besitz*en* 아님!)

die **Medienkompetenz** 미디어를 다루는 능력

→ die **Medien** (항상 복수) 미디어, 매체 (영. media)

→ die **Kompetenz** (die Kompetenz*en*) 능력 (영. competence)

besitzen [타동] ...을 소유하다 (영. have, own)

3 기본형 : *be*sitzen - *be*saß - *be*sessen

[주의] 형태가 be-이므로 pp형은 ge- 없음!

↳ **sitzen** [자동] 앉아 있다 (영. sit, be)

3 기본형 : sitzen - saß - gesessen

erkennen [타동] ...을 인식하다 (영. recognize)

3 기본형 : *er*kennen - *er*kannte - *er*kannt

[주의] 형태가 er-이므로 pp형은 ge- 없음!

↳ **kennen** [타동] ...을 알고 있다 (영. know, be acquainted with)

3 기본형 : kennen - kannte - gekannt

wie [의문부사] 어떻게? (영. how)

***um*gehen** (gehen ... *um*) [분리&자동] (완료형 : sein ... pp) (영. handle, treat)

「mit etw.[3] *um*gehen」 *무엇*을 다루다

3 기본형 : *um*gehen - *um*ging - *um*gegangen

muss ⇒ 화법조동사 müssen의 현재 시제, 불규칙 형태

「müssen ... 동사 원형」 (의무, 강제) ...해야 하다 (영. must)

현재 시제 불규칙 변화 : ich muss ; du muss*t* ; er (sie, es) muss ...

Memo

082

Wir müssen vor allem dafür sorgen, dass die deutsche Sprache nicht verkommt. Und zwar sowohl unter den Deutschen als auch unter Kindern aus Zuwandererfamilien.

우리가 무엇보다 주의를 기울여야 할 점은 독일어가 나빠지지 않도록 하는 것이다. 그것도 정확히 말하자면 독일인들 사이에서 뿐만 아니라 이주민 가족들의 아이들 사이에서도 나빠지지 않도록 하는 것이다.

Wir주어 müssen동사(화법조동사(현재 시제)) … dafür (für + das('그것')(뒤의 dass-부문장을 가리킴)) sorgen, (동사 원형)

dass … verkommt (종속접속사 dass-부문장)

Wir müssen **… dafür** sorgen **… :**

「für etw.[4] sorgen」'무엇을 돌보다'

화법조동사 müssen의 현재 시제임 : 주어가 **Wir**임. → "müssen … sorgen"

… , **dass** (종속접속사) **die deutsche Sprache**주어 (여성 1격) … verkommt동사 (현재 시제 (후치됨!))

1. die deutsche Sprache :

여성명사 Sprache가 부문장 안의 주어임. → 여성 1격!

- 여성 1격 정관사 **die**가 앞에 옴.
- 「여성 **die** + 형용사 **-e**」→ **die** deutsche …

2. ... , dass die deutsche Sprache ... verkommt :

동사 verkommen의 현재 시제임.

주어 "... Sprache"는 여성의 **sie**에 해당함. → 동사 형태는 verkomm*t*임. (후치됨!)

Und zwar sowohl unter den Deutschen (복수 3격) als auch unter Kindern (복수 3격) aus Zuwandererfamilien (복수 3격)

1. unter den Deutschen :

'독일인들'을 뜻하므로 복수이며, 전치사 unter의 3격 목적어임. → 복수 3격!

- 복수 3격 정관사 **den**이 앞에 옴.
- Deutsch-는 형용사 어미변화 함 : 「복수 정관사 + 형용사 **-en**」 → ... **den** Deutsch**en**

2. unter Kindern :

복수명사 Kinder가 전치사 unter의 3격 목적어임. → 복수 3격!

복수 3격 명사 형태는 항상 **-n**이어야 함. → 추가로 어미 **-n**이 붙어 Kinder**n**임.

- müssen [화법조동사] 「müssen ... 동사 원형」 ...해야 하다 (영. must)
  - 현재 시제 불규칙 변화 : ich muss ; du musst ; er (sie, es) muss ...
  - 3 기본형 : müssen - musste - gemusst (müssen)
    [주의] 동사 원형 있을 경우 pp형 → müssen / 동사 원형 없을 경우 pp형 → gemusst
- vor allem 무엇보다, 특히 (영. above all)
- sorgen [자동] 「für etw.[4] sorgen」 *무엇을* 돌보다 (영. look after, take care of)
  - 3 기본형 : sorg*en* - sorg*te* - *ge*sorg*t*
- deutsch [형] 독일의, 독일인의, 독일어의 (영. German)
- die Sprache (die Sprache*n*) 언어 (영. language)
- verkommen [자동] 상하다, 부패하다, 질이 나빠지다 (영. go bad)
  - 3 기본형 : *ver*kommen - *ver*kam - *ver*kommen
    [주의] 형태가 ver-이므로 pp형은 ge- 없음!
- 「... und zwar ...」 즉, 말하자면, 예컨대 ... (영. to be precise)
- 「sowohl ... als auch ...」 ...뿐만 아니라 ... 역시 (영. ... as well as ...)
- unter [3·4격 전치사] (3격 지배) ~중에, ~사이에 (영. among)
- Deutsch- (형용사 어미변화) 독일인 (영. German)
  - 형용사 deutsch의 명사화 : der Deutsch*e*, ein Deutsch*er* ...
- das Kind (die Kind*er*) 아이, 어린이 (영. child)
- aus [3격 전치사] ~로부터 (영. out of)
- die Zuwandererfamilie 이주민 가정
  → der Zuwanderer (die -) 이주민, 이민 (영. immigrant)
  → die Familie (die Familie*n*) 가정, 가족 (영. family)

Memo

083

Chinas Behörden haben 2.000 Personen verhaftet, denen vorgeworfen wird, Arzneimittel nachgemacht zu haben. Ihre Produkte hatten einen Wert von 180 Millionen Dollar.

중국의 행정 당국은 2,000명의 사람들을 체포했는데, 이들은 의약품들을 위조했다는 점으로 고발되었다. 이들의 제품들은 1억 8천만 달러의 값어치를 지녔다.

Chinas Behörden주어 (복수 1격) haben동사 (현재완료(조동사)) 2.000 Personen (verhaftet의 4격 목적어(복수 4격)) verhaftet, (현재완료(pp형))

denen ... wird, (관계대명사 부문장(앞의 선행사 "2.000 Personen"을 수식)) ... nachgemacht zu haben (zu-부정사(zu-부정사 전체 ⇒ 앞의 관계대명사 부문장의 주어임.))

... 2.000 Personen ... , (관계대명사 선행사) **denen** (관계대명사(복수 3격)) vorgeworfen (수동태 pp형) wird동사, (수동태 현재 시제(후치됨!))

Arzneimittel (뒤의 nachgemacht의 4격 목적어 (복수 4격)) nachgemacht **zu** haben (완료형의 zu-부정사)

1. ... 2000 Personen ... , denen ... :

denen은 관계대명사 복수 3격임.

복수명사인 "... Personen"를 선행사로 받으며, 부문장 안에서 vorgeworfen의 3격 목적어임.

2. ... , denen vorgeworfen wird, ... zu haben :

타동사 vorwerfen의 수동태 현재 시제 「**werden** ... pp」임.

뒤의 **zu-부정사**가 주어임. → 「**wird** ... vorgeworfen」이 후치되어 「... vorgeworfen **wird**」

3. ... nachgemacht zu haben :

동사 nachmachen의 완료형 「haben ... nachgemacht」가 zu-부정사를 이룸. ("완료부정사")

Ihre Produkte[주어] hatten[동사] einen Wert ...

복수 1격 / 과거 시제 / 동사 hatten의 4격 목적어(남성 4격)

Ihre Produkte hatten ... :

동사 haben('...을 가지고 있다')의 과거 시제임.

주어가 복수의 **sie**('그것들' 영. they)에 해당함.

→ 과거형 hatte에 어미 -**n**이 붙어 hatte**n**임.

- China (국가 명 ; 관사 없음) 중국 (영. China)
- die Behörde (die Behörde*n*) 행정 당국, 관청 (영. authority, department)
- haben ⇒ 현재완료 「haben ... pp」의 조동사
- 2.000 ⇒ "zweitausend"
- die Person (die Person*en*) 사람, 개인 (영. person)
- verhaftet ⇒ 동사 verhaften의 pp형

  verhaften [타동] 누구를 체포하다, 감옥에 넣다 (영. arrest)

  3 기본형 : *verhaften* - *verhaftete* - *verhaftet*

  [주의] 형태가 ver-이므로 pp형은 ge- 없음!
- denen ⇒ 관계대명사 (복수 3격)

- **vorgeworfen** ⇒ 분리동사 *vor*werfen의 pp형
  *vor*werfen (werfen ... *vor*) [분리&타동] ...을 비난하다 (영. accuse, reproach)
  「j-m etw. vorwerfen」 *누구*에게 *무엇*을 비난하다
  「j-m vorwerfen, ... zu + 동사 원형」 *누구*에게 ...인 것을 비난하다
  - 3 기본형 : *vor*werfen - *vor*warf (warf ... *vor*) - *vor*geworfen
  - 현재 시제 불규칙 변화 : du wirf*st* ... *vor* ; er (sie, es) wirf*t* ... *vor*

- **wird** ⇒ 수동태 「werden ... pp」의 조동사 werden의 현재 시제, 불규칙 형태
  - 현재 시제 불규칙 변화 : du wirst ; er (sie, es) wird

- das **Arzneimittel** (die -) 약, 의약품 (영. medicine, drug) ≈ die Arznei, das Medikament
  → die **Arznei** (die Arznei*en*) 약, 약품 (영. medicine, drug)
  → das **Mittel** (die -) [1] 수단, 방법 (영. means) ; [2] 약제, 약품 (영. cure, remedy)

- **nachgemacht** ⇒ 분리동사 *nach*machen의 pp형
  *nach*machen (machen ... *nach*) [분리&타동] ...을 모방하다, 위조하다 (영. imitate, copy)
  - 3 기본형 : *nach*mach*en* - *nach*mach*te* (mach*te* ... *nach*) - *nachge*mach*t*

- das **Produkt** (die Produkt*e*) 생산품 (영. product)

- **hatte** ⇒ 동사 haben('...을 가지고 있다' 영. have)의 과거 시제
  - 3 기본형 : haben - hatte - gehabt

- der **Wert** (die Wert*e*) 가치 (영. value)

- **180** ⇒ "(ein)hundertachtzig"

- die **Million** (die Million*en*) 백만 (= 1,000,000) (영. million)

- der **Dollar** (미국 등의 화폐 단위) 달러 (영. dollar)

Memo

084

Fachleute warnen davor, zu viele persönliche Daten über das Internet zu verschicken. Sie wollen uns also darauf aufmerksam machen, dass persönliche Informationen geschützt werden müssen.

전문가들은 너무 많은 개인적 정보들을 인터넷을 통해 발송하는 것을 경고하고 있다. 즉 이들은 개인적 정보들이 보호되어야만 한다는 점에 우리가 주의를 기울이도록 하려고 한다.

Fachleute주어 (복수 1격) warnen동사 (현재 시제) davor (vor + das('그것')(뒤의 zu-부정사를 가리킴)) ,

... **zu** verschicken (zu-부정사)

「vor etw.[3] warnen」 '무엇에 대하여 경고하다'

... davor , zu viele persönliche Daten (뒤의 동사 원형 verschicken의 4격 목적어(복수 4격)) über das Internet (중성 4격)

zu verschicken (zu + 동사 원형)

zu viele persönliche Daten :

「viele + 형용사 -e (혹은 -en) + 복수명사」

▶「alle + 형용사 -en + 복수명사」

Sie[주어] wollen[동사] uns ... darauf
sie('그들은') 화법조동사(현재 시제) wir의 4격 형 auf + das('그것')(뒤의 dass-부문장을 가리킴)

aufmerksam machen, dass ... müssen
동사 원형 종속접속사 dass-부문장

「j-n auf etw.[4] aufmerksam machen」 '누구로 하여금 무엇에 관해 주의하게 하다'

..., dass persönliche Informationen[주어] geschützt
종속접속사 복수 1격 수동태 pp형

werden müssen[동사]
동사 원형(수동태 조동사) 화법조동사 (현재 시제)(후치됨!)

1. ..., dass persönliche Informationen geschützt werden müssen :
타동사 schützen의 수동태 "werden ... geschützt"가 화법조동사 müssen과 결합함.
주어 "... Information*en*"은 복수의 **sie**에 해당함.
→ "müss**en** ... geschützt werden"이지만, 후치되어 "... geschützt werden **müssen**"

2. persönliche Informationen :
복수명사 Information*en*이 주어임. → 복수 1격!
형용사 persönlich 앞에 관사 없음. → 복수 1격 정관사 die처럼 변화하여 persönliche임.

- der Fachmann (die Fachleute) 전문가 (영. expert, specialist)
- warnen [자동] 경고하다 ; 「j-n vor etw.[3] warnen」 누구에게 무엇을 경고하다 (영. warn)
  - 3 기본형 : warn*en* - warn*te* - *ge*warn*t*
- 「viel*e* + 복수명사」 많은 ... (영. many)
- persönlich [형] 개인적인, 사적인 (영. personal, private)

- die **Daten** (항상 복수) 자료, 데이터 (영. data, facts)
  → das **Datum** (die Dat*en*) 날짜 (영. date)

- **über** [3·4격 전치사] (4격 지배) ~을 통해, ~을 거쳐, ~에 의해 (영. through, by, over)

- das **Internet** (die Internet*s* ; 주로 단수) 인터넷 (영. internet)

- **verschicken** [타동] (주로 대규모로) ...을 보내다, 발송하다 (영. dispatch, send)
  - 3 기본형 : *ver*schick*en* - *ver*schick*te* - *ver*schick*t*

  [주의] 형태가 ver-이므로 pp형은 ge- 없음!

- 「**wollen** ... 동사 원형」 [화법조동사] ...하려고 하다 (영. will)
  - 현재 시제 불규칙 변화 : ich will ; du will*st* ; er (sie, es) will ...

- **also** [부]
  [1] (앞의 내용을 요약 혹은 상세히 설명하며) 말하자면, 즉 (영. that is)
  [2] (논리적 귀결) 그러므로 (영. therefore)

- **aufmerksam** [형] 주의 깊은, 집중하는, (부사적) 주의 깊게, 집중해서 (영. attentive)
  「**j-n auf etw.[4] aufmerksam machen**」 *누구*를 *무엇*에 대해 주의하도록 만들다

- die **Information** (die Information*en*) 정보, 소식 (영. information)

- **geschützt** ⇒ 동사 schützen의 pp형
  schützen [타동] ...을 보호하다 (영. protect, defend)
  「**j-n vor etw.[3] schützen**」 *누구*를 *무엇*으로부터 보호하다
  - 3 기본형 : schütz*en* - schütz*te* - *ge*schütz*t*

- **werden** ⇒ 수동태 「werden ... pp」의 조동사
  - 현재 시제 불규칙 변화 : du wirst ; er (sie, es) wird
  - 3 기본형 : werden - wurde - worden

  [주의] 일반 동사 werden('... 되다' 영. become)의 pp형은 geworden임. (즉, worden 아님!)

- 「**müssen** ... 동사 원형」 [화법조동사] ...해야 하다 (영. must)
  - 현재 시제 불규칙 변화
    ich muss ; du muss*t* ; er (sie, es) muss ; wir müss*en* ; ihr müss*t* ; sie, Sie müss*en*
  - 3 기본형 : müssen - musste - gemusst (müssen)

  [주의] 동사 원형 있을 경우 pp형 → müssen / 동사 원형 없을 경우 pp형 → gemusst

Memo

085

Ein Großteil der Deutschen ist laut einem Medienbericht übergewichtig oder gar krankhaft fettleibig. Besonders betroffen sind demnach Jugendliche und Kinder.

한 미디어 보고에 따르면 많은 독일인들이 과체중이거나 아니면 병적으로 비만이기조차 하다. 그에 따르면 특히 이에 해당되는 것은 청소년들과 아이들이다.

Ein Großteil[주어] (남성 1격) der Deutschen (복수 2격) ist[동사] (현재 시제)
laut einem Medienbericht (남성 3격) übergewichtig (ist의 형용사 보어 1)
oder gar krankhaft (부사어(뒤의 "fettleibig"를 수식)) fettleibig (ist의 형용사 보어 2)

1. ... Großteil der Deutschen :

'독일인들'을 뜻하여 복수이며, 앞 명사를 수식하는 2격임. → 복수 2격!

- 복수 2격 정관사 **der**가 앞에 옴.
- Deutsch-는 형용사 어미변화 : 「2, 3격 관사 + 형용사 -**en**」→ ... **der** Deutsch**en**

2. Ein Großteil ... ist ... :

동사 sein의 현재 시제임.

주어 "Ein Großteil"은 남성의 **er**에 해당함. → 동사 sein의 형태는 불규칙적으로 **ist**임.

3. laut einem Medienbericht :

남성명사 Medienbericht가 3격 전치사 laut와 결합함. → 남성 3격!

남성 3격 부정관사 **einem**이 앞에 옴.

Besonders betroffen sind[동사] demnach Jugendliche und Kinder[주어]

Besonders: 부사어 / betroffen: sind의 형용사 보어 / sind: 현재 시제 / Jugendliche und Kinder: 복수 1격

1. ... betroffen sind ... Jugendliche und Kinder :

동사 sein의 현재 시제임.

주어 "Jugendliche und Kinder"는 복수의 **sie**에 해당함. → 동사 sein의 형태는 **sind**임.

(형용사 보어 "betroffen"이 앞에 옴. → 어순은 도치되어 「... 동사 + 주어」임.)

2. ... Jugendliche und ... :

'청소년들'을 뜻하여 복수이며, 문장의 주어(= 1격)임. → 복수 1격!

Jugendlich-는 형용사 어미변화 함.

Jugendlich- 앞에 관사 없음. → 복수 1격 정관사 die처럼 Jugendliche임.

- der **Großteil** (항상 단수) 큰 부분, 많은 부분 (영. large part)
  → **groß** [형] 큰, 커다란 (영. big, large, tall) ↔ klein 작은
  → der **Teil** (die Teil*e*) 부분 (영. part)
- **Deutsch-** (형용사 어미변화) 독일인 (영. German)
  ▶ 형용사 deutsch의 명사화 : der Deutsche, ein Deutsch*er* ...
- **ist** ⇒ 동사 sein('...이다' 영. be)의 현재 시제, 불규칙 형태
  ✔ 현재 시제 불규칙 변화
  ich bin ; du bist ; er (sie, es) ist ; wir sind ; ihr seid ; sie, Sie sind
- **laut** [3격 전치사] ~에 따르면, ~에 따라 (영. according to) ≈ nach, gemäß
- der **Medienbericht** 언론 보도
  → die **Medi*en*** (항상 복수) 미디어, 대중 매체 (영. media)
  → der **Bericht** (die Bericht*e*) 보고, 보고서 (영. report)

- **übergewichtig** [형] 과체중의 (영. overweight)
  → **über...** ('과잉' 혹은 '극단적임'을 나타내어) 지나친 ... , 과다한 ... (영. over... , hyper...)
  → das **Gewicht** (die Gewicht*e* ; 보통 단수) 무게, 체중 (영. weight)

- **gar** [부] (예상하지 못한 결과에 대해 놀라움을 나타내며) 심지어 (영. ... at all) ≈ sogar

- **krankhaft** [형] 질병의, 병적인 (영. pathological)

- **fettleibig** [형] 비만인, 살찐 (영. obese)
  → **fett** [형] [1] (음식 등이) 기름진 (영. greasy, fatty) ; [2] (사람이) 뚱뚱한 (영. fat)
  → der **Leib** (die Leib*er*) (옛 표현) 몸, 육체 (영. body) ≈ der Körper

- **besonders** [부] 특별히, 특히 (영. particularly, especially)

- **betroffen** [과거분사&형] [1] 관련된, 관계된 (영. concerned) ; [2] 당혹한 (영. affected)
  ↳ **betreffen** [타동] [1] ...에 관련하다 (영. concern) ; [2] 누구를 당혹케 하다 (영. affect)
  3 기본형 : *be*treffen - *be*traf - *be*troffen
  [주의] 형태가 be-이므로 pp형은 ge- 없음!

- **sind** ⇒ 동사 sein('...이다')의 현재 시제, 불규칙 형태

- **demnach** [부] 그에 따르면 (영. according to that)

- **Jugendlich-** (형용사 어미변화) 청소년 (영. young person)
  형용사 jugendlich의 명사화 : der Jugendlich*e*, ein Jugendlich*er* ...

- das **Kind** (die Kind*er*) 어린이, 아이 (영. child)

Memo

Germany

086

Durch Zufall hat er ein bisher unbekanntes Interview mit Martin Luther King entdeckt. Darin spricht der Bürgerrechtler über das christliche Gebot, seinen Gegner zu lieben.

우연히 그는 지금까지 알려지지 않았던 마르틴 루터 킹과의 인터뷰를 발견했다. 여기서 이 민권운동가는 자신의 적을 사랑하라는 기독교적 계율에 관해 이야기하고 있다.

… hat[동사] (현재완료(조동사)) er[주어] ein bisher unbekanntes Interview (entdeckt의 4격 목적어(중성 4격)) …

entdeckt (현재완료(pp형))

1. … hat er … entdeckt :

동사 entdecken의 현재완료 시제 「**haben** … pp」문장임.

주어가 **er**임. → "**hat** … entdeckt"임.

2. ein bisher unbekanntes Interview :

중성명사 Interview가 동사의 4격 목적어임. → 중성 4격!

- 중성 4격 부정관사 **ein**이 앞에 옴.
- 「중성의 **ein** + 형용사 **-es**」→ **ein** bisher unbekanntes …

  ▶「남성의 **ein** + 형용사 **-er**」

Darin
in + das('그것')(앞의 "Interview"를 가리킴)

spricht 동사
현재 시제

der Bürgerrechtler 주어
남성 1격

über das christliche Gebot,
중성 4격

... zu lieben
zu-부정사(형용사적 용법 ⇒ 앞의 "das christliche Gebot"를 수식 · 설명함.)

1. ... spricht der Bürgerrechtler ... :

동사 sprechen의 현재 시제임.
주어 "Der Bürgerrechtler"는 남성의 **er**에 해당함.
→ 동사 sprechen은 어간 모음 변화하여 spri*ch**t*임.

2. ... spricht ... über das christliche Gebot :

「über etw.[4] sprechen」 '무엇에 관해 이야기하다'
중성명사 Gebot가 전치사 über의 4격 목적어임. → 중성 4격!
- 중성 4격 정관사 **das**가 앞에 옴.
- 「**das** + 형용사 **-e**」 → über **das** christliche ...

... Gebot , seinen Gegner zu lieben

seinen Gegner
동사 원형 lieben의 4격 목적어(남성 4격)

zu lieben
zu + 동사 원형

seinen Gegner :

남성명사 Gegner가 동사의 4격 목적어임. → 남성 4격!
소유대명사 sein('그의' 영. his)은 남성 4격 부정관사 ein**en**처럼 변화하여 sein**en**임.

- **durch** [4격 전치사] ~을 통해, ~을 가로질러 (영. through)
- der **Zufall** (die Zufälle) 우연 ; **durch Zufall** 우연히 (영. chance)
- **hat** ⇒ 현재완료 「haben ... pp」의 조동사 haben의 불규칙 형태
  - haben의 현재 시제 불규칙 변화 : du hast ; er (sie, es) hat
- **bisher** [부] 지금까지 (영. up to now, so far)
- **unbekannt** [형] 알려지지 않은, 생소한 (영. unknown, unfamiliar)
- das **Interview** (die Interviews) 인터뷰, 대담 (영. interview)
- **mit** [3격 전치사] [1] (동반) ~와 함께 ; [2] (수단) ~을 가지고 (영. with)
- **entdeckt** ⇒ 동사 entdecken의 pp형
  entdecken [타동] ...을 발견하다 (영. discover, find out)
  - 3 기본형 : *ent*deck*en* - *ent*deck*te* - *ent*deck*t*
    [주의] 형태가 ent-이므로 pp형은 ge- 없음!
- **spricht** ⇒ 동사 sprechen의 현재 시제, 불규칙 형태
  sprechen [자동] 말하다 ; 「**über etw.**[4] **sprechen**」 *무엇*에 대하여 말하다 (영. speak)
  - 현재 시제 불규칙 변화 : du sprich*st* ; er (sie, es) sprich*t*
  - 3 기본형 : sprechen - sprach - gesprochen
- der **Bürgerrechtler** (die -) 민권운동가 (영. civil rights activist)
  → der **Bürger** (die -) 시민, 주민 (영. citizen)
  → das **Recht** (die Rechte) 권리 ; 「**das Recht auf etw.**[4]」 *무엇*에 대한 권리 (영. right)
- **über** [3·4격 전치사] (4격 지배) ~에 대하여, ~에 관하여 (영. about)
- **christlich** [형] 기독교의, 기독교인의 (영. Christian)
- das **Gebot** (die Gebote) (도덕적, 종교적) 명령, 계율 (영. order, command)
- der **Gegner** (die -) 반대자, 적 (영. opponent, enemy)
- **lieben** [타동] ...을 사랑하다 (영. love)
  - 3 기본형 : lieb*en* - lieb*te* - *ge*liebt

Memo

087

Mit 18 wird man in Deutschland volljährig. Jetzt ist man nach dem Gesetz erwachsen. Das bedeutet: Man ist für sich selbst verantwortlich.

독일에서는 사람들이 18세에 성년이 된다. 이제는 법률에 의해 성인인 것이다. 이것이 뜻하는 것은 : 사람들은 자기 자신에 대하여 책임을 지닌다.

... wird(동사) man(주어) ... volljährig

wird: 현재 시제 / volljährig: 동사 wird의 형용사 보어

... wird man ... :

동사 werden('... 되다')의 현재 시제임.

주어인 부정대명사 **man**은 3인칭 단수 **er**에 일치함.

→ werden의 형태는 불규칙적으로 **wird**임.

▶ **man**은 1격 형으로서 항상 주어로 사용됨.

... ist(동사) man(주어) nach dem Gesetz erwachsen

ist: 현재 시제 / nach dem Gesetz: 중성 3격 / erwachsen: 동사 ist의 형용사 보어

1. ... ist man ... :

동사 sein('...이다')의 현재 시제임.

주어인 **man**은 3인칭 단수 **er**에 일치함. → 동사 sein의 형태는 불규칙적으로 **ist**임.

2. nach dem Gesetz :

중성명사 Gesetz가 3격 전치사 nach와 결합함. → 중성 3격!

중성 3격 정관사 **dem**이 앞에 옴.

Das[주어] bedeutet[동사] : Man ist ... verantwortlich

지시대명사 / 현재 시제 / 문장 전체 ⇒ 동사 bedeutet의 4격 목적어

Das bedeutet ... :

동사 bedeuten의 현재 시제임.

주어인 지시대명사 Das는 단수 3인칭임. → 동사 형태는 bedeut*et*임.

▶ 동사 bedeuten은 어간 끝이 **-t**이므로 발음상 **-e-** 첨가!

(여기서 "Das"는 앞 문장 "Jetzt ist ..."의 내용 전체를 가리킴.)

Man[주어] ist[동사] für sich selbst verantwortlich

현재 시제 / 재귀대명사 4격 / 동사 ist의 형용사 보어

1. Man ist ... :

동사 sein('...이다')의 현재 시제임.

주어인 부정대명사 Man은 3인칭 단수 **er**에 일치함. → 동사 sein의 형태는 **ist**임.

2. ... ist für ... verantwortlich :

「für etw.[4] verantwortlich sein」 '무엇에 대해 책임이 있다'

- mit [3격 전치사] (나이, 연령) ~살에, ~세에 (영. at)

- wird ⇒ 동사 werden의 현재 시제, 불규칙 형태
  werden [자동] (완료형 : sein ... pp) (형용사 혹은 명사 보어와 함께) ... 되다 (영. become)
  - 현재 시제 불규칙 변화 : du wirst ; er (sie, es) wird
  - 3 기본형 : werden - wurde - geworden
    [주의] 수동태 조동사 werden의 pp형은 worden임.

- man [부정대명사] (특정인이 아닌 막연한 다수를 뜻하여) 사람들은 (영. people, one)
  - man은 er, sie, es처럼 3인칭 단수임 (항상 주어로 사용) : Man ist ... (즉, Man sind ... 아님!)

- volljährig [형] 성년의, 완전히 성장한 (영. of age)

- jetzt [형] 지금, 이제 (영. now)

- ist ⇒ 동사 sein의 현재 시제, 불규칙 형태
  sein [자동] (완료형 : sein ... pp) (형용사 혹은 명사 보어와 함께) **...이다** (영. be)
  - 현재 시제 불규칙 변화
    ich bin ; du bist ; er (sie, es) ist ; wir sind ; ihr seid ; sie, Sie sind
  - 3 기본형 : sein - war - gewesen

- nach [3격 전치사] ~에 따르면, ~에 따라 (영. according to)

- das **Gesetz** (die Gesetz*e*) 법, 법률 (영. law)

- erwachsen [형] 성인의, 어른이 된 (영. grown-up, adult)

- bedeuten [타동] ...을 뜻하다, 의미하다 (영. mean)
  - 3 기본형 : *bedeuten* - *bedeutete* - *bedeutet*
    [주의] 형태가 be-이므로 pp형은 ge- 없음!
    [주의] 어간 끝이 -t이므로 과거형 및 과거분사형(= pp형)에서 발음상 -e- 첨가!

- für [4격 전치사] [1] ~을 위해, ~을 위한 ; [2] ~에게, ~에게는 (영. for)

- selbst [지시대명사] ... 자신 (영. oneself) ; **sich selbst** 자기 자신

- verantwortlich [형] 「für etw.[4] verantwortlich」 *무엇*에 대해 책임 있는 (영. responsible)

Memo

088

In Israel wird der Streit darüber, ob die Wehrpflicht auch für strenggläubige Juden gelten soll, zu einem Problem für die Regierung.

이스라엘에서는 신앙 생활이 엄격한 유대인들에게도 병역 의무가 적용되어야 할지에 관한 논쟁이 정부에게 하나의 문제점이 되고 있다.

... **wird**[동사] (현재 시제) **der Streit**[주어] (남성 1격) **darüber** (über + das('그것')(뒤의 ob-부문장을 가리킴))

(, **ob** ... gelten soll,) (종속접속사 ob-부문장) zu einem Problem (중성 3격) für die Regierung (여성 4격)

1. ... wird der Streit darüber ... :

「der Streit über etw.[4]」'*무엇*에 대한 다툼'

동사 werden(... 되다')의 현재 시제임.

주어 "der Streit"는 남성의 **er**에 해당함. → werden의 현재 시제 형태는 **wird**임.

2. ... wird ... zu einem Problem

「zu etw.[3] werden」'*무엇*으로 발전하다, 변하다'

중성명사 Problem이 3격 전치사 zu와 결합함. → 중성 3격!

중성 3격 부정관사 **einem**이 앞에 옴.

3. für die Regierung :

여성명사 Regierung이 4격 전치사 für와 결합함. → 여성 4격!

여성 4격 정관사 **die**가 앞에 옴.

…, **ob** **die Wehrpflicht**주어 … **für strenggläubige Juden**
종속접속사 / 여성 1격 / 복수 4격

gelten **soll**동사, …
동사 원형 / 화법조동사 (현재 시제)(후치됨!)

1. … , ob die Wehrpflicht … gelten soll , … :

화법조동사 sollen의 현재 시제임.
주어 "die Wehrpflicht"는 여성의 **sie**에 해당함. → sollen의 현재 시제 형태는 **soll**임.
즉, "**soll** … gelten"이지만, 부문장 안에서 후치되어 "… gelten **soll**"임.

2. für strenggläubige Juden :

복수명사 Jude*n*이 4격 전치사 für와 결합함. → 복수 4격!
형용사 strenggläubig 앞에 관사 없음. → 복수 4격 정관사 die처럼 strenggläubige임.

- wird ⇒ 동사 werden의 현재 시제, 불규칙 형태
  werden [자동] (완료형 : sein … pp) (형용사 혹은 명사 보어와 함께) … 되다 (영. become)
  「etw. wird zu etw.[3]」 *무엇은 무엇*으로 발전하다, 변하다
  - 현재 시제 불규칙 변화 : du wirst ; er (sie, es) wird
  - 3 기본형 : werden - wurde - geworden
    [주의] 수동태 조동사로서 werden의 pp형은 worden임.

- der **Streit** (항상 단수) 「ein Streit über etw.[4]」 *무엇*에 대한 다툼, 논쟁 (영. quarrel)

- ob [종속접속사] …인지 여부 (영. whether, if)

- die **Wehrpflicht** **병역 의무** (영. conscription)
  → wehren [4격 재귀동] 「sich gegen etw.[4] wehren」 *무엇*에 대해 방어하다 (영. defend)
  → die **Pflicht** (die Pflicht*en*) 의무 (영. duty)

- auch [부] 역시, 또한, …도 (영. also, too, as well)

- für [4격 전치사] [1] ~에게, ~에게는 ; [2] ~을 위해, ~을 위한 (영. for)

PART 3
사회

- **strenggläubig** [형] 신앙이 엄격한 (영. very orthodox)
  → **streng** [형] 엄격한, 엄한 (영. strict)
  → **gläubig** [형] 신앙이 깊은 (영. devout) ≈ fromm

- der **Jude** (die Jude*n*) 유대인 (영. Jew)
  ▶ 단수의 경우, 주어 1격을 제외한 단수 2, 3, 4격이 복수형과 동일하게 Jude*n*인 약변화 명사!

- **gelten** [자동] 「**für etw.**[4] **gelten**」 *무엇*에 관련되다, 적용되다 (영. apply to)
  ✔ 현재 시제 불규칙 변화 : du giltst ; er (sie, es) gilt
  ✔ 3 기본형 : gelten - galt - gegolten

- **soll** ⇒ 화법조동사 sollen의 현재 시제, 불규칙 형태
  「**sollen** ... 동사 원형」 (특정인의 바람에 의해) ...되어야 하다 (영. should)
  ✔ 현재 시제 불규칙 변화 : ich soll ; du soll*st* ; er (sie, es) soll ...
  ✔ 3 기본형 : sollen - sollte - gesollt (sollen)
  [주의] 동사 원형 있을 경우 pp형 → sollen / 동사 원형 없을 경우 pp형 → gesollt

- **zu** [3격 전치사] (결과) ~로 (영. to, into)

- das **Problem** (die Probleme) 문제, 문제점 (영. problem)

- die **Regierung** (die Regierung*en*) 정부 (영. government)

Memo

089

In 75 Prozent solcher Fälle, bei denen es sich um Gewalttaten gegen Kinder handelt, stammen die Täter aus dem Bereich der Verwandtschaft oder Bekanntschaft.

어린이에 대한 폭력 행위가 문제되는 경우들의 75%에서 그 범법 행위자들은 친족 혹은 친지의 범위로부터 유래하고 있다.

In 75 Prozent (중성 3격) solcher Fälle (관계대명사의 선행사(복수 2격)) (, bei **denen** ... handelt ,) (관계대명사 부문장(앞의 선행사 "Fälle"를 수식 · 설명함.))

stammen[동사] (현재 시제) **die Täter**[주어] (복수 1격) aus dem Bereich (남성 3격)

der Verwandtschaft oder Bekanntschaft (여성 2격)

1. ... solcher Fälle ... :

복수명사 Fälle가 앞 명사를 수식하는 2격임. → 복수 2격!

지시대명사 solch-는 정관사 어미변화 함 : 복수 2격 정관사 der처럼 변화하여 solcher임.

2. aus dem Bereich :

남성명사 Bereich가 3격 전치사 aus와 결합함. → 남성 3격!

남성 3격 정관사 **dem**이 앞에 옴.

3. ... Bereich der Verwandtschaft oder Bekanntschaft :

두 개의 여성명사 Verwandtschaft 및 Bekanntschaft가 앞 명사를 수식하는 2격임.

→ 여성 2격!

여성 2격 정관사 **der**가 앞에 옴. (여성, 복수명사는 2격 명사 어미 -s, -es 없음.)

..., bei **denen** (관계대명사(복수 3격)) es^주어 (비인칭 주어) sich (재귀대명사 4격) um Gewalttaten (복수 4격) gegen Kinder (복수 4격) handelt^동사 (현재 시제 (후치됨!)), ...

1. ... solcher ... , bei denen ... :

「solch- ... + 관계대명사 부문장」'...인 그러한 ...'

denen은 관계대명사 복수 3격임.

→ 앞의 복수명사 Gewalttat*en*을 선행사로 받으며, 3격 전치사 bei와 결합함.

2. ... es sich um Gewalttaten ... handelt ... :

「Es handelt sich um etw.[4]」'무엇이 중요하다, 문제가 되다'

3. ... Gewalttaten gegen Kinder ... :

「Gewalttat gegen j-n」'누구에 대한 폭력 행위'

- 75 ⇒ "fünfundsiebzig"
- das **Prozent** (die - 혹은 Prozent*e*) 퍼센트 (영. percent)
- **solch-** [지시대명사] (정관사 d- 어미변화) 그러한 (영. such)
- der **Fall** (die Fäll*e*) 경우 (영. case)
- **bei** [3격 전치사] ~에 있어서, ~와 관련하여 (영. with, considering)
- **denen** ⇒ 관계대명사 (복수 3격)
- die **Gewalttat** 폭력 행위 (영. act of violence)
  → die **Gewalt** (die Gewalt*en* ; 주로 단수) 폭력, 힘 (영. violence, force)
  「Gewalt gegen j-n」 누구에 대한 폭력
  → die **Tat** (die Tat*en*) (개별적) 행위, 행동 (영. act, action)
- **gegen** [4격 전치사] ~을 향하여, ~에 대립하여 (영. towards, against)

PART 3
사회

- das **Kind** (die Kind*er*) 아이, 어린이 (영. child)

- **handeln** [자동] 행동하다 (영. act, behave)
  「**Es handelt sich um etw.**[4]」 *무엇*이 중요하다, *무엇*이 문제가 되다 (영. It is a matter of ...)
  3 기본형 : handel*n* - handel*te* - *ge*handel*t*

- **stammen** [자동] 「**aus etw.**[3] **stammen**」 *무엇*에서 유래하다, 출신이다 (영. come from)
  3 기본형 : stamm*en* - stamm*te* - *ge*stamm*t*

- der **Täter** (die -) (죄를 범한) 범법자, 범인 (영. culprit)
  └▸ **tun** [타동] ...을 행하다 (영. do)
  3 기본형 : tun - tat - getan

- **aus** [3격 전치사] ~으로부터 (영. out of, from)

- der **Bereich** (die Bereich*e*) 영역, 분야, 범위 (영. area, sphere)

- die **Verwandtschaft** (die Verwandtschaft*en* ; 주로 단수) 친족, 친족 관계 (영. relations)

- **oder** [접속사] 혹은, 또는 (영. or)

- die **Bekanntschaft** (die Bekanntschaft*en* ; 주로 단수) 아는 사람, 아는 관계 (영. acquaintance)

Memo

090

„Wer schlafen kann, darf glücklich sein", sagte Erich Kästner. Allerdings ist ein erholsamer Schlaf nicht jedem vergönnt. Fast 40 Prozent der Deutschen leiden regelmäßig unter Schlafstörungen.

"잠잘 수 있는 사람은 행복할 자격이 있다"라고 에리히 캐스트너가 말했다. 물론 기력 회복에 도움을 주는 잠이 누구에게나 주어지는 것은 아니다. 독일인들의 거의 40%가 상습적으로 수면장애로 인해 고생한다.

Wer[주어] schlafen kann[동사], ...

- Wer: 관계대명사(1격)
- schlafen: 동사 원형
- kann: 화법조동사 (현재 시제)(후치됨!)

„**Wer schlafen kann**[주어], darf[동사] glücklich sein", ...

- „Wer schlafen kann: 관계대명사 wer-부문장(부문장 전체 ⇒ 문장의 주어임.)
- darf: 화법조동사(현재 시제)
- glücklich: sein의 형용사 보어
- sein: 동사 원형

„Wer schlafen kann, darf glücklich sein", sagte[동사] **Erich Kästner**[주어]

- „Wer schlafen kann, darf glücklich sein": 문장 전체 ⇒ 뒤의 동사 sagte의 4격 목적어
- sagte: 과거 시제
- Erich Kästner: 남성 1격

Allerdings ist[동사] (현재 시제) ein erholsamer Schlaf[주어] (남성 1격) nicht jedem (남성 3격) vergönnt (ist의 형용사 보어)

ein erholsamer Schlaf :

남성명사 Schlaf가 주어(= 1격)임. → 남성 1격!

- 남성 1격 부정관사 **ein**이 앞에 옴.
- 「남성 **ein** + 형용사 **-er**」→ **ein** erholsamer ...

Fast 40 Prozent[주어] (복수 1격) der Deutschen (복수 2격) leiden[동사] (현재 시제) ... unter Schlafstörungen (복수 3격)

... 40 Prozent der Deutschen :

'독일인들'이므로 복수이며, 앞 명사를 수식하는 2격임. → 복수 2격!

- 복수 2격 정관사 **der**가 앞에 옴.
- Deutsch-는 형용사 어미변화 함 : 「복수 정관사 + 형용사 **-en**」→ ... **der** Deutschen

schlafen [자동] 잠자다 (영. sleep)

- 현재 시제 불규칙 변화 : du schläfst ; er (sie, es) schläft
- 3 기본형 : schlafen - schlief - geschlafen

kann ⇒ 화법조동사 können('... 할 수 있다' 영. can)의 현재 시제, 불규칙 형태

- können의 현재 시제 불규칙 변화 : ich kann ; du kannst ; er (sie, es) kann ...

darf ⇒ 화법조동사 dürfen('... 해도 되다' 영. may)의 현재 시제, 불규칙 형태

- dürfen의 현재 시제 불규칙 변화 : ich darf ; du darfst ; er (sie, es) darf ...

- **glücklich** [형] 행복한, 행운의 (영. happy, lucky)
- **sein** [자동] (완료형 : sein ... pp) (형용사 혹은 명사 보어와 함께) ...이다 (영. be)
- **sagen** [타/자동] (...을) 말하다 (영. say)
  - 3 기본형 : sag*en* - sag*te* - *ge*sag*t*
- **allerdings** [부] (앞에서 언급된 내용을 제한하는 '양보'의 의미로서) 물론 (영. however)
- **ist** ⇒ 동사 sein('...이다' 영. be)의 현재 시제, 불규칙 형태
- **erholsam** [형] 원기회복에 도움 되는, 잘 휴양할 수 있는 (영. restful, relaxing)
  - ↳ **erholen** [4격 재귀동] 「sich erholen」 원기회복 하다, 휴식하다 (영. recover, take a rest)
    - 3 기본형 : *er*hol*en* - *er*hol*te* - *er*hol*t*

      [주의] 형태가 er-이므로 pp형은 ge- 없음!
- der **Schlaf** (항상 단수) 잠, 수면 (영. sleep)
- **jed*er*** [부정대명사] (남성 정관사 d- 어미변화) 모든 사람 (영. everyone, everybody)
- **vergönnt** [과거분사&형] 「etw.$_{주어}$ ist j-m vergönnt」 *무엇*이 *누구*에게 보장되다 (영. be granted)
- **fast** [부] 거의 (영. almost)
- **40** ⇒ "vierzig"
- **Deutsch-** (형용사 어미변화) 독일인 (영. German)
  - 형용사 deutsch의 명사화 : der Deutsch*e*, ein Deutsch*er* ...
- **leiden** [자동] 「**unter etw.**[3] **leiden**」 (문제, 어려움 등으로) 힘들다 (영. suffer from)
  - 3 기본형 : leiden - litt - gelitten
- **regelmäßig** [형] 규칙적인, (부사적) 규칙적으로, 항상, 습관적으로 (영. regular, always)
- die **Schlafstörung** (die Schlafstörung*en* ; 주로 복수) 수면장애 (영. disturbed sleep)
  - → die **Störung** (die Störung*en*) 방해 (영. disturbance)
    - ↳ **stören** [타동] ...을 방해하다 (영. disturb)
      - 3 기본형 : stör*en* - stör*te* - *ge*stör*t*

Memo

091

Durchschnittlich verbringt der Deutsche 260 Minuten pro Tag vor dem Fernseher. Auf ein Leben umgerechnet bedeutet das: 12,5 Jahre.

평균적으로 독일인은 하루에 260분을 TV 앞에서 보낸다. 인생으로 환산하면 이것이 뜻하는 것은 : 12.5년.

... verbringt[동사] (현재 시제) der Deutsche[주어] (남성 1격) 260 Minuten (verbringen의 4격 목적어(복수 4격)) ...

vor dem Fernseher (남성 3격)

1. der Deutsche :

일반적인 '독일인'이므로 남성이며, 문장의 주어임. → 남성 1격!

- 남성 1격 정관사 **der**가 앞에 옴.
- Deutsch-는 형용사 어미변화 함 : 「남성 **der** + 형용사 **-e**」 → **der** Deutsch**e**

▶ (남녀 구분 없이) 일반적인 '독일인'은 남성으로 표현함 :
der Deutsch**e** 혹은 **ein** Deutsch**er**
'독일 남자'의 경우는 "die deutschen Männer" 혹은 "der männliche Deutsche" 등을 사용함.

2. ... verbringt der Deutsche ... :

동사 verbringen의 현재 시제임.
주어인 "der Deutsche"는 남성 **er**에 해당함. → 동사 형태는 verbring*t*임.

3. ... verbringt ... vor dem Fernseher :

3·4격 전치사 vor는 동사와 결합하여 '... 앞에서 시간을 보내다'임. → '위치'로서 3격 지배!
남성명사 Fernseher가 전치사 vor의 3격 목적어임. → 남성 3격!
남성 3격 정관사 **dem**이 앞에 옴.

Auf ein Leben (중성 4격) umgerechnet (과거분사 (부사적 용법)) bedeutet^동사 (현재 시제) das^주어 (지시대명사) : 12,5 Jahre (bedeutet의 4격 목적어(복수 4격))

1. Auf ein Leben umgerechnet ...

「etw. auf etw.[4] umrechnen」 '*무엇을 무엇으로 환산하다*'
중성명사 Leben이 전치사 auf의 4격 목적어임. → 중성 4격!
중성 4격 부정관사 **ein**이 앞에 옴.
▶「etw. in etw.[4] umrechnen」는 화폐 단위 등과 같은 공식화 된 단위들의 환산을 뜻함.

2. ... bedeutet das ... :

동사 bedeuten의 현재 시제임.
주어인 das는 지시대명사 단수 3인칭임. → 동사 형태는 bedeut*et*임.
(여기서 지시대명사 **das**는 앞 문장 "Durchschnittlich ..."의 내용 전체를 가리킴.)

- **durchschnittlich** [형] 평균의, 평균적인 (영. average, ordinary)
  ↳ der **Durchschnitt** (die Durchschnitt*e*) 평균 (영. average)

- **verbringen** [타동] (시간을) 보내다, 소비하다 (영. spend)
  - 3 기본형 : *ver*bringen - *ver*brachte - *ver*bracht
    [주의] 형태가 ver-이므로 pp형은 ge- 없음!

- **Deutsch-** (형용사 어미변화) 독일인 (영. German)
  - 형용사 deutsch의 명사화 : der Deutsch*e*, ein Deutsch*er* ...

- 260 ⇒ "zweihundertsechzig"

- die **Minute** (die Minute*n*) (시간 단위) 분 (영. minute)
  - die Stunde (die Stunde*n*) 시간 (영. hour) /
    die Sekunde (die Sekunde*n*) 초 (영. second)

- **vor** [3 · 4격 전치사] (3격 : '위치') ~앞에, ~앞에서 ; (4격 : '방향') ~앞으로 (영. in front of)

- der **Fernseher** (die -) (기계 및 장치로서) 텔레비전, TV (영. TV set)
  ↳ *fern*sehen (sehen ... *fern*) [분리&자동] TV를 시청하다 (영. watch TV)
  - 현재 시제 불규칙 변화 : du s*ie*h*st* ... *fern* ; er (sie, es) s*ie*h*t* ... *fern*
  - 3 기본형 : *fern*sehen - *fern*sah (sah ... *fern*) - *ferng*esehen

- das **Leben** (die - ; 주로 단수) 삶, 인생 (영. life)

- **umgerechnet** ⇒ 동사 umrechnen의 pp형 (과거분사&형용사로서 부사적 용법)
  *um*rechnen (rechnen ... *um*) [분리&타동] ...을 환산하다 (영. convert)
  「etw. auf etw.[4] *um*rechnen」 *무엇*을 *무엇*으로 바꾸어 계산하다
  - 3 기본형 : *um*rechn*en* - *um*rechn*ete* (rechn*ete* ... *um*) - *umge*rechn*et*
    [주의] 어간 끝이 -chn이므로 과거형 및 과거분사형(= pp형)에서 발음상 -e- 첨가!

- **bedeuten** [타동] ...을 뜻하다, 의미하다 (영. mean)
  - 3 기본형 : *be*deut*en* - *be*deut*ete* - *be*deut*et*
    [주의] 형태가 be-이므로 pp형은 ge- 없음!
    [주의] 어간 끝이 -t이므로 과거형과 과거분사형(= pp형)에서 발음상 -e- 첨가!

- 12,5 ⇒ "zwölf Komma fünf"

- das **Jahr** (die Jahr*e*) (시간 단위) 해, 년 (영. year)

Memo

092

Wer sein Auto auf einem Fahrradweg abstellt, sollte sich nicht darauf verlassen, dass es noch da ist, wenn er wiederkommt. Selbst wenn auch andere falsch parken.

자신의 승용차를 자전거 길에 세워두는 사람은 자신이 다시 돌아왔을 때 그것이 여전히 그곳에 있을 것으로 확신해서는 안 될 것이다. 설령 다른 사람들 역시 그곳에 잘못 주차하고 있다 할지라도.

Wer주어 — 관계대명사(1격)
sein Auto — abstellt의 4격 목적어(중성 4격)
auf einem Fahrradweg — 남성 3격
abstellt동사 , ... — 현재 시제(후치됨!)

1. sein Auto :

중성명사 Auto가 동사의 4격 목적어임. → 중성 4격!
소유대명사 sein-('그의' 영. his)은 중성 4격 부정관사 **ein_**처럼 어미 없이 그대로 **sein_**임.

2. ... auf einem Fahrradweg abstellt ... :

3·4격 전치사 auf는 동사와 결합하여 '... 위에 세워두다'로 해석됨. → '위치'로서 3격 지배!
남성명사 Fahrradweg이 전치사 auf의 3격 목적어임. → 남성 3격!
남성 3격 부정관사 **einem**이 앞에 옴.

Wer ... **abstellt**주어, sollte동사 sich ...
관계대명사 wer-부문장(부문장 전체가 주어임.) / 화법조동사(접속법 II) / 재귀대명사 4격

darauf verlassen, **dass** ... ist,
auf + das('그것')(뒤의 dass-부문장을 가리킴.) / 동사 원형 / 종속접속사 dass-부문장

wenn ... wiederkommt
종속접속사 wenn-부문장(앞의 dass-부문장 내용의 '조건'을 설명함.)

... sich ... darauf verlassen, dass ... :
「sich⁴ auf etw.⁴ verlassen」 '무엇을 신뢰하다, 믿다'

..., **dass** **es**주어 noch da ist동사, wenn **er**주어
종속접속사 / 현재 시제(후치됨!) / 종속접속사

wiederkommt동사
현재 시제(후치됨!)

Selbst wenn auch **andere**주어 ... parken동사
종속접속사 / 복수 1격 / 현재 시제 (후치됨!)

- das **Auto** (die Auto*s*) 자동차 (영. car)
- der **Fahrradweg** 자전거 길 (영. cycle path)
  → das **Fahrrad** (die Fahrräd*er*) 자전거 (영. bicycle)
  → der **Weg** (die Weg*e*) 길 (영. way)
- *ab*stellen (stellen ... *ab*) [분리&타동] ...을 임시로 두다, 떼어놓다 (영. put down)
  3 기본형 : *ab*stell*en* - *ab*stell*te* (stell*te* ... *ab*) - *abge*stell*t*

- sollte ⇒ 화법조동사 sollen의 접속법 II 형태 ('...해야 할 것이다')
  sollen [화법조동] 「**sollen ... 동사 원형**」 ...해야 한다 (영. should)
  - 3 기본형 : sollen - sollte - gesollt (sollen)
  - 접속법 II :
    ich sollte ; du solltest ; er (sie, es) sollte
    wir sollten ; ihr solltet ; sie, Sie sollten

- verlassen
  [1] [타동] ...을 떠나다 (영. leave)
  [2] [4격 재귀동] 「**sich auf etw.[4] verlassen**」 *무엇*을 신뢰하다, 믿다 (영. rely on)
  - 현재 시제 불규칙 변화 : du verlässt ; er (sie, es) verlässt
  - 3 기본형 : *ver*lassen - *ver*ließ - *ver*lassen
    [주의] 형태가 ver-이므로 pp형은 ge- 없음!

- noch [부] 아직 (영. still)

- da [부사] 그곳에, 거기 (영. there) ; 「**etw.$_{주어}$ ist da**」 *무엇*이 있다 (영. be there)

- ist ⇒ 동사 sein('있다, 존재하다' 영. be)의 현재 시제, 불규칙 형태
  - sein의 불규칙 변화 : ich bin ; du bist ; er (sie, es) ist ...

- *wieder*kommen (kommen ... *wieder*) [분리&자동] (완료형 : sein ... pp)
  다시 오다, 되돌아오다 (영. come again, come back)
  - 3 기본형 : *wieder*kommen - *wieder*kam (kam ... *wieder*) - *wieder*gekommen

- selbst [부] 심지어 ... , ... 조차 (영. even)

- wenn [종속접속사] 만약 ...라면, ...일 경우 (영. if, when)
  「Selbst wenn ...」 ('양보'의 의미로서) 만약 ...일 경우조차 (영. even if)

- auch [부] 역시, 또한, ...도 (영. also, too, as well)

- andere [부정대명사] (복수 정관사 d- 어미변화) 다른 사람들 (영. others)

- falsch [형] 틀린, 잘못된, (부사적) 틀리게, 잘못 (영. wrong)

- parken [타/자동] (...을) 주차하다 (영. park)
  - 3 기본형 : park*en* - park*te* - *ge*park*t*

PART 4
학술 · 지식

093

Die Intelligenz eines Menschen hängt von der Geschwindigkeit ab, in der das Hirn Informationen auswertet und speichert.

인간의 지능은 두뇌가 정보들을 분석하고 저장하는 속도에 의해 좌우된다.

Die Intelligenz[주어] (여성 1격) eines Menschen (남성 2격) hängt[동사] (현재 시제(분리동사))

von der Geschwindigkeit (여성 3격) ab, (분리전철)

in **der** ... auswertet und speichert (관계대명사 der-부문장(앞의 선행사 "Geschwindigkeit"를 수식 · 설명함.))

1. ... Intelligenz eines Menschen :

남성명사 Mensch가 앞 명사를 수식하는 2격임. → 남성 2격!

- 남성 2격 부정관사 **eines**가 앞에 옴.
- 명사 Mensch는 단수 2, 3, 4격이 복수형과 동일하게 Mensch**en**인 약변화 명사임. 단수 2격이므로 Mensch**en**임.

2. Die Intelligenz ... hängt ... ab :

분리동사 *ab*hängen의 현재 시제임.

주어인 "Die Intelligenz"는 여성의 **sie**('그녀')에 해당함.

→ 현재 시제 형태는 "häng*t* ... *ab*"

3. ... hängt von der Geschwindigkeit :

「von etw.[3] abhängen」 '무엇에 의존하다, 무엇에 달려있다'

여성명사 Geschwindigkeit가 3격 전치사 von과 결합함. → 여성 3격!

여성 3격 정관사 **der**가 앞에 옴.

... Geschwindigkeit ... , in **der** das Hirn^주어 Informationen auswertet^동사1 und speichert^동사2

- Geschwindigkeit: 관계대명사의 선행사(여성 3격)
- der: 관계대명사(여성 3격)
- das Hirn: 중성 1격
- Informationen: 동사 auswertet 및 speichert의 4격 목적어(복수 4격)
- auswertet: 현재 시제(후치됨!)
- speichert: 현재 시제(후치됨!)

1. ... , in der ... :

der는 관계대명사 여성 3격임.

→ 앞의 여성명사 "Geschwindigkeit"를 선행사로 받으며, 전치사 in의 3격 목적어임.

(여기서 3·4격 전치사 in은 내용상 '...인 속도에서'로 해석됨. → 3격 지배!)

2. ... das Hirn ... auswertet und speichert :

두 개의 동사 auswerten 및 speichern의 현재 시제임.

주어인 "das Hirn"는 중성의 **es**에 해당함. → 현재 시제 형태는 auswert*et* 및 speicher*t*임.

- die **Intelligenz** (die Intelligenz*en* ; 주로 단수) 지능, 사고력 (영. intelligence)
  ↳ **intelligent** [형] 머리 좋은, 총명한 (영. intelligent, bright)

- der **Mensch** (die Mensch*en*) 사람, 인간, 인류 (영. person, man, mankind, human being)
  ▶ 단수의 경우, 주어 1격을 제외한 단수 2, 3, 4격이 모두 복수형과 동일하게 Mensch*en*인 약변화 명사

- **hängt ... ab** ⇒ 분리동사 *ab*hängen의 현재 시제
  ***ab*hängen** (hängen ... *ab*) [자동] 「**von etw.**[3] **abhängen**」 *무엇*에 의존하다 (영. depend on)
  ✔ 3 기본형 : *ab*hängen - *ab*hing (hing ... *ab*) - *ab*gehangen
  ↳ **hängen**
  [1] [자동] 걸려 있다, 매달려 있다 (영. hang)
  ✔ 3 기본형 : hängen - hing - gehangen
  [2] [타동] ...을 걸어 놓다, 매달다 (영. hang)
  ✔ 3 기본형 : häng*en* - häng*te* - *ge*häng*t*

- das **Hirn** (die Hirn*e*) 뇌, 두뇌 (영. brain)

- die **Information** (die Information*en*) 정보, 소식 (영. information)

- ***aus*werten** (werten ... *aus*) [분리&타동] ...을 평가하다, 분석하다 (영. evaluate, analyse)
  ✔ 3 기본형 : *aus*wert*en* - *aus*wert*ete* (wert*ete* ... *aus*) - *ausge*wert*et*
  [주의] 어간 끝이 -t이므로 과거형 및 과거분사형(= pp형)에서 발음상 -e- 첨가!

- **speichern** [타동] ...을 저장하다 (영. store, save)
  ✔ 3 기본형 : speicher*n* - speicher*te* - *ge*speicher*t*

Memo

094

Er ist der teuerste und vielseitigste Roboter, der jemals ins All gestartet ist: Heute früh soll „Curiosity“ auf dem Mars landen.

그것은 그 언젠가 우주로 떠났던 것들 중에 가장 비싸고 가장 다재다능한 로봇이다. 오늘 이른 시각에 "큐리오시티"가 화성에 착륙하도록 되어 있다.

"큐리오시티" : 화성탐사로봇의 명칭

Er(주어) ist(동사) der teuerste und vielseitigste Roboter,
ist: 현재 시제 / der teuerste und vielseitigste Roboter: 동사 ist의 주격 보어(남성 1격)

der ... gestartet ist : ...
관계대명사 der-부문장(앞의 선행사 "Roboter"를 수식 · 설명함.)

der teuerste und vielseitigste Roboter :

남성명사 Roboter가 동사 ist의 주격 보어임. → 남성 1격!

- 남성 1격 정관사 **der**가 앞에 옴.
- 「남성 **der** + 형용사 **-e**」→ **der** teuerst<u>e</u> und vielseitigst<u>e</u> ...

... Roboter , der(주어) ... ins All gestartet ist(동사) : ...
Roboter: 관계대명사의 선행사(남성 1격) / der: 관계대명사(남성 1격) / ins All: 중성 4격 / gestartet ist: 현재완료 (후치됨!)

1. ... , der ... :

der는 관계대명사 남성 1격임.

→ 앞의 남성명사 "Roboter"를 선행사로 받으며, 부문장 안의 주어임.

2. ... , der ... gestartet ist :

'장소 이동' 자동사 starten의 현재완료 시제 「**sein** ... pp」임.
주어가 남성 관계대명사 **der**임.
→ "**ist** ... gestartet"이지만, 부문장 안에서 후치되어 "... gestartet **ist**"

3. ... ins All gestartet ... :

3·4격 전치사 in은 동사 starten과 함께 '... 안으로 출발하다'임. → '방향'으로서 4격 지배!
중성명사 All이 전치사 in의 4격 목적어임. → 중성 4격!
중성 4격 정관사 **das**가 전치사 in과 함께 **ins**로 축약됨.

PART 4
학술·지식

... : Heute früh (부사어) soll[동사] (화법조동사(현재 시제)) „Curiosity"[주어]
auf dem Mars (남성 3격) landen (동사 원형)

... auf dem Mars landen :

3·4격 전치사 auf는 동사 landen과 함께 '... 위에 착륙하다'임. → '위치'로서 3격 지배!
남성명사 Mars가 전치사 auf의 3격 목적어임. → 남성 3격!
남성 3격 정관사 **dem**이 앞에 옴.

- **ist** ⇒ 동사 sein('...이다' 영. be)의 현재 시제, 불규칙 형태
  - sein의 현재 시제, 불규칙 변화 : ich bin ; du bist ; er (sie, es) ist ...
- **teuer** [형] (가격이) 비싼 (영. expensive)
  - 3 비교형 : teuer - teur*er* - teuer*st*
    [주의] teuer*er* 아님!
- **vielseitig** [형] 다방면의, 다재다능한 (영. many-sided, versatile)
  - 3 비교형 : vielseitig - vielseitig*er* - vielseitig*st*
    → die **Seite** (die Seite*n*) [1] 면, 측면 (영. side) ; [2] (책의) 면, 쪽 (영. page)
- der **Roboter** (die -) 로봇 (영. robot)
- **jemals** [부] (과거 혹은 미래의 불특정 시기) 언젠가 (영. ever) ≈ je
- **ins** ⇒ "in das"의 축약형
- das **All** (항상 단수) 우주 (영. universe, space) ≈ der Kosmos, der Weltraum
- **gestartet** ⇒ 동사 starten의 pp형
  starten [자동] (비행기, 로켓 등이) 출발하다 (영. start, start up)
  - 3 기본형 : start*en* - start*ete* - *ge*start*et*
    [주의] 어간 끝이 -t이므로 과거형 및 과거분사형(= pp형)에서 발음상 **-e- 첨가**!
- **ist** ⇒ 현재완료 「sein ... pp」의 조동사 sein의 불규칙 형태
  - sein의 현재 시제 불규칙 변화 : ich bin ; du bist ; er (sie, es) ist ...
- **heute** [부] 오늘 (영. today) ; **heute früh** 오늘 이른 시각에
- **früh** [형] 이른, (부사적) 일찍 (영. early)
- **soll** ⇒ 화법조동사 sollen의 현재 시제, 불규칙 형태
  「**sollen** ... 동사 원형」 (특정인의 바램) ...해야 한다, ...하도록 되어 있다 (영. should)
  - 현재 시제 불규칙 변화 : ich soll ; du soll*st* ; er (sie, es) soll ...
- **auf** [3 · 4격 전치사] (3격 : '위치') ~위에, ~위에서 ; (4격 : '방향') ~위로 (영. on, on to)
- der **Mars** (항상 단수) 화성 (영. Mars)
- **landen** [자동] (완료형 : sein ... pp) 착륙하다, 상륙하다 (영. land)
  - 3 기본형 : land*en* - land*ete* - *ge*land*et*
    [주의] 어간 끝이 -d이므로 과거형 및 과거분사형(= pp형)에서 발음상 -e- 첨가!

Memo

095

Wer das Aids-Virus in sich hat, muss nicht mehr daran sterben. Dafür sorgen viele Arzneien.

에이즈 바이러스를 보유하고 있는 사람은 더 이상 이로 인해 목숨을 잃을 필요가 없다. 이렇게 되도록 많은 약품들이 돌보고 있다.

Wer^주어	das Aids-Virus	in sich	hat^동사 , ...
관계대명사 1격	동사 hat의 4격 목적어(중성 4격)	in + 재귀대명사 3격	현재 시제 (후치됨!)

1. Wer ... :

관계대명사 1격 형 **wer**가 사용됨. → 부문장 안에서 주어임.

▶ 1격 형 **wer** ; 2격 형 **wessen** ; 3격 형 **wem** ; 4격 형 **wen**

2. Wer ... hat , ... :

동사 haben('...을 가지고 있다')의 현재 시제임.

주어인 관계대명사 "Wer"는 단수 3인칭 **er**에 해당함. → 현재 시제 형태는 **hat**임.

(후치되어 부문장 맨 뒤에 옴!)

3. ... in sich haben ... :

「etw.[4] in sich[3] haben」 '*무엇*을 몸 안에 가지고 있다'

Wer ... hat주어, **muss**동사 nicht mehr **daran** **sterben**

부문장 전체 ⇒ muss의 주어임. / 화법조동사(현재 시제) / an + das('그것') / 동사 원형

1. Wer ... hat, muss ... sterben :

화법조동사 「müssen ... 동사 원형」의 현재 시제임.

주어인 관계대명사 부문장 "Wer ..."는 단수 3인칭 **er**에 해당함. → "**muss** ... sterben"임.

2. ... daran sterben :

「an etw.[3] sterben」 (질병 등) '*무엇* 때문에 죽다'

daran ⇒ 전치사 an + 지시대명사 das('그것')

여기서 daran은 앞 문장 안의 "das AIDs Virus"를 가리킴.

PART 4
학술 · 지식

Dafür **sorgen**동사 **viele Arzneien**주어

für + das('그것') / 현재 시제 / 복수 1격

1. ... sorgen viele Arzneien :

동사 sorgen의 현재 시제임.

주어인 "viele Arzneien"은 복수의 **sie**('그것들')에 해당함. → 현재 시제 형태는 sorg**en**임.

2. Dafür sorgen ... :

「für etw.[4] sorgen」 '*무엇*을 위해 돌보다'

dafür ⇒ 전치사 für + 지시대명사 das('그것')

여기서 dafür는 앞 문장 전체 내용을 가리킴.

- wer [관계대명사] ...하는 자, ...인 사람 (영. who)

- in [3·4격 전치사] (3격 : '위치') ~안에, ~안에서 ; (4격 : '방향') ~안으로 (영. in, into)

- sich [재귀대명사] ... 자신, 자기 자신 (영. oneself)
  「etw. in sich[3] haben」 *무엇*을 자신 안에 가지고 있다

- Aids-Virus 에이즈 바이러스
  → das (혹은 der) **Virus** (die Vir*en*) 바이러스 (영. virus)

- hat ⇒ 동사 haben('...을 가지고 있다' 영. have)의 현재 시제, 불규칙 형태
  - 현재 시제 불규칙 변화 : ich hab*e* ; du hast ; er (sie, es) hat ; wir hab*en* ...
  - 3 기본형 : haben - hatte - gehabt

- muss ⇒ 화법조동사 müssen의 현재 시제, 불규칙 형태
  「müssen ... 동사 원형」 (강제, 의무) ...해야 하다 (영. must)
  - 현재 시제 불규칙 변화 : ich muss ; du muss*t* ; er (sie, es) muss ...

- sterben [자동] (완료형 : sein ... pp) 죽다 (영. die)
  「an etw.[3] sterben」 *무엇* 때문에 죽다 (영. die of)
  - 3 기본형 : sterben - starb - gestorben
  - 현재 시제 불규칙 변화 : du stirb*st* ; er (sie, es) stirb*t*

- sorgen [자동] 「für etw.[4] sorgen」 *무엇*을 위해 보살피다, 돌보다 (영. look after)
  - 3 기본형 : sorg*en* - sorg*te* - *ge*sorg*t*

- 「viel*e* + 복수명사」 많은 ... (영. many)

- die **Arznei** (die Arznei*en*) 약, 약품 (영. medicine, medicament, drug)
  - 명사 형태 -ei : 항상 여성이며, 복수형은 -*en*임.

Memo

096

Fett ist am schlimmsten. Es enthält am meisten Energie und macht am wenigsten satt.

지방이 가장 나쁘다. 그것은 가장 많이 에너지를 포함하고 있으며, 가장 적게 배부르도록 한다.

Fett주어	ist동사	am schlimmsten
중성 1격	현재 시제	동사 ist의 형용사 보어(최상급 : '가장 나쁜')

1. Fett ist ... :

동사 sein의 현재 시제임.

주어 "Fett"는 중성의 **es**에 해당함. → 동사 sein의 현재 시제 형태는 **ist**임.

2. ... ist am schlimmsten :

「**am** + 최상급 **-en**」 1. 형용사적 용법 : '가장 ...한' ; 2. 부사적 용법 : '가장 ...하게'

여기서 "am schlimmsten"은 형용사적 용법임. → '가장 나쁜'

Es[주어] enthält[동사1] am meisten Energie
현재 시제 / 부사어(최상급 : '가장 많이') / 동사 enthält의 4격 목적어(여성 4격)

und macht[동사2] am wenigsten satt
현재 시제 / 부사어(최상급 : '가장 적게')

1. Es ... :

주어 "Es"는 중성 인칭대명사임. → 앞 문장의 중성명사 "Fett"를 받음.

2. Es enthält ... und macht ... :

동사 enthalten 및 machen의 현재 시제임.

주어가 중성의 "**Es**"임.

→ 동사 enthalten의 형태는 어간 모음이 변화하여 enth*äl**t*임.

동사 machen의 형태는 mach*t*임.

3. ... enthält am meisten Energie ... :

여기서 "am meisten"은 부사적 용법임. → '가장 많이'

4. ... und macht am wenigsten ... :

여기서 "am wenigsten"은 부사적 용법임. → '가장 적게'

- das **Fett** (die Fett*e* ; 주로 단수) 기름, 지방 (영. fat)

- ist ⇒ 동사 sein('...이다' 영. be)의 현재 시제, 불규칙 형태
  - 현재 시제 불규칙 변화 : ich bin ; du bist ; er (sie, es) ist ...
  - 3 기본형 : sein - war - gewesen

- am ⇒ "an dem"의 축약형

- schlimmst ⇒ 형용사 schlimm의 최상급
  schlimm [형] 나쁜 (영. bad)
  am schlimmsten 가장 나쁜, (부사적) 가장 나쁘게
  - 3 비교형 : schlimm - schlimm*er* - schlimm*st*

PART 4
학술 · 지식

enthält ⇒ 동사 enthalten의 현재 시제, 불규칙 형태

enthalten [타동] ...을 내용물로 가지고 있다, 포함하다, 함유하다 (영. contain, hold)

현재 시제 불규칙 변화 : du enthältst ; er (sie, es) enthält

3 기본형 : *ent*halten - *ent*hielt - *ent*halten

[주의] 형태가 ent-이므로 pp형에서 ge- 없음!

meist ⇒ 부정수사 viel, viele의 최상급

am meisten 가장 많은, (부사적) 가장 많이

「am + 최상급 -en」 가장 ...한, (부사적) 가장 ...하게

「viel + 단수명사」 (추상, 물질명사 등과 함께) 많은 ... (영. much)

「viel*e* + 복수명사」 많은 ... (영. many)

3 비교형 : viel, viele - mehr - meist

die **Energie** (die Energie*n* ; 주로 단수) 에너지 (영. energy)

machen [타/자동] (형용사와 함께) (...을) ...한 상태로 만들다 (영. do, make)

3 기본형 : mach*en* - mach*te* - *ge*mach*t*

wenigst ⇒ 부정수사 wenig의 최상급

am wenigsten 가장 적은, (부사적) 가장 적게

「wenig + 단수명사」 (추상, 물질명사와 함께) 적은 ... (영. little, not much)

「wenig*e* + 복수명사」 적은 ... (영. few, not many)

3 비교형 : wenig - wenig*er* (혹은 minder) - wenig*st* (혹은 mindest)

satt [형] 가득 찬, 배부른 (영. full)

Memo

097

Das Deutsche Reich verlor während des Krieges schätzungsweise 3,8 bis 4 Millionen deutsche Soldaten und 1,65 Millionen Zivilisten.

이 독일 제국은 그 전쟁 동안 대략 380만에서 400만 명에 이르는 독일 군인들과 165만 명의 민간인들을 잃었다.

Das Deutsche Reich [주어] (중성 1격) **verlor** [동사] (과거 시제) **während des Krieges** (남성 2격) ...

3,8 bis 4 Millionen deutsche Soldaten und 1,65 Millionen Zivilisten (동사 verlor의 4격 목적어(복수 4격))

1. Das Deutsche Reich :

중성명사 Reich가 문장의 주어임. → 중성 1격!

- 중성 1격 정관사 **das**가 앞에 옴.
- 「**das** + 형용사 **-e**」 → **Das** Deutsch**e** ...

2. Das Deutsche Reich verlor ... :

동사 verlieren의 과거 시제임.

주어 "... Reich"는 중성의 **es**에 해당함. → 과거형 **verlor**는 어미 없이 그대로 **verlor_**임.

3. während des Krieges :

남성명사 Krieg이 2격 전치사 während와 결합함. → 남성 2격!

- 남성 2격 정관사 **des**가 앞에 옴.
- 남성, 중성 2격 명사는 **-s** 혹은 **-es**가 붙음. → 남성이므로 **-es**가 붙어 Kriege**s**임.

4. ... 3,8 bis 4 Millionen deutsche Soldaten und ... :

복수명사 Soldat*en*이 동사의 4격 목적어임. → 복수 4격!

형용사 deutsch 앞에 관사 없음. → 복수 4격 정관사 die처럼 변화하여 deutsche임.

- das **Deutsch***e* **Reich** 독일 제국
  → das **Reich** (die Reich*e*) 제국 (영. empire)
- **verlor** ⇒ 동사 verlieren의 과거 시제
  verlieren [타동] ...을 잃다, 분실하다 (영. lose)
  3 기본형 : verlieren - verlor - verloren
- **während** [2격 전치사] ~동안 (영. during)
- der **Krieg** (die Krieg*e*) 전쟁 (영. war)
- **schätzungsweise** [부] 추정컨대, 대략 (영. roughly) ≈ etwa, ungefähr
  ↳ **schätzen** [타동] ...을 평가하다 (영. estimate)
- **3,8** ⇒ "drei Komma acht"
- **bis** [4격 전치사] ~까지 (영. until, up to)
- **4** ⇒ "vier"
- **1,65** ⇒ "eins Komma sechs fünf"
- die **Million** (die Million*en*) 백만 (= 1,000,000) (영. million)
- **deutsch** [형] 독일의, 독일인의, 독일어의 (영. German)
- der **Soldat** (die Soldat*en*) 군인, 사병 (영. soldier)
  단수의 경우, 주어 1격을 제외한 단수 2, 3, 4격이 복수형과 동일하게 Soldat*en*인 약변화 명사!
- der **Zivilist** (die Zivilist*en*) 민간인 (영. civilian)
  단수의 경우, 주어 1격을 제외한 단수 2, 3, 4격이 복수형과 동일하게 Zivilist*en*인 약변화 명사!

098

Die Therapie ist aufwändig und anstrengend für ihn. Doch die Mühe lohnt sich: Die Kopfschmerzen und Rückenschmerzen sind weniger geworden.

그에게는 이 치료법이 비용이 많이 들고 힘들다. 그러나 그 노력은 값어치가 있다 : 두통과 등의 통증이 적어졌다.

Die Therapie주어 (여성 1격) **ist**동사 (현재 시제) **aufwändig und anstrengend** (ist의 형용사 보어) **für ihn** (ihn은 남성 er의 4격 형)

1. Die Therapie ist ... :

동사 sein의 현재 시제임.

주어 "Die Therapie"는 여성의 **sie**에 해당함. → 동사 sein의 형태는 불규칙적으로 **ist**임.

2. für ihn :

ihn은 남성 인칭대명사 er의 4격 형임. → 4격 전치사 für와 결합함.

▶ er의 3격 형은 **ihm**임.

Doch (등위접속사) die Mühe^주어 (여성 1격) lohnt^동사 (현재 시제) sich (4격 재귀대명사) : ...

1. ... die Mühe lohnt ... :

동사 lohnen의 현재 시제임.

주어 "die Mühe"는 여성의 **sie**에 해당함. → 동사 lohnen의 형태는 lohn*t*임.

2. ... lohnt sich ... :

「sich[4] lohnen」'값어치를 행하다'

PART 4
학술·지식

Die Kopfschmerzen und Rückenschmerzen^주어 (복수 1격) sind^동사 (현재완료(조동사 sein)) weniger (geworden의 형용사 보어(비교급)) geworden (현재완료 (pp형))

Die Kopfschmerzen und Rückenschmerzen sind **...** geworden **:**

'상태 변화' 자동사 werden('... 되다' 영. become)의 현재완료 시제 「**sein** ... pp」임.

주어 "Die Kopfschmerzen und Rückenschmerzen"은 복수의 **sie**에 해당함.

→ "**sind** ... geworden"임.

- die **Therapie** (die Therapie*n*) 치료법 (영. therapy)

- **ist** ⇒ 동사 sein('...이다' 영. be)의 현재 시제, 불규칙 형태
  - sein의 현재 시제 불규칙 변화 : ich bin ; du bist ; er (sie, es) ist ...
  - 3 기본형 : sein - war - gewesen

- **aufwändig** 혹은 **aufwendig** [형] 비용이 많이 드는, 비싼 (영. costly, expensive)
  - ↳ der **Aufwand** (항상 단수) 비용 (영. cost, expense)

- **anstrengend** [현재분사&형] 힘든 (영. hard)
  - ↳ ***an**strengen* (strengen ... *an*)
    - [1] [분리&타동] 「**j-n anstrengen**」 누구를 힘들게 하다 (영. be a strain on)
    - [2] [분리&4격 재귀동] 「sich anstrengen, ... zu + 동사 원형」 ...하려고 노력하다 (영. make an effort)

- **für** [4격 전치사] [1] ~에게, ~에게는 ; [2] ~을 위해, ~을 위한 (영. for)

- **doch** [접속사] 그러나 (영. but) ≈ aber

- die **Mühe** (die Mühe*n* ; 주로 단수) 노고, 수고, 애씀 (영. trouble, effort)

- **lohnen** [4격 재귀동] 「**sich lohnen**」 값어치를 하다, 가치가 있다 (영. be worthwhile)
  - 3 기본형 : lohn*en* - lohn*te* - *ge*lohn*t*

- der **Kopfschmerz** (die Kopfschmerz*en* ; 주로 복수) 두통 (영. headache)
  - → der **Kopf** (die Köpf*e*) 머리 (영. head)
  - → der **Schmerz** (die Schmerz*en* ; 주로 복수) 통증, 아픔, 고통 (영. pain, ache)

- der **Rückenschmerz** (die Rückenschmerz*en* ; 주로 복수) 등 부위의 통증 (영. backache)
  - → der **Rücken** (die -) (신체 부위) 등 (영. back)

- **sind** ⇒ 현재완료 「sein ... pp」의 조동사 sein의 현재 시제, 불규칙 형태
  - sein의 현재 시제 불규칙 변화 : ... wir sind ; ihr seid ; sie, Sie sind

- **weniger** ⇒ 부정수사 wenig('적은 ...' 영. little, few)의 비교급
  - 3 비교형 : wenig - wenig*er* (혹은 minder) - wenig*st* (혹은 mindest)

- **geworden** ⇒ 동사 werden('... 되다' 영. become)의 pp형
  - 3 기본형 : werden - wurde - geworden
    - **[주의]** 수동태 조동사 werden의 pp형은 worden임. (즉, geworden 아님!)

Memo

099

Eine besondere Einweihungsparty wurde am Freitag in der Antarktis gefeiert. Dort ist die neue deutsche Forschungsstation Neumayer III eröffnet worden.

특별한 설립기념식이 금요일에 남극에서 행해졌다. 그곳에서 독일의 새 연구 기지인 "Neumayer III"가 활동 개시되었다.

Eine besondere Einweihungsparty[주어] (여성 1격) **wurde**[동사] (수동태 과거 시제(조동사)) ...

in der Antarktis (여성 3격) gefeiert (수동태(pp형))

1. Eine besondere Einweihungsparty :

여성명사 Einweihungsparty가 문장의 주어임. → 여성 1격!

- 여성 1격 부정관사 **eine**가 앞에 옴.
- 「**eine** + 형용사 **-e**」→ **Eine** besondere ...

2. Eine besondere Einweihungsparty wurde ... gefeiert :

타동사 feiern의 수동태 과거 시제 「**wurde** ... pp」임.

주어 "... Einweihungsparty"는 여성의 **sie**에 해당함.

→ 조동사 **wurde**는 어미 없이 그대로 **wurde_**임. 즉, "**wurde** ... gefeiert"임.

... ist[동사] die neue deutsche Forschungsstation[주어] ...
수동태 현재완료 / 여성 1격

eröffnet worden
수동태 현재완료

1. die neue deutsche Forschungsstation :

여성명사 Forschungsstation이 문장의 주어임. → 여성 1격!

- 여성 1격 정관사 **die**가 앞에 옴.
- 「여성의 **die** + 형용사 **-e**」→ **die** neue deutsche ...

2. ... ist die neue deutsche Forschungsstation ... eröffnet worden :

타동사 eröffnen의 수동태 현재완료 시제 「**sein** ... pp **worden**」임.

주어 "... Forschungsstation"은 여성의 **sie**에 해당함. → "**ist** ... eröffnet worden"임.

- besonder- [형] (명사 앞 수식어로서) 특별한 (영. special, particular)

- die **Einweihungsparty** 입주 기념 파티 (영. opening party, housewarming party)
  → die **Einweihung** (die Einweihung*en*) (새 건물 등) 개장, 개업, 개통 (영. opening)
  → die **Party** (die Party*s*) 파티 (영. party)

- wurde ⇒ 수동태 조동사 werden의 과거 시제
  (수동태 과거 시제 「wurde ... pp」에 사용됨.)
  - werden의 3 기본형 : werden - wurde - worden
    [주의] 일반 동사 werden('... 되다' 영. become)의 pp형은 geworden임.

- der **Freitag** (die Freitag*e*) 금요일 (영. Friday) ; **am Freitag** 금요일에

- in [3 · 4격 전치사] (3격 : '위치') ~안에, ~안에서 ; (4격 : '방향') ~안으로 (영. in, into)

- die **Antarktis** (항상 단수) 남극 지역 (영. Antarctic)

- gefeiert ⇒ 동사 feiern의 pp형
  feiern [타동] ...을 축하하다, (파티, 축제 등을) 행하다 (영. celebrate)
  - 3 기본형 : feier*n* - feier*te* - *ge*feier*t*

- **dort** [부] 저기, 그곳에, 거기서 (영. there)

- **ist** ⇒ 현재완료 「sein ... pp」의 조동사 sein의 불규칙 형태
  - sein의 현재 시제 불규칙 변화 : ich bin ; du bist ; er (sie, es) ist ...

- **neu** [형] 새, 새로운 (영. new)

- die **Forschungsstation** 연구 기지 (영. research station)
  → die **Forschung** (die Forschung*en*) 연구 (영. research)
  → die **Station** (die Station*en*) ¹ 정거장 ; ² 기지, 본부 (영. station)

- **eröffnet** ⇒ 동사 eröffnen의 pp형
  eröffnen [타동] ...을 열다, 개시하다 (영. open, start)
  - 3 기본형 : *eröffnen* - *eröffnete* - *eröffnet*
    [주의] 형태가 er-이므로 pp형에서 ge- 없음!
    [주의] 어간 끝이 -fn이므로 과거형 및 과거분사형(= pp형)에서 발음상 -e- 첨가!

- **worden** ⇒ 수동태 조동사 werden의 pp형
  (수동태 현재완료 「sein ... pp worden」에 사용됨.)
  - 조동사 werden의 3 기본형 : werden - wurde - worden
    [주의] 일반 동사 werden('... 되다' 영. become)의 pp형은 geworden임.

Memo

100

Explodierende und sterbende Sterne, bunte Gaswolken vor strahlendem Sternenlicht – solche faszinierenden Bilder sendet das Weltraum-Teleskop Hubble seit 19 Jahren zur Erde.

폭발하며 죽어가는 별들, 반사하는 별빛 앞의 알록달록한 가스구름 - 이러한 매혹적인 그림들을 우주 망원경 허블이 19년 전부터 지구로 전송하고 있다.

Explodierende und sterbende Sterne, (복수 4격(뒤의 "solche ... Bilder"에 일치하여 4격임.)) bunte Gaswolken (복수 4격(뒤의 "solche ... Bilder"에 일치하여 4격임.))

vor strahlendem Sternenlicht (중성 3격) – solche faszinierenden Bilder (동사 sendet의 4격 목적어(복수 4격))

sendet[동사] (현재 시제) **das Weltraum-Teleskop ...**[주어] (중성 1격) seit 19 Jahren (복수 3격)

zur Erde (여성 3격)

1. Explodierende und sterbende Sterne :

복수명사 Sterne가 뒤의 동사 sendet의 4격 목적어인 Bilder와 동격임. → 복수 4격!
현재분사&형용사 explodierend 및 sterbend 앞에 관사 없음.
→ 복수 4격 정관사 die처럼 변화하여 Explodierende und sterbende ...임.

2. bunte Gaswolken :

복수명사 Gaswolken이 뒤의 동사 sendet의 4격 목적어인 Bilder와 동격임. → 복수 4격!
형용사 bunt 앞에 관사 없음. → 복수 4격 정관사 die처럼 변화하여 bunte임.

3. ... Gaswolken vor strahlendem Sternenlicht :

3·4격 전치사 vor는 앞 명사를 수식하여 '... 앞의 가스 구름'을 뜻함. → '위치'로서 3격 지배!
중성명사 Sternenlicht가 전치사 vor의 3격 목적어임. → 중성 3격!
현재분사&형용사 strahlend 앞에 관사 없음.
→ 중성 3격 dem처럼 변화하여 strahlendem임.

4. solche faszinierenden Bilder :

복수명사 Bilder가 동사 sendet의 4격 목적어임. → 복수 4격!
- 지시대명사 solch-는 정관사 어미변화 함 → 복수 4격 정관사 die처럼 solche임.
- 「복수의 die, diese, solche ... + 형용사 -en」→ solche faszinierenden ...

PART 4
학술·지식

- explodierend [현재분사&형] 폭발하는 (영. exploding)
  - ↳ explodieren [자동] 폭발하다 (영. explode)
    - 3 기본형 : explodier*en* - explodier*te* - explodier*t*
- sterbend [현재분사&형] 죽어가는 (영. dying)
  - ↳ sterben [자동] 죽다 (영. die)
    - 3 기본형 : sterben - starb - gestorben
- der Stern (die Stern*e*) (스스로 빛을 내는) 별, 항성 (영. star)
- bunt [형] 여러 색으로 이루어진, 알록달록한 (영. colored, colorful)
- die Gaswolke 가스 구름 (영. cloud of gas)
  - → das Gas (die Gas*e*) 가스 (영. gas)
  - → die Wolke (die Wolke*n*) 구름 (영. cloud)
- vor [3·4격 전치사] (3격 : '위치') ~앞에, ~앞에서 ; (4격 : '방향') ~앞으로 (영. in front of)
- strahlend [현재분사/형] 빛나는, 반짝이는 (영. shining)
  - ↳ strahlen [자동] 빛나다, 빛을 내다 (영. shine)
    - 3 기본형 : strahl*en* - strahl*te* - *ge*strahl*t*

- das **Sternenlicht** (주로 단수) 별빛 (영. starlight, light of the stars)

  → das **Licht** (die Licht*er* ; 주로 단수) 빛, 전등 (영. light)

- **solch-** [지시대명사] (정관사 d- 어미변화) 그러한 ... (영. such)

- **faszinierend** [현재분사/형] 매혹적인, 매력적인 (영. fascinating)

  ↳ **faszinieren** [타동] 「etw.$_{주어}$ fasziniert j-n」 *무엇은 누구를* 매혹시키다 (영. fascinate)

  ✔ 3 기본형 : faszinier*en* - faszinier*te* - faszinier*t*

  [주의] 형태가 -ieren이므로 pp형에서 ge- 탈락!

- das **Bild** (die Bild*er*) 그림 (영. picture)

- **senden** [타동] ...을 보내다 (영. send)

  ✔ 3 기본형 : send*en* - send*ete* (혹은 sandte) - *ge*send*et* (혹은 gesandt)

  [주의] 어간 끝이 -d이므로 과거형 및 과거분사형(= pp형)에서 -e- 첨가!

- das **Weltraum-Teleskop** 우주 망원경

  → der **Weltraum** (항상 단수) 우주 (영. space)

  → der **Raum** (die Räum*e*) 공간, 방 (영. space, room)

  → das **Teleskop** (die Teleskop*e*) 망원경 (영. telescope) ≈ das Fernrohr

- **seit** [3격 전치사] ~이후, ~이래 (영. since)

- 19 ⇒ "neunzehn"

- das **Jahr** (die Jahr*e*) (시간 단위) 해, 년 (영. year)

- die **Erde** (die Erde*n* ; 주로 단수) [1] 지구 (영. earth) ; [2] 땅, 흙 (영. soil, ground)

Memo

101

Eine 49-jährige Amerikanerin hat ihren eigenen Enkel zur Welt gebracht, weil ihre Tochter wegen eines Herzfehlers nicht schwanger werden konnte.

49세인 한 미국 여성이 자기 자신의 손자를 출산했는데, 왜냐하면 자신의 딸이 심장의 결함 때문에 임신할 수 없었기 때문이다.

Eine 49-jährige Amerikanerin주어 (여성 1격) **hat**동사 (현재완료(조동사 haben))

ihren eigenen Enkel (gebracht의 4격 목적어(남성 4격)) zur Welt (여성 3격) gebracht, (현재완료(pp형)) **weil** ... konnte (종속접속사 weil-부문장)

1. Eine 49-jährige Amerikanerin :

여성명사 Amerikanerin이 문장의 주어임. → 여성 1격!

- 여성 1격 부정관사 **eine**가 앞에 옴.
- 「**eine** + 형용사 **-e**」 → **Eine** 49-jährige ...

2. Eine 49-jährige Amerikanerin hat ... zur Welt gebracht, ... :

「j-n zur Welt bringen」 '누구를 낳다, 출산하다'

동사 bringen의 현재완료 「**haben** ... pp」임.

주어 "... Amerikanerin"은 여성의 **sie**에 해당함. → "**hat** ... gebracht"임.

3. ihren eigenen Enkel :

남성명사 Enkel이 동사 gebracht의 4격 목적어임. → 남성 4격!

- 소유대명사 ihr-('그녀의' 영. her)는 남성 4격 부정관사 einen처럼 변화하여 ihren임. (ihr-는 앞에 나온 "... Amerikanerin"을 받음.)
- 「einen (meinen, deinen, seinen, ihren ...) + 형용사 **-en**」 → ihren eigenen ...

... , **weil** ihre Tochter^주어 wegen eines Herzfehlers nicht schwanger werden konnte^동사

(weil: 종속접속사 / ihre Tochter: 여성 1격 / wegen eines Herzfehlers: 남성 2격 / schwanger: werden의 형용사 보어 / werden: 동사 원형 / konnte: 화법조동사(과거 시제)(후치됨!))

1. ... , weil ihre Tochter ... werden konnte :

화법조동사 können의 과거 시제「konnte ...동사 원형」임.

주어 "ihre Tochter"는 여성의 **sie**에 해당함. → 과거형 **konnte**는 그대로 **konnte_**임.

즉, "**konnte** ... werden"이지만, 부문장 안에서 후치되어 "... werden konnte"임.

2. ihre Tochter :

여성명사 Tochter가 부문장 안의 주어임. → 여성 1격!

소유대명사 ihr-('그녀의' 영. her)는 여성 1격 부정관사 eine처럼 변화하여 ihre임.

3. wegen eines Herzfehlers :

남성명사 Herzfehler가 2격 전치사 wegen과 결합함. → 남성 2격!

- 남성 2격 부정관사 **eines**가 앞에 옴.
- 남성, 중성 2격은 **-s** 혹은 **-es**가 붙음. → 남성명사이므로 **-s**가 붙어 Herzfehlers임.

...-jährig [형] (나이, 연령) ...세 된 (영. ... year old)

die **Amerikanerin** (die Amerikanerin*nen*) 아메리카 여자, 미국 여자
└▸ der **Amerikaner** (die -) 아메리카인, 미국인 (영. American)

hat ⇒ 현재완료 「haben ... pp」의 조동사 haben의 불규칙 형태

eigen- [형] (명사 앞 수식어로서) 자신의 ... , 고유의 ... (영. one's own, ... of one's own)

der **Enkel** (die -) 아들 및 딸의 자녀, 손자 (영. grandchild)

die **Welt** (die Welt*en* ; 주로 단수) 세계 (영. world)
「**j-n zur Welt bringen**」 누구를 낳다, 출산하다 (영. give birth to)

gebracht ⇒ 동사 bringen의 pp형
bringen [타동] ...을 가져오다, 가져가다 (영. bring)
3 기본형 : bringen - brachte - gebracht

weil [종속접속사] 왜냐하면 ...이기 때문에 (영. because)

die **Tochter** (die Töchter) 딸 (영. daughter)

wegen [2격 전치사] ~때문에 (영. because of)

der **Herzfehler** 심장병, 심장 질환 (영. heart defect)
→ das **Herz** (die Herz*en*) 심장 (영. heart)
→ der **Fehler** (die -) 실수, 결함 (영. mistake, fault, defect)

schwanger [형] 임신한 (영. pregnant)

werden [자동] (완료형 : sein ... pp) (형용사 혹은 명사 보어와 함께) ... 되다 (영. become)
현재 시제 불규칙 변화 : du wirst ; er (sie, es) wird
3 기본형 : werden - wurde - geworden

konnte ⇒ 화법조동사 können('...할 수 있다' 영. can)의 과거 시제
3 기본형 : können - konnte - gekonnt (können)

Memo

102

Wir gähnen, wenn unsere Hirntemperatur steigt, schließen die Forscher - und vermuten, dass wir dadurch kühles Blut ins Gehirn pumpen, um optimale Denkleistungen zu gewährleisten.

우리가 하품을 하는 것은 우리의 두뇌 온도가 올라가는 경우라고 학자들은 결론짓는다. 그리고 이를 통해 우리는 최적의 사고 능력을 보장하기 위해 두뇌 안으로 신선한 혈액을 펌프질해 보낸다고 추측한다.

Wir주어 gähnen동사 (현재 시제), **wenn** (종속접속사) **unsere Hirntemperatur**주어 (부문장의 주어(여성 1격))

steigt동사, ... (부문장의 동사(현재 시제)(후치됨!))

unsere Hirntemperatur :

여성명사 Hirntemperatur가 부문장 안의 주어임. → 여성 1격!

소유대명사 unser-('우리의' 영. our)는 여성 1격 부정관사 eine처럼 변화하여 unsere임.

Wir ... , wenn ... steigt, (문장 전체 ⇒ 뒤의 schließen의 4격 목적어) schließen동사1 (현재 시제) **die Forscher**주어 (복수 1격) - und

vermuten동사2 (현재 시제), **dass** ... pumpen, (dass-부문장(앞의 vermuten의 4격 목적어))

um ... **zu** gewährleisten

「um ... zu + 동사 원형」(앞의 dass-부문장 내용을 보충 설명 : '...하기 위해')

..., **dass** (종속접속사) **wir**(주어) dadurch (durch + das('그것')) kühles Blut (pumpen의 4격 목적어 (중성 4격)) ins Gehirn (중성 4격) pumpen(동사) (현재 시제 (후치됨)), **um** optimale Denkleistungen (뒤의 동사 원형 gewährleisten의 4격 목적어 (복수 4격)) **zu** gewährleisten (zu + 동사 원형)

1. kühles Blut :

중성명사 Blut가 동사 pumpen의 4격 목적어임. → 중성 4격!

형용사 kühl 앞에 관사 없음. → 중성 4격 정관사 das처럼 변화하여 kühles임.

2. ... ins Gehirn pumpen :

3·4격 전치사 in은 내용상 '... 안으로 펌프질하다'로 해석됨. → '방향'으로서 4격 지배!

중성명사 Gehirn이 전치사 in의 4격 목적어임. → 중성 4격!

중성 4격 정관사 **das**가 전치사 in과 함께 **ins**로 축약됨.

3. optimale Denkleistungen :

복수명사 Denkleistung*en*이 동사 gewährleisten의 4격 목적어임. → 복수 4격!

형용사 optimal 앞에 관사 없음. → 복수 4격 정관사 die처럼 변화하여 optimale임.

PART 4
학술·지식

- gähnen [자동] 하품하다 (영. yawn)
  - 3 기본형 : gähn*en* - gähn*te* - *ge*gähn*t*
- wenn [종속접속사] 만약 ...라면, ...일 경우 (영. if, when)
- die Hirntemperatur 두뇌의 온도
  - → das Hirn (die Hirn*e*) 뇌, 두뇌 (영. brain) ≈ das Gehirn
  - → die Temperatur (die Temperatur*en*) 온도 (영. temperature)
- steigen [자동] (완료형 : sein ... pp) 올라가다 (영. go up, climb, rise)
  - 3 기본형 : steigen - stieg - gestiegen

- schließen [타동] ...을 결론으로 내리다, ...라고 결론짓다 (영. conclude)
  - 3 기본형 : schließen - schloss - geschlossen
- der **Forscher** (die -) 연구자, 학자 (영. researcher)
  - → **forschen** [자동] 연구하다 (영. research)
    - 3 기본형 : forsch*en* - forsch*te* - *ge*forsch*t*
- **vermuten** [타/자동] (...을) 추측하다 (영. suspect)
  - 3 기본형 : *ver*mut*en* - *ver*mut*ete* - *ver*mut*et*

    [주의] 형태가 ver-이므로 pp형에서 ge- 탈락!

    [주의] 어간 끝이 -t이므로 과거형 및 과거분사형(= pp형)에서 -e- 첨가!
- **dadurch** ⇒ "durch + das"의 축약형 ('그것을 통해')
- **kühl** [형] 시원한, 서늘한 (영. cool)
- das **Blut** (항상 단수) 피, 혈액 (영. blood)
- das **Gehirn** (die Gehirn*e*) 뇌, 두뇌 (영. brain) ≈ das Hirn
- **pumpen** [타/자동] (...을) 펌프질하다 (영. pump)
  「etw. in etw.[4] pumpen」 *무엇을 무엇* 안으로 펌프질해 보내다 (영. pump into)
  - 3 기본형 : pump*en* - pump*te* - *ge*pump*t*
- **optimal** [형] 최선의 (영. optimal) ≈ bestmöglich
- die **Denkleistung** 사고 활동, 사고 능력
  - → **denken** [타/자동] (...을) 생각하다 (영. think)
    - 3 기본형 : denken - dachte - gedacht
  - → die **Leistung** (die Leistung*en*) 업적, 성적 (영. achievement, performance)
- **gewährleisten** [타동] ...을 보장하다 (영. guarantee, ensure)
  - 3 기본형 : *ge*währleist*en* - *ge*währleist*ete* - *ge*währleist*et*

    [주의] 형태가 ge-이므로 pp형에서 ge- 탈락!

    [주의] 어간 끝이 -t이므로 과거형 및 과거분사형(= pp형)에서 -e- 첨가!

Memo

103

Die meisten Stoffe dehnen sich bei Erwärmung aus. Es gibt eine wichtige Ausnahme: Wasser zwischen 0 und 4 Grad Celsius. Bei Erwärmung zieht es sich in diesem Bereich zusammen.

대부분의 물질들은 가열될 경우 팽창한다. 중요한 예외 하나가 있다 : 섭씨 0도와 4도 사이의 물. 이것은 가열될 경우 이 범위에서는 수축된다.

Die meisten Stoffe주어 (복수 1격) dehnen동사 (현재 시제 (분리동사)) sich (4격 재귀대명사) bei Erwärmung (여성 3격) aus (분리전철)

1. Die meisten Stoffe :

복수명사 Stoff*e*가 주어임. → 복수 1격!

- 복수 1격 정관사 **die**가 앞에 옴.
- 「복수 정관사 + 형용사 **-en**」→ **Die** meist**en** ...

2. Die meisten Stoffe dehnen sich ... aus :

「sich[4] *aus*dehnen」'팽창하다'

분리동사 *aus*dehnen의 현재 시제임 : 주어가 복수의 **sie**에 해당함. → "dehn**en** ... *aus*"임.

Es[주어] gibt[동사] eine wichtige Ausnahme : Wasser ...

비인칭 주어 / 현재 시제 / gibt의 4격 목적어 (여성 4격) / 중성 4격

Es gibt eine wichtige Ausnahme ... :

「Es gibt etw.[4]」 '무엇이 있다, 존재하다'

여성명사 Ausnahme가 동사 gibt의 4격 목적어임. → 여성 4격!

- 여성 4격 부정관사 **eine**가 앞에 옴.
- 「**eine** + 형용사 **-e**」 → **eine** wichtige ...

Bei Erwärmung zieht[동사] es[주어] sich in diesem Bereich zusammen

여성 3격 / 현재 시제(분리동사) / 중성 es / 4격 재귀대명사 / 남성 3격 / 분리전철

1. ... zieht es sich ... zusammen :

「sich[4] *zusammen*ziehen」 '수축하다'

분리동사 *zusammen*ziehen의 현재 시제임 : 주어가 "**es**"임. → "zieh*t* ... *zusammen*"임.

2. in diesem Bereich :

3·4격 전치사 in은 내용상 '... 안에서 수축하다'로 해석됨. → '위치'로서 3격 지배!

남성명사 Bereich가 전치사 in의 3격 목적어임. → 남성 3격!

지시대명사 dies-는 정관사 어미변화 함. → 남성 3격 정관사 dem처럼 변화하여 diesem임.

- meist- [형] (명사 앞 수식어로서) 대부분의 ... (영. most)

- der **Stoff** (die Stoff*e*) 물질 (영. material, substance)

- **dehnen ... aus** ⇒ 분리동사 *aus*dehnen의 현재 시제

  ***aus*dehnen** (dehnen ... *aus*)

  [1] [분리&타동] ...을 확대하다, 팽창하다 (영. stretch, expand)

  [2] [분리&4격 재귀동] 「**sich *aus*dehnen**」 넓게 펼쳐지다, 팽창하다 (영. stretch out, expand)

  ✔ 3 기본형 : *aus*dehn*en* - *aus*dehn*te* (dehn*te* ... *aus*) - *ausge*dehn*t*

- **bei** [3격 전치사] ~일 때, ~인 경우 (영. at, in)

- die **Erwärmung** (die Erwärmung*en*) 가열, 데움 (영. warming up, heating up)

- **gibt** ⇒ 동사 geben의 현재 시제, 불규칙 형태

  geben [타동] ...을 주다 (영. give)

  「**Es gibt etw.**[4]」 *무엇*이 있다 (영. There is/are ...)

  ✔ 현재 시제 불규칙 변화 : du g*i*b*st* ; er (sie, es) g*i*b*t*

  ✔ 3 기본형 : geben - gab - gegeben

- **wichtig** [형] **중요한** (영. important)

- die **Ausnahme** (die Ausnahme*n*) 예외, 제외 (영. exception)

- das **Wasser** (die - ; 주로 단수) 물 (영. water)

- **zwischen** [3 · 4격 전치사] (3격 : '위치') ~사이에서 ;
  (4격 : '방향') ~사이로 (영. between, among)

- der **Grad** (die -) (온도의 단위) ... 도 (영. grade)

- **Celsius** ['tsɛlziʊs] (온도 측정의 특정 범주로서) 섭씨 (= "C"로 축약)

- **zieht ... zusammen** ⇒ 분리동사 *zusammen*ziehen의 현재 시제

  ***zusammen*ziehen** (ziehen ... *zusammen*)

  [1] [분리&타동] ...을 접어 오그라들게 하다, 수축시키다 (영. pull together, contract)

  [2] [분리&4격 재귀동] 「**sich *zusammen*ziehen**」 접혀 오그라들다, 수축되다 (영. contract)

  ✔ 3 기본형 : *zusammen*ziehen - *zusammen*zog (zog ... *zusammen*) - *zusammen*gezogen

- **in** [3 · 4격 전치사] (3격 : '위치') ~안에, ~안에서 ; (4격 : '방향') ~안으로 (영. in, into)
- **dies-** [지시대명사] (정관사 d- 어미변화) 이 ... (영. this)
- der **Bereich** (die Bereich*e*) 영역, 범위 (영. area, sphere)

PART 4
학술 · 지식

104

Vorübergehende Sehstörungen können ein Hinweis auf eine ernsthafte, noch verborgene Erkrankung sein. Ärzte empfehlen, diese Anzeichen unbedingt ernst zu nehmen.

일시적인 시력 장애는 심각하면서 아직은 감추어져 있는 질병에 대한 암시일 수 있다. 의사들은 이러한 징후들을 반드시 심각하게 받아들일 것을 권유한다.

Vorübergehende Sehstörungen[주어] (복수 1격) können[동사] (화법조동사(현재 시제)) ein Hinweis (동사 원형 sein의 명사 보어(남성 1격)) auf eine ernsthafte, noch verborgene Erkrankung (여성 4격) sein (동사 원형)

1. Vorübergehende Sehstörungen :

복수명사 Sehstörung*en*이 문장의 주어임. → 복수 1격!

현재분사&형용사 vorübergehend 앞에 관사 없음. → 복수 1격 die처럼 vorübergehende임.

2. Vorübergehende Sehstörungen können ... sein :

화법조동사 können의 현재 시제「**können** ... 동사 원형」임.

주어 "... Sehstörung*en*"은 복수의 **sie**에 해당함. → "können ... sein"임.

3. ... ein Hinweis auf eine ernsthafte, noch verborgene Erkrankung :

「ein Hinweis auf etw.[4]」'*무엇*에 대한 암시'

여성명사 Erkrankung이 전치사 auf의 4격 목적어임. → 여성 4격!

- 여성 4격 부정관사 **eine**가 앞에 옴.
- 「**eine** + 형용사 **-e**」→ auf **eine** ernsthafte, noch verborgene ...

Ärzte[주어] **empfehlen**[동사], ... **zu nehmen**

복수 1격 / 현재 시제 / zu-부정사(명사적 용법 : 앞의 동사 empfehlen의 4격 목적어임.)

..., **diese Anzeichen** **unbedingt** **ernst** **zu nehmen**

동사 원형 "nehmen"의 4격 목적어(복수 4격) / 부사어 / 부사어 / zu + 동사 원형

diese Anzeichen :

복수명사 Anzeichen이 동사의 4격 목적어임. → 복수 4격!

지시대명사 dies-는 정관사 d- 어미변화 함. → 복수 4격 die처럼 변화하여 diese임.

PART 4
학술 · 지식

- vorübergehend [현재분사&형] 지나가는, 잠시 동안의 (영. temporary, passing)
- die Sehstörung (die Sehstörung*en*) 시력 장애 (영. eye defect)
  → die Störung (die Störung*en*) 방해, 장애, 결함 (영. disturbance, obstruction, defect)
  ↳ stören [타동] ...을 방해하다 (영. disturb, obstruct)
- 「können ... 동사 원형」 [화법조동사] (가능성, 능력) ...할 수 있다 (영. can)
- der Hinweis (die Hinweis*e*) 암시, 지시, 힌트 (영. clue, indication, tip)
- ernsthaft [형] 진지한, 심각한 (영. serious)
- noch [부] 아직 (영. still)
- verborgen [과거분사&형] 감춰진, 숨겨진 (영. hidden, concealed)
  ↳ verbergen [타동] ...을 감추다, 숨기다 (영. hide, conceal) ≈ verstecken
  3 기본형 : *ver*bergen - *ver*barg - *ver*borgen
  [주의] 형태가 ver-이므로 pp형에서 ge- 탈락!
- die Erkrankung (die Erkrankung*en*) 질병, 병에 걸림 (영. illness, sickness)
  ↳ erkranken [자동] (완료형 : sein ... pp) 병에 걸리다, 앓게 되다 (영. fall sick)

- **sein** [자동] (완료형 : sein ... pp) (형용사 혹은 명사 보어와 함께) ...이다 (영. be)
  - 3 기본형 : sein - war - gewesen
- der **Arzt** (die Ärzt*e*) 의사, 남자 의사 (영. doctor)
- **empfehlen** [타동] 「**j-m etw. empfehlen**」 *누구*에게 *무엇*을 추천하다 (영. recommend)
  「**j-m empfehlen, ... zu + 동사 원형**」 *누구*에게 ...하는 것을 추천하다
  - 3 기본형 : empfehlen - empfahl - empfohlen
  - 현재 시제 불규칙 변화 : du empfiehl*st* ; er (sie, es) empfiehl*t*
- **dies-** [지시대명사] (정관사 d- 어미변화) 이 ... (영. this)
- das **Anzeichen** (die -) 신호, 징후, 낌새 (영. sign, indication, symptom)
- **unbedingt** [형] 무조건적인, (부사적) 무조건, 반드시 (영. absolute)
- **ernst** [형] 진지한, 심각한, (부사적) 진지하게, 심각하게 (영. serious)
  「**etw. ernst nehmen**」 *무엇*을 진지하게 받아들이다, 생각하다 (영. take seriously)
- **... zu nehmen** ⇒ 동사 nehmen의 zu-부정사
  nehmen [타동] ...을 취하다, 갖다 (영. take)
  - 3 기본형 : nehmen - nahm - genommen
  - 현재 시제 불규칙 변화 : du nimm*st* ; er (sie, es) nimm*t*

Memo

105

Das Auge ist nicht nur der wichtigste Zugang zu unserer Umwelt. Es ist auch ein Filter der Realität, der bestimmt, was wir wie davon sehen.

눈은 우리의 주변 세계로 향하는 가장 중요한 통로이기만 한 것은 아니다. 그것은 또한 현실의 필터이기도 한데, 이것은 우리가 그것에 관해서 무엇을 어떻게 바라보는지를 결정한다.

Das Auge(주어, 중성 1격) **ist**(동사, 현재 시제) … **der wichtigste Zugang**(동사 ist의 명사 보어(남성 1격))

zu unserer Umwelt(여성 3격)

1. der wichtigste Zugang :

남성명사 Zugang이 동사 ist의 주격 보어임. → 남성 1격!

- 남성 1격 정관사 **der**가 앞에 옴.
- 「남성의 **der** + 형용사 **-e**」 → **der** wichtigst**e** ...

2. ... Zugang zu unserer Umwelt :

「der Zugang zu etw.[3]」 '*무엇으로 가는 통로*'

여성명사 Umwelt가 3격 전치사 zu와 결합함. → 여성 3격!

소유대명사 unser-('우리의' 영. our)는 여성 3격 어미 **-er**가 붙어 unser**er**임.

Es^주어 **ist**^동사 … **ein Filter** **der Realität** ,
현재 시제 / ist의 명사 보어(남성 1격) / 여성 2격

der bestimmt, …
관계대명사 부문장(앞의 선행사 "ein Filter"를 수식 · 설명)

1. Es … :

주어인 중성 인칭대명사 **Es**는 앞 문장의 중성명사 "Das Auge"를 받음.

2. … Filter der Realität :

여성명사 Realität가 바로 앞 명사 Filter를 수식하는 2격임. → 여성 2격!
여성 2격 정관사 **der**가 앞에 옴.

… **ein Filter** … , **der**^주어 **bestimmt**^동사 ,
관계대명사 선행사(남성 1격) / 관계대명사(남성 1격) / 현재 시제(후치됨!)

was … sehen
의문사 was-부문장(앞의 동사 bestimmt의 4격 목적어)

… , der …

der는 관계대명사 남성 1격임 : 앞의 남성명사 Filter를 선행사로 받으며, 부문장 안의 주어임.

… bestimmt , **was** **wir**^주어 **wie** **davon**
의문사 1 / 의문사 2 / von + das('그것')(앞의 "Realität"를 가리킴.)

sehen^동사
현재 시제(후치됨!)

- das **Auge** (die Auge*n*) (신체 기관) 눈 (영. eye)

- **ist** ⇒ 동사 sein('...이다' 영. be)의 현재 시제, 불규칙 형태
  - sein의 현재 시제 불규칙 변화 : ich bin ; du bist ; er (sie, es) ist ...
  - 3 기본형 : sein - war - gewesen

- **nur** [부] 단지, 오로지, 불과 ... 밖에 (영. only)

- **wichtigst** ⇒ 형용사 wichtig의 최상급
  wichtig [형] 중요한 (영. important)
  - 3 비교형 : wichtig - wichtig*er* - wichtig*st*

- der **Zugang** (die Zugäng*e* ; 주로 단수) 통로, 입구, 길 (영. entrance, access)
  「**ein Zugang zu etw.**[3]」 *무엇으로* 가는 통로

- **zu** [3격 전치사] (방향) ~로, ~을 향하여 (영. to, towards)

- die **Umwelt** (die Umwelt*en* ; 주로 단수) 환경 (영. environment)

- **auch** [부] 역시, 또한, ...도 (영. also, too, as well)

- der **Filter** (die -) 필터 (영. filter)

- die **Realität** (die Realitäte*n* ; 주로 단수) 현실 (영. reality) ≈ die Wirklichkeit
  - 명사 -tät는 항상 여성이며, 복수형은 *-en*임 : die Universität 대학교 (die Universität*en*)

- **bestimmen** [타동] ...을 결정하다 (영. determine, decide)
  - 3 기본형 : *be*stimm*en* - *be*stimm*te* - *be*stimm*t*
    [주의] 형태가 be-이므로 pp형에서 ge- 없음!

- **was** [의문대명사] 무엇이?, 무엇을? (영. what)

- **wie** [의문부사] 어떻게? (영. how)

- **davon** ⇒ "von + das"의 축약형 ('그것으로부터')
  von [3격 전치사] ~로부터 (영. from)

- **sehen** [타동] ...을 보다 (영. see)
  - 3 기본형 : sehen - sah - gesehen
  - 현재 시제 불규칙 변화 : du sie*hst* ; er (sie, es) sie*ht*

PART 5
문화 · 예술

106

Der Regisseur ist vor allem durch sozialkritische Filme fürs Fernsehen bekannt geworden.

그 연출가는 무엇보다 TV 용도의 사회 비판적 영화들을 통해 유명해졌다.

Der Regisseur[주어] (남성 1격) **ist**[동사] (현재완료(조동사 sein)) ... **durch sozialkritische Filme** (복수 4격)

fürs Fernsehen (중성 4격) **bekannt** (동사 geworden의 형용사 보어) **geworden** (현재완료(pp형))

1. Der Regisseur ist ... geworden :

'상태 변화' 자동사 werden('... 되다' 영. bedome)의 현재완료 시제 「**sein** ... pp」임.

주어 "Der Regisseur"는 남성 **er**에 해당함. → "**ist** ... geworden"

2. durch sozialkritische Filme :

복수명사 Film*e*가 4격 전치사 durch와 결합함. → 복수 4격!

형용사 sozialkritisch 앞에 관사 없음. → 복수 4격 정관사 die처럼 sozialkritische임.

3. fürs Fernsehen :

중성명사 Fernsehen이 4격 전치사 für와 결합함. → 중성 4격!

중성 4격 정관사 **das**가 전치사 für와 함께 **fürs**로 축약됨.

- der **Regisseur** [reʒiˈsøːɐ] (die -) 연출, 감독 (영. director, producer)

- **ist** ⇒ 현재완료 「sein ... pp」의 조동사 sein의 불규칙 형태
  - sein의 현재 시제 불규칙 변화 : ich bin ; du bist ; er (sie, es) ist ...

- **vor allem** 무엇보다, 특히 (영. above all)

- **durch** [4격 전치사] ~을 통해, ~을 가로질러 (영. through)

- **sozialkritisch** [형] 사회비판적인 (영. sociocritical)
  → **sozial** [형] 사회의, 사회적인 (영. social)
  → **kritisch** [형] 비판적인 (영. critical)

- der **Film** (die Film*e*) 영화, 필름 (영. movie, film)

- **fürs** ⇒ "für das"의 축약형
  für [4격 전치사] [1] ~을 위해, ~을 위한 ; [2] ~에게, ~에게는 (영. for)

- das **Fernsehen** (항상 단수) (방송으로서) 텔레비전, TV (영. television, TV)
  ↳ ***fern*****sehen** (sehen ... *fern*) [분리&자동] 텔레비전을 시청하다 (영. watch television)
  - 3 기본형 : *fern*sehen - *fern*sah (sah ... *fern*) - *fern*gesehen
  - 현재 시제 불규칙 변화 : du siehst ... *fern* ; er (sie, es) sieht ... *fern*

- **bekannt** [형] 알려진, 유명한 (영. known, well-known, famous)

- **geworden** ⇒ 동사 werden('...되다' 영. become)의 pp형
  - 3 기본형 : werden - wurde - geworden
    [주의] 수동태 조동사 werden의 pp형은 worden임.

107

Wer Schauspieler werden will, muss Niederlagen einstecken können.

배우가 되려는 사람은 실패들을 참고 견딜 수 있어야 한다.

Wer (주어)	Schauspieler	werden	will (동사), ...
관계대명사 1격	werden의 주격 보어 (남성 1격)	동사 원형	화법조동사 (현재 시제)(후치됨!)

1. Wer ... :

관계대명사 1격 형 **wer**가 사용됨. → 부문장 안에서 주어임.

▶ 1격 형 **wer** ; 2격 형 **wessen** ; 3격 형 **wem** ; 4격 형 **wen**

2. Wer ... werden will , ... :

화법조동사 wollen의 현재 시제임.

주어인 관계대명사 "Wer"는 단수 3인칭 **er**에 해당함.

→ "**will** ... werden"이지만, 부문장 안에서 후치되어 "... werden **will**"임.

Wer ... will (주어),	muss (동사)	Niederlagen
관계대명사 wer-부문장(부문장 전체 ⇒ 문장의 주어임.)	화법조동사(현재 시제)	einstecken의 4격 목적어(복수 4격)

einstecken	können
동사 원형	화법조동사(원형)

Wer ... will, muss ... einstecken können :
화법조동사 können의 형식 "**können** ... einstecken"이 또다시 화법조동사 müssen과 결합함. → "**müssen** ... einstecken **können**"
주어인 관계대명사 부문장 "Wer ... will"('...인 사람')은 단수 3인칭 **er**에 해당함.
→ "**muss** ... einstecken können"

- wer [관계대명사] ...인 사람 (영. who)
- der **Schauspieler** (die -) 배우 (영. actor)
- werden [자동] (완료형 : sein ... pp) (명사 혹은 형용사 보어와 함께) ... 되다 (영. become)
  - 3 기본형 : werden - wurde - geworden
    [주의] 수동태 조동사 werden의 pp형은 worden임.

PART 5
문화 · 예술

- will ⇒ 화법조동사 wollen('... 하려고 하다' 영. will)의 현재 시제, 불규칙 형태
  - 현재 시제 불규칙 변화
    ich will ; du will*st* ; er (sie, es) will ; wir woll*en* ; ihr woll*t* ; sie, Sie woll*en*
- muss ⇒ 화법조동사 müssen('...해야 하다' 영. must)의 현재 시제, 불규칙 형태
  - müssen의 현재 시제 불규칙 변화
    ich muss ; du muss*t* ; er (sie, es) muss ; wir müss*en* ; ihr müss*t* ; sie, Sie müss*en*
- die **Niederlage** (die Niederlage*n*) 패배, 실패 (영. defeat) ↔ der Sieg 승리
- *ein*stecken (stecken ... *ein*) [분리&타동]
  1 ...을 꽂아 넣다 (영. put in)
  2 (패배, 모욕 등을) 참고 견디다 (영. swallow)
  - 3 기본형 : *ein*steck*en* - *ein*steck*te* (steck*te* ... *ein*) - *einge*steck*t*
- 「können ... 동사 원형」 [화법조동사] ...할 수 있다 (영. can)
  - 현재 시제 불규칙 변화
    ich kann ; du kann*st* ; er (sie, es) kann ; wir könn*en* ; ihr könn*t* ; sie, Sie könn*en*
  - 3 기본형 : können - konnte - gekonnt (können)
    [주의] 동사 원형 있을 경우 pp형 → können / 동사 원형 없을 경우 pp형 → gekonnt

108

Sie ist eine der wenigen deutschen Schauspielerinnen, die sich in Hollywood durchsetzen konnten.

그녀는 헐리웃에서 성공할 수 있었던 소수의 독일의 여배우들 중의 하나이다.

Sie주어 **ist**동사 **eine**

여성 sie('그녀') 현재 시제 부정대명사(여성 1격)(동사 ist의 주격 보어)

der wenigen deutschen Schauspielerinnen,

복수 2격

die ... durchsetzen konnten

관계대명사 부문장(앞의 선행사 "... Schauspielerinnen"을 수식 · 설명함.)

1. Sie ist ... :

동사 sein의 현재 시제임.

주어가 여성의 **sie**임. → 동사 sein의 현재 시제 형태는 **ist**임.

2. eine der wenigen deutschen Schauspielerinnen :

「ein- + der ... 」'...들 중의 하나' (영. one of ...)
복수 2격

① eine ... :

뒤에 오는 여성명사 Schauspielerin에 일치하며, 동사 ist의 주격 보어임. → 여성 1격!

ein-은 여성 1격 정관사 die와 동일하게 eine임.

▶ 부정대명사 ein-은 정관사 d- 어미변화 함.

② ... **der** wenigen deutschen Schauspielerinnen :

복수명사 Schauspielerin*nen*이 2격이어야 함. → 복수 2격!

- 복수 2격 정관사 **der**가 앞에 옴.

- 「복수 정관사 + 형용사 -en」 → ... **der** wenigen deutschen ...

... Schauspielerinnen, die[주어] sich ... durchsetzen konnten[동사]

Schauspielerinnen: 뒤의 관계대명사 die의 선행사(복수 2격) / die: 관계대명사(복수 1격) / sich: 재귀대명사 4격 / durchsetzen: 동사 원형 / konnten: 화법조동사(과거 시제)(후치됨!)

1. ... , die ... :

die는 관계대명사 복수 1격임.

→ 앞의 복수명사 "Schauspielerin*nen*"을 선행사로 받으며, 부문장 안의 주어임.

2. ... , die sich ... durchsetzen konnten :

「sich[4] *durch*setzen」 '목표를 관철하다'

화법조동사 können의 과거 시제 「konnte ... 동사 원형」임.

주어가 복수 관계대명사 die임. → 과거형 konnte는 추가로 어미 -n이 붙어 konnten임.

즉, "konnten ... durchsetzen"이지만, 부문장 안에서 후치되어 "... durchsetzen konnten"임.

PART 5 문화 · 예술

ist ⇒ 동사 sein('...이다' 영. be)의 현재 시제, 불규칙 형태

sein의 현재 시제 불규칙 변화

ich bin ; du bist ; er (sie, es) ist ; wir sind ; ihr seid ; sie, Sie sind

3 기본형 : sein - war - gewesen

ein- [부정대명사] (정관사 d- 어미변화) (문맥 안의 특정 대상을 가리키며) 그것 하나 (영. one)

「**ein-** + **der ...** 」...들 중의 하나 (영. one of ...)
(der ...: 복수 2격)

「kein- + **der ...** 」...들 중의 아무것도 ... 않다 (영. neither of ...)
(der ...: 복수 2격)

wenig- [부정수사] (정관사 d- 어미변화) 적은, 몇 안 되는 (영. few, not many)

deutsch [형] 독일의, 독일인의, 독일어의 (영. German)

die **Schauspielerin** (die Schauspielerin*nen*) 여자 배우 (영. actress)

↳ der **Schauspieler** (die -) 배우 (영. actor)

***durch*setzen** (setzen ... *durch*)

1 [분리&타동] ...을 관철하다, 해내다 (영. get through)

2 [분리&4격 재귀동] 「**sich *durch*setzen**」 (어려움을 이겨내어) 목표를 관철하다 (영. get one's way, overcome)

3 기본형 : *durch*setz*en* - *durch*setz*te* (setz*te* ... *durch*) - *durchge*setz*t*

konnte ⇒ 화법조동사 können의 과거 시제

「**können ...** 동사 원형」...할 수 있다 (영. can)

3 기본형 : können - konnte - gekonnt (können)

[주의] 동사 원형 있을 경우 pp형 → können / 동사 원형 없을 경우 pp형 → gekonnt

현재 시제 불규칙 변화

ich kann ; du kann*st* ; er (sie, es) kann ; wir könn*en* ; ihr könn*t* ; sie, Sie könn*en*

Memo

109

Eine Hamburger Ausstellung zeigt, wie die Geschichte von „Alice im Wunderland“ seit mehr als 100 Jahren Künstler inspiriert.

함부르크의 한 전시회는 “이상한 나라의 엘리스”의 이야기가 어떻게 100년 이상 전부터 예술가들에게 영감을 주고 있는지를 보여준다.

Eine Hamburger Ausstellung주어 **zeigt**동사,
여성 1격 / 현재 시제

wie ... inspiriert
의문사 wie-부문장(부문장 전체 ⇒ 앞의 동사 zeigt의 4격 목적어임.)

1. Eine Hamburger Ausstellung zeigt ... :

동사 zeigen의 현재 시제임.

주어 “... Ausstellung”은 여성 **sie**(‘그녀’)에 해당함. → 동사의 현재 시제 형태는 zeig*t*임.

2. Eine Hamburger Ausstellung :

여성명사 Ausstellung이 문장의 주어임. → 여성 1격!

- 여성 1격 부정관사 **eine**가 앞에 옴.
- 「도시 명 + **-er**」(소유격) ‘...의’
  도시 명 Hamburg에 어미 **-er**가 붙어 Hamburg**er**임.

… , **wie** (의문사) **die Geschichte**[주어] (여성 1격) von „Alice im Wunderland“ **seit mehr als 100 Jahren** (복수 3격) **Künstler** (동사 inspiriert의 4격 목적어 (복수 4격)) **inspiriert**[동사] (현재 시제 (후치됨!))

1. … , wie die Geschichte … inspiriert :

동사 inspirieren의 현재 시제임.

주어 “die Geschichte”는 여성 sie(‘그녀’)에 해당하므로 inspiriert임.

→ 부문장 안에서 후치되어 맨 뒤에 옴 : … inspiriert.

2. seit mehr als 100 Jahren :

복수명사 Jahre가 3격 전치사 seit와 결합함. → 복수 3격!

복수 3격 명사의 형태는 항상 -n이어야 함. → 추가로 어미 -n이 붙어 Jahren임.

PART 5
문화 · 예술

- **Hamburger** ⇒ 도시 명 Hamburg의 소유격 (함부르크의 …)
  Hamburg (도시 명 ; 관사 없음) 함부르크 (영. Hamburg)
- die **Ausstellung** (die Ausstellung*en*) 전시회, 전람회 (영. exhibition)
- **zeigen** [타동] (누구에게) …을 보여주다 (영. show)
  3 기본형 : zeig*en* - zeig*te* - *ge*zeig*t*
- **wie** [의문부사] 어떻게? (영. how)
- die **Geschichte** (die Geschichte*n*) [1] 이야기 (영. story, tale) ; [2] 역사 (영. history)
- **von** [3격 전치사] (소유격) ~의 (영. of)
- **im** ⇒ “in dem”의 축약형
  in [3 · 4격 전치사] (3격 : ‘위치’) ~안에서 ; (4격 : ‘방향’) ~안으로, ~로 (영. in, into)
- das **Wunderland** 이상한 나라, 놀라운 곳 (영. wonderland)
  → **Wunder…** (합성어로서) 놀라운 … (영. miracle … , magic …)
  das **Wunder** (die -) 기적, 놀라움 (영. miracle, wonder)
  → das **Land** (die Länd*er*) 나라, 국가 (영. country, land)

- 「mehr als + 숫자」 ... 이상, ...보다 많은 (영. more than ...)
- 100 ⇒ "(ein)hundert"
- das **Jahr** (die Jahr*e*) (시간 단위) 해, 년 (영. year)
- der **Künstler** (die -) 예술가 (영. artist)
- inspirieren [타동] ...에게 영감을 불어넣다, 자극하다, 고무하다 (영. inspire)
  「j-n (zu etw.[3]) inspirieren」 누구에게 (무엇을 하도록) 고무하다
  ✔ 3 기본형 : inspirier*en* - inspirier*te* - inspirier*t*
  [주의] 형태가 -ieren이므로 pp형에서 ge- 없음!

Memo

110

Der Schauspieler trug den für ihn typischen schwarzen Rollkragenpullover, mit dem er fast immer in der Öffentlichkeit auftauchte.

그 배우는 그의 전형적인 검정색 터틀넥 스웨터를 입고 있었는데, 이를 입고 그는 거의 언제나 대중들에게 나타났다.

Der Schauspieler[주어] **trug**[동사]
남성 1격 과거 시제

den für ihn typischen schwarzen Rollkragenpullover,
동사 trug의 4격 목적어(남성 4격)

mit dem ... auftauchte
관계대명사 부문장(앞의 선행사 "Rollkragenpullover"를 수식 · 설명함.)

1. Der Schauspieler trug ... :

동사 tragen의 과거 시제임.

주어 "Der Schauspieler"는 **er**에 해당함. → 과거형 **trug**은 어미 없이 그대로 **trug_**임.

2. den für ihn typischen schwarzen Rollkragenpullover :

남성명사 Rollkragenpullover가 동사의 4격 목적어임. → 남성 4격!

- 남성 4격 정관사 **den**이 앞에 옴.
- 「**den**, ein**en** + 형용사 **-en**」→ **den** ... typisch**en** schwarz**en** ...

3. ... für ihn typischen ... :

「für j-n typisch sein」'누구에게 전형적이다'

ihn은 남성 인칭대명사 er의 4격 형임. → 4격 전치사 für와 결합함.

... Rollkragenpullover, mit **dem** **er**주어 ...
뒤의 관계대명사 dem의 선행사(남성 4격) / 관계대명사(남성 3격)

in der Öffentlichkeit auftauchte동사
여성 3격 / 과거 시제(분리동사)(후치됨!)

1. ... , mit dem ... :

dem은 관계대명사 남성 3격임.

→ 앞의 남성명사 "Rollkragenpullover"을 받으며, 부문장 안에서 3격 전치사 mit와 결합함.

2. ... , mit dem er ... auftauchte :

분리동사 *auf*tauchen의 과거 시제임.

주어가 "**er**"임. → 과거형 *auf*tauch***te***는 어미 없이 그대로 *auf*tauch***te_***임.

→ 부문장 안에서 후치되어 "... *auf*tauch***te***"임.

분리동사는 후치될 경우 전철과 기본 동사가 분리되지 않고 결합함. (즉 ... *auf* tauchte 틀림!)

PART 5
문화·예술

- der **Schauspieler** (die -) 배우 (영. actor)
- **trug** ⇒ 동사 tragen의 과거 시제
  tragen [타동] [1] ...을 나르다 (영. carry) ; [2] (의복 등을) 입다, 착용하다 (영. wear, have on)
  - 3 기본형 : tragen - trug - getragen
  - 현재 시제 불규칙 변화 : du trägst ; er (sie, es) trägt
- **für** [4격 전치사] [1] ~에게, ~에게는 ; [2] ~을 위해, ~을 위한 (영. for)
- **typisch** [형] 전형적인 (영. typical) ; 「**für j-n typisch**」 누구에게 전형적인
- **schwarz** [형] 검정색의 (영. black)

- der **Rollkragenpullover** (둥근 옷깃의) 터틀넥 스웨터 (영. polo necked sweater)
  → der **Rollkragen** (die -) (스웨터 등의) 둥글고 높은 옷깃 (영. polo neck)
    → **Roll...** (합성어로서) 둥근 ... , 돌아가는 ... (영. roll ... , rolled ... , rolling ...)
      ↳ **rollen** [타/자동] ...을 돌리다, 돌아가다 (영. roll)
        3 기본형 : roll*en* - roll*te* - *ge*roll*t*
    → der **Kragen** (die -) (셔츠 등의 목 부분) 옷깃, 칼라 (영. collar)
  → der **Pullover** (die -) 스웨터 (영. sweater)
    구어체 : der Pulli (die Pulli*s*)

- **mit** [3격 전치사] [1] (수단) ~을 가지고 ; [2] (동반) ~와 함께 (영. with)

- **fast** [부] 거의 (영. almost)

- **immer** [부] 항상, 언제나 (영. always)

- **in** [3·4격 전치사] (3격 : '위치') ~안에, ~안에서 ; (4격 : '방향') ~안으로 (영. in, into)

- die **Öffentlichkeit** (항상 단수) 공공사회, 공공연히 알려짐 (영. public)
  ↳ **öffentlich** [형] (영. public)
  [1] 공공의, 공적인 ↔ privat 사적인 ; [2] 공공연한, 널리 알려진 ↔ geheim 비밀인

- **auftauchte** ⇒ 분리동사 *auf*tauchen의 과거 시제
  ***auf*tauchen** (tauchen ... *auf*) [분리&자동] (완료형 : sein ... pp)
  (수면 위로) 떠오르다, 나타나다 (영. come up, emerge)
  3 기본형 : *auf*tauch*en* - *auf*tauch*te* (tauch*te* ... *auf*) - *aufge*tauch*t*

Memo

111

Er war ein berühmter Opernsänger, der so verehrt wurde, dass er viele Fans auf der ganzen Welt hatte.

그는 매우 존경을 받아 전 세계에 많은 팬들을 가지고 있었던 유명한 오페라 가수였다.

Er주어 **war**동사 ein berühmter Opernsänger,
과거 시제 · war의 주격 보어(남성 1격)

der ... wurde, ...
관계대명사 부문장(앞의 선행사 "Opernsänger"를 수식 · 설명함.)

1. Er war ... :

동사 sein의 과거 시제임.
주어가 "Er"임. → 과거형 **war**는 어미 없이 그대로 **war_**임.

2. ein berühmter Opernsänger :

남성명사 Opernsänger가 동사 war의 주격 보어임. → 남성 1격!
- 남성 1격 부정관사 **ein**이 앞에 옴.
- 「남성 **ein** + 형용사 **-er**」→ **ein** berühmt**er** ...
  ▶「중성 **ein** + 형용사 **-es**」

... Opernsänger, der[주어] so verehrt wurde[동사],
관계대명사 der의 선행사(남성 1격) / 관계대명사(남성 1격) / 수동태 pp형 / 수동태 과거(후치됨!)

dass ... hatte
종속접속사 dass-부문장(앞의 so와 함께 상관 구문 이룸.)

1. ... , der ... verehrt wurde, ... :

동사 verehren의 수동태 과거 시제 「**wurde** ... pp」임.

주어가 관계대명사 **der**임. → 조동사 **wurde**는 어미 없이 그대로 **wurde_**임.

즉 "**wurde** ... verehrt"이지만 후치되어 "... verehrt **wurde**"임.

2. ... so verehrt ... , dass ... :

「so + 형용사 , dass ...」 '매우 ...해서 ...하다'

..., dass er[주어] viele Fans auf der ganzen Welt
종속접속사 / 동사 hatte의 4격 목적어(복수 4격) / 여성 3격

hatte[동사]
과거 시제(후치됨!)

1. ... er ... hatte :

동사 haben('...을 가지고 있다')의 과거 시제임.

주어가 "er"임. → 과거형 **hatte**는 어미 없이 그대로 **hatte_**임.

2. auf der ganzen Welt :

3·4격 전치사 auf는 내용상 '전 세계에서 ...'로 해석됨. → '위치'로서 3격 지배!

여성명사 Welt가 전치사 auf의 3격 목적어임. → 여성 3격!

- 여성 3격 정관사 **der**가 앞에 옴.
- 「2, 3격 관사 + 형용사 **-en**」 → auf **der** ganz**en** ...

- **war** ⇒ 동사 sein('...이다' 영. be)의 과거 시제
  - 3 기본형 : sein - war - gewesen

- **berühmt** [형] 유명한 (영. famous)

- der **Opernsänger** 오페라 가수 (영. opera singer)
  → die **Oper** (die Oper*n*) 오페라 (영. opera)
  → der **Sänger** (die -) 가수 (영. singer)
  ↳ **singen** [타/자동] (...을) 부르다, 노래하다 (영. sing)
  - 3 기본형 : singen - sang - gesungen

- **so** [부] 그렇게, 매우 (영. so)
  「so + 형용사, **dass** ...」 매우 ...해서 ...하다 (영. 「so + 형용사 + that ...」)

- **verehrt** ⇒ 동사 verehren의 pp형
  verehren [타동] 「**j-n verehren**」 누구를 존경하다, 경외하다 (영. admire, revere)
  - 3 기본형 : *verehren* - *verehrte* - *verehrt*
    [주의] 형태가 ver-이므로 pp형에서 ge- 없음!

- wurde ⇒ 수동태 조동사 werden의 과거 시제
  (수동태 과거 시제 「wurde ... pp」에 사용됨.)
  - werden의 3 기본형 : werden - wurde - worden
    [주의] 일반 동사 werden('... 되다' 영. become)의 pp형은 geworden임.

- 「**viel***e* + 복수명사」 많은 ... (영. many)

- der **Fan** [fɛn] (die Fan*s*) (스포츠, 예술 등의) 팬, 애호가 (영. fan)

- **auf** [3·4격 전치사] (3격 : '위치') ~위에, ~위에서 ; (4격 : '방향') ~위로 (영. on, on to)

- **ganz-** [형] (명사 앞 수식어로서) 전체의 (영. whole)

- die **Welt** (die Welt*en* ; 주로 단수) 세계 (영. world)

- **hatte** ⇒ 동사 haben('...을 가지고 있다' 영. have)의 과거 시제
  - haben의 3 기본형 : haben - hatte - gehabt

Memo

112

Günter Grass war einer der ersten deutschen Schriftsteller, die offiziell nach Israel eingeladen wurden. Das war im März 1967.

권터 그라스는 공식적으로 이스라엘로 초대되었던 최초의 독일 작가들 중의 한 명이었다. 그것은 1967년 3월이었다.

✔ Günter Grass : 독일의 노벨상 수상 작가

Günter Grass[주어] war[동사] einer
war: 과거 시제 / einer: 부정대명사(남성 1격)

der ersten deutschen Schriftsteller,
복수 2격

die ... wurden
관계대명사 부문장(앞의 선행사 "... Schriftsteller" 를 수식 · 설명함.)

1. Günter Grass war ... :

동사 sein의 과거 시제임.

주어 "Günter Grass"는 남성의 er에 해당함. → 과거형 **war**는 어미 없이 그대로 **war_**임.

2. einer der ersten deutschen Schriftsteller :

「ein- + der ... 」'...들 중의 하나' (영. one of ...)
der ...: 복수 2격

① einer ... :

뒤에 오는 남성명사 Schriftsteller에 일치하며, 동사 war의 주격 보어임. → 남성 1격!

ein-은 남성 1격 정관사 der와 동일하게 einer임.

▶ 부정대명사 ein-은 정관사 d- 어미변화 함.

② ... der ersten deutschen Schriftsteller :

복수명사 Schriftsteller가 2격이어야 함. → 복수 2격!

- 복수 2격 정관사 der가 앞에 옴.
- 「복수 정관사 + 형용사 -en」→ ... der ersten deutschen ...

... Schriftsteller, (뒤의 관계대명사 die의 선행사) die주어 (관계대명사(복수 1격)) offiziell nach Israel eingeladen wurden동사 (수동태 과거 시제 (후치됨))

1. ... , die ... :

die는 관계대명사 복수 1격임.

→ 앞의 복수명사 "Schriftsteller"를 선행사로 받으며, 부문장 안의 주어임.

2. ... , die ... eingeladen wurden :

타동사&분리동사 *ein*laden의 수동태 과거 시제 「**wurde** ... pp」임.

주어가 복수 관계대명사 **die**임. → 조동사 **wurde**는 어미 **-n**이 붙어 wurden임.

따라서 "**wurden** ... eingeladen"임. → 부문장 안에서 후치되어 "... eingeladen **wurden**"

Das주어 (지시대명사) war동사 (과거 시제) im März 1967

Das ... :

지시대명사 Das는 앞 문장 전체 내용을 가리킴.

▶ das('그것')는 성, 수와 상관없이 모든 명사, 문장 일부 및 전체 등, 무엇이든 받을 수 있음.

PART 5 문화 · 예술

- **war** ⇒ 동사 sein의 과거 시제
  - 3 기본형 : sein - war - gewesen

- **ein-** [부정대명사] (정관사 d- 어미변화) (문맥 안의 특정 대상을 지칭하여) 그 하나, 그것 하나
  「ein- der ...」 ...들 중의 하나 (영. one of ...)
  (der: 복수 2격)

- **erst-** [수] (서수) 첫째의, 제 1의 (영. first)

- **deutsch** [형] 독일의, 독일인의, 독일어의 (영. German)

- der **Schriftsteller** (die -) 작가 (영. author, writer)

- **offiziell** [형] 공식적인, (부사적) 공식적으로 (영. official)

- **nach** [3격 전치사] (국가, 도시 명과 결합하여) ~로, ~을 향하여 (영. to)

- **Israel** (국가 명 ; 관사 없음) 이스라엘 (영. Israel)

- **eingeladen** ⇒ 분리동사 *ein*laden의 pp형
  *ein*laden (laden ... *ein*) [분리&타동] ...을 초대하다 (영. invite)
  - 3 기본형 : *ein*laden - *ein*lud (lud ... *ein*) - *ein*geladen
  - 현재 시제 불규칙 변화 : du lädst ... *ein* ; er (sie, es) lädt ... *ein*

- **wurde** ⇒ 수동태 조동사 werden의 과거 시제
  (수동태 과거 시제 「wurde ... pp」에 사용됨.)
  - werden의 3 기본형 : werden - wurde - worden
    [주의] 일반 동사 werden('... 되다' 영. become)의 pp형은 geworden임.

- **im** ⇒ "in dem"의 축약형

- der **März** (die März*e* ; 주로 단수) 3월 ; im März 3월에

- **1967** ⇒ "neunzehnhundertsiebenundsechzig"

Memo

113

In jeder ihrer Geschichten geht es um das Überleben einer starken Frau: Isabel Allende glaubt an den Feminismus.

그녀의 이야기의 모든 것에서 한 강한 여자의 생존이 주된 내용을 이룬다. 이사벨 아옌데는 여성주의를 신봉하고 있다.

Isabel Allende : 칠레의 작가

In jeder (여성 3격) ihrer Geschichten (복수 2격) geht (동사, 현재 시제) es (주어, 비인칭 주어)
um das Überleben (중성 4격) einer starken Frau (여성 2격) : ...

1. In jeder ihrer Geschichten :

「jed- + 복수 2격」 '...들 중의 모든 ...' (영. all of ...)

① In jeder ... :

3·4격 전치사 in은 내용상 '모든 이야기들 안에서 ...'로 해석됨. → '위치'로서 3격 지배!
뒤에 오는 여성명사 Geschichte에 일치하며, 전치사 in의 3격 목적어임. → 여성 3격!
jed-은 여성 3격 정관사 der와 동일하게 jeder임.
부정대명사 jed-은 항상 단수이며, 정관사 d- 어미변화 함.

② ... ihrer Geschichten :

복수명사 Geschichte*n*이 2격이어야 함. → 복수 2격!
소유대명사 ihr-('그녀의' 영. her)는 복수 2격 정관사 der처럼 변화하여 ihrer임.
(여기서 ihr-는 뒤에 오는 "Isabel Allende"를 가리킴.)

2. ... geht es ... :

동사 gehen의 현재 시제임.

주어가 비인칭 주어 es임. → 동사 형태는 geh*t*임.

3. ... geht es um ... :

「Es geht um etw.[4]」 '*무엇*이 중요하다, *무엇*이 초점이다'

4. ... Überleben einer starken Frau :

여성명사 Frau가 앞 명사를 수식하는 2격임. → 여성 2격!

- 여성 1격 부정관사 **einer**가 앞에 옴.
- 「2, 3격 관사 + 형용사 **-en**」 → ... **einer** stark**en** ...

... : **Isabel Allende**^주어 glaubt^동사 (현재 시제) an den Feminismus (남성 4격)

1. ... : Isabel Allende glaubt ... :

동사 glauben의 현재 시제임.

주어가 "Isabell Allende", 즉 여성의 **sie**('그녀')임. → 동사 형태는 glaub*t*임.

2. ... glaubt an den Feminismus :

「an etw.[4] glauben」 '*무엇*을 믿다'

남성명사 Feminismus가 전치사 an의 4격 목적어임. → 남성 4격!

남성 4격 정관사 **den**이 앞에 옴.

- in [3 · 4격 전치사] (3격 : '위치') ~안에, ~안에서 ; (4격 : '방향') ~안으로 (영. in, into)

- jed- [부정대명사] (정관사 d- 어미변화) (영. every ...)

  [1] 「jed- + 단수명사」 모든 ...

  [2] jed- (뒤에 명사 없음) (문맥 안의 특정 대상을 가리키며) 모든 그것, 그런 모든 ...

  「jed- + 복수 2격」 ...들 중의 모든 ... (영. all of ...)

- die **Geschichte** (die Geschichte*n*) [1] 이야기 (영. story) ; [2] 역사 (영. history)

- **gehen** [자동] (완료형 : sein ... pp) 가다, 걸어가다 (영. go, walk)

  「**Es geht um etw.**[4]」 *무엇*이 관건이다, *무엇*에 관한 문제이다 (영. It is a matter of ...)

  3 기본형 : gehen - ging - gegangen

- das **Überleben** 살아남음, 생존 (영. survival)

  동사 überleben의 명사화 (동사 원형을 대문자 표기 → 추상적 의미의 중성명사!)

  └▸ **überleben** [타/자동] (...을 극복하여) 살아남다, 생존하다 (영. survive)

  3 기본형 : *überleben* - *überlebte* - *überlebt*

  [주의] 형태가 über-이므로 pp형에서 ge- 없음!

- **stark** [형] 강한, 강력한 (영. strong)

- die **Frau** (die Frau*en*) 성인 여자, 여인, 아내 (영. woman, wife)

- **glauben** [타/자동] (...을) 믿다 (영. believe)

  「**an etw.**[4] **glauben**」 *무엇*을 믿다

  3 기본형 : glaub*en* - glaub*te* - *ge*glaub*t*

- der **Feminismus** (die Feminismen ; 주로 단수) 여성주의, 여성 해방론 (영. feminism)

Memo

114

Sten Nadolny beobachtet sich selbst und berichtet in seinem Roman „Weitlings Sommerfrische" von einer Zeitreise in die eigene Jugend.

스텐 나돌니는 자기 자신을 관찰하고 자신의 소설 "바이틀링의 여름휴가"에서 자신의 젊은 시절로의 시간 여행에 관하여 보고하고 있다.

✔ Sten Nadolny : 독일의 작가

Sten Nadolny주어 beobachtet동사1 (현재 시제) sich selbst (beobachtet의 4격 목적어) und

berichtet동사2 (현재 시제) in seinem Roman ... (남성 3격) von einer Zeitreise (여성 3격)

in die eigene Jugend (여성 4격)

1. Sten Nadolny beobachtet **... und** berichtet **... :**

동사 beobachten 및 berichten의 현재 시제임.

주어가 남성 작가 "Sten Nadolny", 즉 남성의 **er**임.

→ 동사 형태는 각각 beobacht*et* 및 bericht*et*임.

▶ 동사 beobachten 및 berichten은 어간 끝이 **-t**이므로 발음상 **-e-** 첨가!

2. in seinem Roman :

3·4격 전치사 in은 내용상 '...안에서 보고하다'로 해석됨. → '위치'를 뜻하여 3격 지배!

남성명사 Roman이 전치사 in의 3격 목적어임. → 남성 3격!

소유대명사 sein-('그의' 영. his)은 남성 3격 어미 -em이 붙어 seinem임.

▶ 남성, 중성 3격 어미 -em ⇒ dem, einem ; meinem, deinem, seinem ... ; keinem ; diesem ...

여성 3격 어미 -er ⇒ der, einer ; meiner, deiner, seiner ... ; keiner ; dieser ...

복수 3격 어미 -en ⇒ den ; meinen, deinen, seinen ... ; keinen ; diesen ...

3. von einer Zeitreise :

여성명사 Zeitreise가 3격 전치사 von과 결합함. → 여성 3격!

여성 3격 부정관사 einer가 앞에 옴.

4. ... Zeitreise in die eigene Jugend :

3·4격 전치사 in은 내용상 '...안으로의 시간 여행'으로 해석됨. → '방향'으로서 4격 지배!

여성명사 Jugend가 전치사 in의 4격 목적어임. → 여성 4격!

- 여성 4격 정관사 die가 앞에 옴.
- 「여성 die + 형용사 -e」→ in die eigene ...

PART 5
문화·예술

beobachten [타동] ...을 관찰하다 (영. observe)

3 기본형 : *beobachten* - *beobachtete* - *beobachtet*

[주의] 형태가 be-이므로 pp형에서 ge- 없음!

[주의] 어간 끝이 -t이므로 과거형 및 과거분사형(= pp형)에서 발음상 -e- 첨가!

sich selbst 자기 자신 (영. oneself)

berichten [타동] ...을 보고하다 (영. report)

「(j-m) etw.[4] berichten」 (*누구*에게) *무엇*을 보고하다

3 기본형 : *berichten* - *berichtete* - *berichtet*

[주의] 형태가 be-이므로 pp형에서 ge- 없음!

[주의] 어간 끝이 -t이므로 과거형 및 과거분사형(= pp형)에서 발음상 -e- 첨가!

in [3·4격 전치사] (3격 : '위치') ~안에, ~안에서 ; (4격 : '방향') ~안으로 (영. in, into)

- der **Roman** (die Roman*e*) 소설, 장편소설 (영. novel)

- die **Sommerfrische** (항상 단수) (옛 표현) 여름 휴가 (영. summer holiday)
  ≈ der Sommerurlaub
  → der **Sommer** (die Sommer) 여름 (영. summer) ; **im Sommer** 여름에
  → die **Frische** (항상 단수) 신선함, 시원함, 상쾌함 (영. freshness)
    ↳ **frisch** [형] 신선한, 시원한 (영. fresh)

- **von** [3격 전치사] ~에 대하여, ~에 관하여 (영. of, about) ≈ über

- die **Zeitreise** 시간 여행
  → die **Reise** (die Reise*n*) 여행 (영. trip, journey)

- **eigen-** [형] (명사 앞 수식어로서) 자신의 ... , 고유의 ... (영. one's own, ... of one's own)

- die **Jugend** (항상 단수) 청소년, 청소년기 (영. youth)

Memo

115

Vor rund 100 Jahren gab es so etwas auch schon – Popstars, auch wenn dieses Wort damals noch keiner benutzt hat. Enrico Caruso war so einer.

대략 100년 전에도 역시 그런 뭔가가 이미 존재했다 - 말하자면 팝스타들로서, 비록 이 낱말을 그 당시는 아직 그 누구도 사용하지는 않았다고 할지라도. 엔리코 카루소가 그러한 한 사람이었다.

Vor rund 100 Jahren	gab[동사]	es[주어]	so etwas	auch schon – ...
복수 3격	과거 시제	비인칭 주어	gab의 4격 목적어	

1. Vor rund 100 Jahren :

복수명사 Jahr*e*가 전치사 vor의 3격 목적어임. → 복수 3격!

복수 3격 명사의 형태는 항상 **-n**이어야 함. → 어미 **-n**이 추가로 붙어 Jahre<u>n</u>임.

2. ... gab es ... :

「Es gibt etw.[4]」 '*무엇이 있다*'

동사 geben의 과거 시제임 : 주어가 **es**임. → 과거형 **gab**은 어미 없이 그대로 **gab_**임.

... - Popstars, (복수 4격(앞의 "so etwas"와 동격)) **auch wenn** (종속접속사) dieses Wort (benutzt의 4격 목적어(중성 4격)) ...
keiner주어 (부정대명사 kein-(남성 1격)) benutzt hat동사 (현재완료 (후치됨!))

1. dieses Wort :

중성명사 Wort가 동사 benutzt의 4격 목적어임. → 중성 4격!
지시대명사 dies-는 정관사 d- 어미변화 함. → 중성 4격 정관사 das처럼 변화하여 dieses임.

2. ... keiner ... :

(남녀 구분 없는) '일반인'을 뜻할 경우 남성이며, 여기서는 주어임. → 남성 1격!
부정대명사 kein-은 정관사 d- 어미변화 함. → 남성 1격 der처럼 변화하여 keiner임.

3. ... , auch wenn ... keiner benutzt hat :

동사 benutzen의 현재완료 시제「haben ... pp」임.
주어 keiner는 3인칭 단수 er에 해당함. → "hat ... benutzt"가 후치되어 "... benutzt hat"임.

PART 5
문화 · 예술

Enrico Caruso주어 war동사 (과거 시제) so einer (war의 주격 보어(부정대명사 ein-의 남성 1격))

1. Enrico Caruso war ...:

동사 sein의 과거 시제임 : 주어가 er에 해당함. → 과거형 war는 어미 없이 그대로 war_임.

2. ... einer ... :

(남녀 구분 없는) '일반인'을 뜻하여 남성이며, 동사 war의 주격 보어임. → 남성 1격!
부정대명사 ein-은 정관사 d- 어미변화 함. → 남성 1격 der처럼 변화하여 einer임.

- **vor** [3 · 4격 전치사] (3격 지배 : 시간적) ~전에 (영. before) ↔ nach ~후에 (after)
- **rund** [형] [1] 대략의 (영. ... or so, about) ; [2] 둥근, 원형의 (영. round, circular)
- **100** ⇒ "hundert" 혹은 "einhundert"
- das **Jahr** (die Jahr*e*) (시간 단위) 해, 년 (영. year)
- **gab** ⇒ 동사 geben의 과거 시제

  geben [타동] ...을 주다 (영. give) ; 「**Es gibt etw.**[4]」 *무엇*이 있다 (영. There is/are ...)

  - 3 기본형 : geben - gab - gegeben
  - 현재 시제 불규칙 변화 : du gi*bst* ; er (sie, es) gi*bt*
- **etwas** [부정대명사] 뭔가 (영. something) ↔ nichts 아무것도 ... 않다 (영. nothing)

  so etwas 그런 뭔가 (영. something like that, such a thing)
- der **Star** [ʃt– 혹은 st–] (die Star*s*) (특히 예술, 스포츠 분야의) 유명인, 스타 (영. star)
- **auch wenn** [종속접속사] ('양보'를 뜻하여) 설령 ...일지라도 (영. even though)
- **dies-** [지시대명사] (정관사 d- 어미변화) 이 ... (영 this)
- das **Wort** (die Wört*er*) 낱말, 단어 (영. word)
- **damals** [부] (과거의 특정 시기) 그 때, 그 당시 (영. then, at that time)
- **kein*er*** [부정대명사] (남성 정관사 d- 어미변화) 아무도 ... 않다 (영. no one, nobody)
- **benutzt** ⇒ 동사 benutzen의 pp형

  benutzen [타동] ...을 이용하다 (영. use, make use of)

  - 3 기본형 : *benutzen - benutzte - benutzt*
- **hat** ⇒ 현재완료 「haben ... pp」의 조동사 haben의 불규칙 형태
- **war** ⇒ 동사 sein('...이다' 영. be)의 과거 시제

  - sein의 3 기본형 : sein - war - gewesen
- **ein-** [부정대명사] (정관사 d- 어미변화) (문맥 안의 특정 대상을 지칭하여) 그 하나, 그것 하나

  so ein*er* 그런 하나 (영. such a one)

Memo

116

Weil er sich zu sehr für die Arbeiter in seinem Land stark machte, ist der Regisseur Bulat Atabajew verhaftet worden. Im August soll er vom Goethe-Institut geehrt werden.

연출가인 불라트 아타바예프는 자신의 국가의 노동자들을 지나치게 지원했기 때문에 구속되었다. 8월에 그는 괴테 연구소에 의해 시상될 예정이다.

Weil (종속접속사) er[주어] sich (재귀대명사 4격) ... für die Arbeiter (복수 4격) in seinem Land (중성 3격) stark machte[동사] (과거 시제), ...

1. ... er sich für die Arbeiter ... stark machte ... :

「sich[4] für j-n stark machen」 '누구를 강력하게 지원하다'

동사 machen의 과거 시제임 : 주어가 er임. → 과거형 mach*te*는 추가 어미 없이 mach*te*_임.

(여기서 주어인 er는 뒤에 오는 "der Regisseur Bulat Atabajew"를 가리킴.)

2. ... Arbeiter in seinem Land :

3·4격 전치사 in은 바로 앞 명사를 수식하여 '...안의 ...'로 해석됨. → '위치'로서 3격 지배!

중성명사 Land가 전치사 in의 3격 목적어임. → 중성 3격!

소유대명사 sein-('그의' 영. his)은 중성 3격 어미 -em이 붙어 seinem임.

Weil ... machte, ist[동사] **der Regisseur** ...[주어] verhaftet worden

(종속접속사 weil-부문장 / 수동태 현재완료 / 남성 1격 / 수동태 현재완료)

... ist der Regisseur ... verhaftet worden :
타동사 verhaften의 수동태 현재완료 시제「**sein** ... pp **worden**」임.
주어 "der Regisseur"는 남성의 **er**에 해당함. → "**ist** ... verhaftet worden"임.

... soll[동사] **er**[주어] vom Goethe-Institut geehrt werden

(화법조동사(현재 시제) / 수동태의 '행위자'(중성 3격) / 수동태 (pp형) / 수동태(조동사)(동사 원형))

... soll er ... geehrt werden :
타동사 ehren의 수동태 "werden ... geehrt"가 화법조동사 **sollen**의 현재 시제와 결합함.
→ "**sollen** ... geehrt werden"
주어가 er임. → "**soll** ... geehrt werden"

- weil [종속접속사] 왜냐하면 ...이기 때문에 (영. because)
- zu sehr 너무 많이, 너무 심하게 (영. too much)
  - 「zu + 형용사(부사)」 너무 ...한, 너무 ...하게 (영.「too + 형용사(부사)」)
- für [4격 전치사] [1] ~을 위해, ~을 위한 ; [2] ~에게, ~에게는 (영. for)
- der Arbeiter (die -) 노동자 (영. worker)
- in [3 · 4격 전치사] (3격 : '위치') ~안에, ~안에서 ; (4격 : '방향') ~안으로 (영. in, into)
- das Land (die Länd*er*) 국가, 나라 (영. country, state)

- **stark** [형] 강한, 강력한 (영. strong)
  「**sich**[4] **für j-n stark machen**」 누구를 강력하게 지원하다 (영. throw one's weight behind ...)

- **machte** ⇒ 동사 machen의 과거 시제
  machen [타동] ...을 행하다, 하다 (영. do, make)
  3 기본형 : mach*en* - mach*te* - *ge*mach*t*

- **ist** ⇒ 수동태 현재완료 「sein ... pp worden」의 조동사 sein의 불규칙 형태
  sein의 현재 시제 불규칙 변화 : ich bin ; du bist ; er (sie, es) ist ...

- der **Regisseur** [reʒiˈsøːɐ] (die -) 연출, 감독 (영. director, producer)

- **verhaftet** ⇒ 동사 verhaften의 pp형
  verhaften [타동] 누구를 체포하다, 감옥에 넣다 (영. arrest)
  3 기본형 : *ver*haft*en* - *ver*haft*ete* - *ver*haft*et*

- **worden** ⇒ 수동태 조동사 werden의 pp형
  (수동태 현재완료 「sein ... pp worden」에 사용됨.)
  조동사 werden의 3 기본형 : werden - wurde - worden

- der **August** (die August*e* ; 주로 단수) 8월 (영. August) ; **im August** 8월에

- **soll** ⇒ 화법조동사 sollen('...해야 하다' 영. should)의 현재 시제, 불규칙 형태
  현재 시제 불규칙 변화 : ich soll ; du soll*st* ; er (sie, es) soll ; wir soll*en* ...

- **Goethe Institut** 괴테 연구소
  └▸ das **Institut** (die Institut*e*) 연구소 (영. institute)

- **geehrt** ⇒ 동사 ehren의 pp형
  ehren [타동] ...을 존경하다 (영. honour)
  3 기본형 : ehr*en* - ehr*te* - *ge*ehr*t*

- **werden** ⇒ 수동태 「werden ... pp」의 조동사
  werden의 현재 시제 불규칙 변화 : du wirst ; er (sie, es) wird

Memo

117

Wer sich nach der Mode kleiden wollte, musste Magazine studieren und kopieren, was er dort sah. Manche Designer denken heute noch, dass die Welt so sei, aber sie hat sich verändert.

유행에 따라 옷을 입으려고 했던 사람은 잡지들을 조사하고, 거기서 보았던 것을 모방해야만 했다. 오늘날도 여전히 몇몇 디자이너들은 이른바 세상이 그렇다고 믿고 있지만, 세상은 변하였다.

Wer (주어) 관계대명사(1격) / sich 재귀대명사 4격 / nach der Mode 여성 3격 / kleiden 동사 원형 / wollte (동사), ... 화법조동사(과거 시제)(후치됨!)

Wer ... kleiden wollte, ... :
화법조동사 wollen의 과거 시제「**wollte** ... 동사 원형」임.
주어인 관계대명사 "Wer"는 **er**에 해당함. → 과거형 **wollte**는 추가의 어미 없이 **wollte_**임.
즉 "**wollte** ... kleiden"이지만 부문장 안에서 후치되어 "... kleiden **wollte**"임.

Wer ... wollte (주어), 관계대명사 wer-부문장(부문장 전체 ⇒ 문장의 주어임.) / musste (동사) 화법조동사(과거 시제) / Magazine studieren의 4격 목적어(복수 4격)
studieren 동사 원형 1 / und / kopieren, 동사 원형 2 / was ... sah 관계대명사 was-부문장(부문장 전체 ⇒ kopieren의 4격 목적어)

Wer ... wollte, musste ... studieren **und** kopieren, **... :**
화법조동사 müssen의 과거 시제「**musste** ... 동사 원형」임.
주어인 관계대명사 부문장 "Wer ..."는 3인칭 단수 **er**에 해당함.
→ 과거형 **musste**는 추가 어미 없이 **musste_**임. 즉, "**musste** ... studieren und kopieren"임.

..., **was** (의문사(sah의 4격 목적어)) **er**(주어) ... **sah**(동사) (과거 시제(후치됨!))

Manche Designer(주어) (복수 1격) **denken**(동사) (현재 시제) ..., **dass** ... **sei**, (종속접속사 dass-부문장(부문장 전체 ⇒ denken의 4격 목적어))
aber **sie**(주어) (여성 sie('그녀')(앞의 "die Welt"를 가리킴)) **hat**(동사) (현재완료(조동사)) **sich** (재귀대명사 4격) **verändert** (현재완료(pp형))

... denken ..., **dass** (종속접속사) **die Welt**(주어) (여성 1격) ... **sei**(동사) (접속법 I (후치됨!))

PART 5
문화 · 예술

... die Welt ... sei :
간접화법으로서 동사 sein의 접속법 I 형식임 : 주어 "die Welt"는 여성의 **sie**에 해당함.
→ **sei**

- wer [관계대명사] (불특정 인간을 나타내어) ...하는 자, ...인 사람 (영. who)
- nach [3격 전치사] ~에 따라, ~에 맞게 (영. according to)
- die Mode (die Mode*n*) 유행 (영. fashion)
- kleiden [1] [타동] 「j-n ... kleiden」 (부사어와 함께) 누구를 ...하게 옷 입히다 (영. dress)
  [2] [4격 재귀동] 「sich ... kleiden」 (부사어와 함께) ...하게 옷 입다 (영. dress)
  3 기본형 : kleid*en* - kleid*ete* - *ge*kleid*et*
- wollte ⇒ 화법조동사 wollen('...하려고 하다' 영. will)의 과거 시제
  3 기본형 : wollen - wollte - gewollt (wollen)

- **musste** ⇒ 화법조동사 müssen('...해야 하다' 영. must)의 과거 시제
  - 3 기본형 : müssen - musste - gemusst (müssen)
- das **Magazin** (die Magazin*e*) 잡지, 정기 간행물 (영. magazine)
- **studieren** [타동] ...을 연구하다, 조사하다 (영. study)
- **kopieren** [타동] ...을 복사하다 (영. copy)
- **was** [관계대명사] (불특정 사물을 나타내어) ...하는 것, ...인 것 (영. what)
- **sah** ⇒ 동사 sehen의 과거 시제
  sehen [타동] ...을 보다 (영. see)
  - 3 기본형 : sehen - sah - gesehen
- 「manch*e* + 복수명사」 몇몇 ... (영. a few ...) ≈ einige ... , ein paar ...
- der **Designer** [diˈzainɐ] (die -) 디자이너 (영. designer)
- **denken** [타/자동] (...을) 생각하다 (영. think)
  - 3 기본형 : denken - dachte - gedacht
- **sei** ⇒ 동사 sein('...이다' 영. be)의 접속법 I 형태
  - sein의 접속법 I 변화
    ich sei ; du sei*est* 혹은 sei*st* ; er (sie, es) sei
    wir sei*en* ; ihr sei*et* ; sie, Sie sei*en*
- **verändern** [1] [타동] ...을 변화시키다 ; [2] [4격 재귀동] 「**sich verändern**」 변화하다
  - 3 기본형 : *verändern* - *veränderte* - *verändert*

PART 6
환경 · 기후

118

Der Taifun ist nach Einschätzung von Fachleuten der stärkste seit 2005.

이 태풍은 전문가들의 판단에 의하면 2005년 이후 가장 강력한 것이다.

Der Taifun[주어] (남성 1격) **ist**[주어] (현재 시제) nach Einschätzung (여성 3격) von Fachleuten (복수 3격)

der stärkste ... (ist의 명사 보어(남성 1격))

1. Der Taifun ist ... :

동사 sein의 현재 시제임.

주어 "Der Taifun"이 남성의 **er**에 해당함. → 동사 sein의 형태는 **ist**임.

2. nach Einschätzung von Fachleuten :

「nach Einschätzung von j-m」'누구의 평가에 따르면'

복수명사 Fachleute가 3격 전치사 von과 결합함. → 복수 3격!

복수 3격 명사의 형태는 항상 **-n**이어야 함. → 추가로 어미 **-n**이 붙어 Fachleuten임.

3. der stärkste :

'최상급' 표현으로서 반복을 피해 축약된 형태임. 즉 : der stärkste (**Taifun**)

남성으로서 동사 ist의 주격 보어임. → 남성 1격!

- 남성 1격 정관사 **der**가 앞에 옴.
  - 최상급 형용사는 기본적으로 정관사 **d-**와 결합함.
- 「남성 **der** + 형용사 **-e**」→ **der** stärkste

- der **Taifun** (die Taifun*e*) 태풍, 열대성 폭풍 (영. typhoon)

- **ist** ⇒ 동사 sein의 현재 시제, 불규칙 형태
  sein [자동] (완료형 : sein ... pp) (형용사 혹은 명사 보어와 함께) ...이다 (영. be)
  - 3 기본형 : sein - war - gewesen
  - 현재 시제 불규칙 변화
    ich bin ; du bist ; er (sie, es) ist ; wir sind ; ihr seid ; sie, Sie sind

- **nach** [3격 전치사] ~에 따르면, ~에 의하면 (영. according to)

- die **Einschätzung** (die Einschätzung*en*) 평가, 판단 (영. assessment, judgement)
  ↳ ***ein*schätzen** (schätzen ... *ein*) [분리&타동] ...을 평가하다, 판단하다 (영. estimate, assess)
  - 3 기본형 : *ein*schätz*en* - *ein*schätz*te* (schätz*te* ... *ein*) - *ein**ge*schätz*t*

- der **Fachmann** (die Fachleute) 전문가 (영. expert, specialist)

- **stärkst** ⇒ 형용사 stark의 최상급
  stark [형] 강한, 강력한 (영. strong)
  - 3 비교형 : stark - stärk*er* - stärk*st*

- **seit** [3격 전치사] ~이래, ~이후 (영. since)

- **2005** ⇒ "zweitausendfünf"

PART 6
환경·기후

119

Vor seinem Auftreffen an der US-Küste hat sich der Tropensturm „Isaac“ zum Hurrikan entwickelt.

열대성 폭풍 "아이작"은 미국 해안에 부딪히기 전에 허리케인으로 발전하였다.

Vor seinem Auftreffen (중성 3격) an der US-Küste (여성 3격) hat^동사 (현재완료(조동사)) sich (4격 재귀대명사)
der Tropensturm „Isaac“^주어 (남성 1격) zum Hurrikan (남성 3격) entwickelt (현재완료(pp형))

1. ... hat sich ... entwickelt :

4격 재귀동사「sich⁴ entwickeln」의 현재완료 시제「**haben** ... pp」임.
주어 "der Tropensturm ..."이 남성의 **er**에 해당함. → "**hat** ... entwickelt"임.

2. Vor seinem Auftreffen :

「vor + 3격」(시간적 의미) '... 전에'
중성명사 Auftreffen이 전치사 vor의 3격 목적어임. → 중성 3격!
소유대명사 sein-('그의' 영. his)는 중성 3격 어미 **-em**이 붙어 sein**em**임.
(여기서 sein-은 뒤에 오는 남성명사 "der Tropensturm ..."을 받음.)

3. ... Auftreffen an der US-Küste :

3·4격 전치사 an은 바로 앞 명사를 수식하여 '미국 해안에의 부딪힘'으로 해석됨.
→ ('방향'이 아닌) '위치'로서 3격 지배!
여성명사 US-Küste가 전치사 an의 3격 목적어임. → 여성 3격!
여성 3격 정관사 **der**가 앞에 옴.

4. ... sich ... zum Hurrikan entwickelt :

「sich[4] zu etw.[3] entwickeln」 '*무엇*으로 발전하다, 변화하다'

남성명사 Hurrikan이 3격 전치사 zu와 결합함. → 남성 3격!

남성 3격 정관사 **dem**이 전치사 zu와 함께 **zum**으로 축약됨.

- vor [3·4격 전치사] (3격 지배 ; 시간적) ~전에 (영. before) ↔ nach ~후에 (영. after)

- das **Auftreffen** (동사 auftreffen의 명사화) 부딪힘, 내리침
  ↳ *auf*treffen (treffen ... *auf*) [분리&자동]
  「auf etw.[4] auftreffen」 *무엇*에 부딪히다 (영. strike, hit)
  3 기본형 : *auf*treffen - *auf*traf (traf ... *auf*) - *auf*getroffen
  현재 시제 불규칙 변화 : du triff*st* ... *auf* ; er (sie, es) triff*t* ... *auf*

- an [3·4격 전치사] (3격 : '위치') ~에서, ~옆에서 ; (4격 : '방향') ~로, ~옆으로 (영. at, on)

- die **US-Küste** 미국의 해안
  → die **Küste** (die Küste*n*) 해안, 해변 (영. coast, shore)

- hat ⇒ 현재완료 「haben ... pp」의 조동사 haben의 불규칙 형태
  haben의 현재 시제 불규칙 변화 : du hast ; er (sie, es) hat

- der **Tropensturm** 열대성 폭풍
  → die **Trope*n*** (항상 복수) 열대 지역 (영. tropics)
  → der **Sturm** (die Stürm*e*) 폭풍, 거센 바람 (영. storm)

- der **Hurrikan** (die Hurrikan*e*) 허리케인 (영. hurricane)

- **entwickelt** ⇒ 동사 entwickeln의 pp형
  entwickeln (영. develop)
  [1] [타동] ...을 발전시키다 ; [2] [4격 재귀동] 「**sich entwickeln**」 발전하다, 발달하다
  3 기본형 : *ent*wickel*n* - *ent*wickel*te* - *ent*wickel*t*
  [주의] 형태가 ent-이므로 pp형에서 ge- 없음!

PART 6
환경·기후

120

In Südafrika werden Nashörner illegal abgeschlachtet – das Horn wird als Wundermedizin nach Asien geschmuggelt.

남부 아프리카에서는 코뿔소들이 불법적으로 살육되고 있다. - 그 뿔은 기적의 약품으로서 아시아로 밀수입된다.

In Südafrika **werden**동사 (수동태 현재 시제(수동태 조동사)) **Nashörner**주어 (복수 1격) illegal (부사어) abgeschlachtet (수동태 현재 시제(수동태 pp형)) – ...

... werden Nashörner ... abgeschlachtet :
타동사 *ab*schlachten의 수동태 현재 시제 「**werden** ... pp」임.
주어 Nashörn*er*는 복수의 **sie**('그것들')에 해당함. → "**werden** ... *ab*geschlachtet"임.

... – **das Horn**주어 (중성 1격) **wird**동사 (수동태 현재 시제(수동태 조동사)) als Wundermedizin (여성 1격) ... geschmuggelt (수동태 현재 시제(수동태 pp형))

... - das Horn wird ... geschmuggelt :
타동사 schmuggeln의 수동태 현재 시제 「**werden** ... pp」임.
주어가 "das Horn", 즉 중성의 **es**에 해당함. → "**wird** ... geschmuggelt"임.

Südafrika (지역 명) [1] 남부 아프리카 ; [2] 남아프리카공화국 (영. South Africa)

→ **Süd...** (합성어로서) 남쪽 ... (영. south ...) ↔ Nord- 북쪽 ...

→ **Afrika** (지역 명) 아프리카 (영. Africa)

werden ⇒ 수동태 현재 시제 「werden ... pp」의 조동사

das **Nashorn** (die Nashörn*er*) 코뿔소 (영. rhinoceros)

illegal [형] 불법적인 (영. illegal) ↔ legal 합법적인

abgeschlachtet ⇒ 분리동사 *ab*schlachten의 pp형

***ab*schlachten** (schlachten ... *ab*) [분리&타동] ...을 살육하다 (영. slaughter, butcher)

3 기본형 : *ab*schlacht*en* - *ab*schlacht*ete* (schlacht*ete* ... *ab*) - *abge*schlacht*et*

[주의] 어간 끝이 -t이므로 과거형 및 과거분사형(= pp형)에서 발음상 -e- 첨가!

das **Horn** (die Hörn*er*) (동물의) 뿔 (영. horn)

wird ⇒ 수동태 「werden ... pp」의 조동사 werden의 현재 시제, 불규칙 형태

werden의 현재 시제 불규칙 변화 : du wirst ; er (sie, es) wird

als [접속사] (동일한 자격, 위치 등을 나타내어) ...로서 (영. as)

die **Wundermedizin** 기적의 약품

→ **Wunder...** (합성어로서) 기적의 ... , 놀라운 ... (영. wonder ... , magic ...)

das **Wunder** (die -) 기적, 놀라움 (영. miracle, wonder)

→ die **Mendizin** (die Medizin*en*)

[1] 약, 의약품 (영. medicine) ≈ die Arznei, das Medikament

[2] (항상 단수) 의학 (영. medical science)

Asien (지역 명 ; 관사 없음) 아시아 (영. Asia)

geschmuggelt ⇒ 동사 schmuggeln의 pp형

schmuggeln [타/자동] (...을) 불법 수입하다, 밀수입하다 (영. smuggle)

3 기본형 : schmuggel*n* - schmuggel*te* - *ge*schmuggel*t*

PART 6
환경 · 기후

121

Als eine Folge der Erderwärmung schmilzt das Eis in der Antarktis immer mehr.

지구 온난화의 결과로서 남극 지방의 얼음이 점점 더 많이 녹고 있다.

Als eine Folge (여성 1격) der Erderwärmung (여성 2격) schmilzt[동사] (현재 시제) das Eis[주어] (중성 1격) in der Antarktis (여성 3격) immer mehr (부사어)

1. ... Folge der Erderwärmung :

여성명사 Erderwärmung이 앞 명사를 수식하는 2격임. → 여성 2격!

여성 2격 정관사 **der**가 앞에 옴. (여성, 복수명사는 2격 어미 -e, -es 없음!)

2. ... schmilzt das Eis ... :

동사 schmelzen의 현재 시제임.

주어 "das Eis"는 중성의 **es**에 해당함. → schmelzen은 어간 모음이 변화하여 schm**i**lz*t*임.

3. ... Eis in der Antarktis :

3·4격 전치사 in은 바로 앞 명사를 수식하여 '남극 지방 안의 얼음'으로 해석됨.

→ ('방향'이 아닌) '위치'로서 3격 지배!

여성명사 Antarktis가 전치사 in의 3격 목적어임. → 여성 3격!

여성 3격 정관사 **der**가 앞에 옴.

4. ... immer mehr :

「immer + 비교급」 '점점 더 ...'

- **als** [접속사] (동일한 자격, 위치 등을 나타내어) ...로서 (영. as)

- die **Folge** (die Folge*n*) 결과 (영. result, consequence)
  ≈ das Ergebnis ↔ die Ursache 원인 ; 「eine Folge + *2격*」 ...의 결과

- die **Erderwärmung** 지구 온난화 (영. global warming)
  → die **Erde** (die Erde*n* ; 주로 단수) 지구 (영. earth)
  → die **Erwärmung** (die Erwärmung*en*) 따뜻하게 함, 가열 (영. warming up, heating up)
  └▸ erwärmen
  [1] [타동] 따뜻하게 만들다, 데우다 (영. warm, heat)
  [2] [4격 재귀동] 「**sich erwärmen**」 따뜻해지다, 데워지다 (영. warm up, heat up)
  3 기본형 : *erwärmen* - *erwärmte* - *erwärmt*
  [주의] 형태가 er-이므로 pp형에서 ge- 없음!

- **schmilzt** ⇒ 동사 schmelzen의 현재 시제, 불규칙 형태
  schmelzen [자동] (완료형 : sein ... pp) 녹다, 용해하다 (영. melt)
  현재 시제 불규칙 변화 : du schmil*zt* ; er (sie, es) schmil*zt*
  3 기본형 : schmelzen - schmolz - geschmolzen

- das **Eis** (항상 단수) [1] 얼음 (영. ice) ; [2] 아이스크림 (영. ice cream)

- die **Antarktis** (항상 단수) 남극 지방 (영. Antarctic)

- **immer** [부] 항상, 언제나 (영. always) ; **immer mehr** 점점 더 많이 (영. more and more)
  「immer + 비교급」 점점 더 ... (영. 「비교급 and 비교급」)

- **mehr** ⇒ viel, viele의 비교급
  「**viel** + 단수명사」 (물질, 추상명사 등과 함께) 많은 ... (영. much)
  「**viel*e*** + 복수명사」 많은 ... (영. many)
  3 비교형 : viel, viele - mehr - meist

122

Am Nordpol hat sich durch die ungewöhnliche Kälte ein riesiges Ozonloch gebildet. Es ist fünfmal so groß wie Deutschland.

북극에서는 비정상적인 추위를 통해 거대한 오존 구멍이 형성되었다. 그것은 독일의 5배 크기이다.

Am Nordpol (남성 3격) hat^동사 (현재완료(조동사)) sich (4격 재귀대명사) durch die ungewöhnliche Kälte (여성 4격)

ein riesiges Ozonloch^주어 (중성 1격) gebildet (현재완료(pp형))

1. ... hat sich ... ein riesiges Ozonloch gebildet :

4격 재귀동사 「sich[4] bilden」의 현재완료 시제 「**haben** ... pp」임.

주어 "... Ozonloch"는 중성의 **es**에 해당함. → "**hat** ... gebildet"임.

2. durch die ungewöhnliche Kälte :

여성명사 Kälte가 4격 전치사 durch와 결합함. → 여성 4격!

- 여성 4격 정관사 **die**가 앞에 옴.
- 「여성 **die** + 형용사 **-e**」 → durch **die** ungewöhnliche ...

3. ein riesiges Ozonloch :

중성명사 Ozonloch가 문장의 주어임. → 중성 1격!

- 중성 1격 부정관사 **ein**이 앞에 옴.
- 「중성 **ein** + 형용사 **-es**」 → **ein** riesiges ...

  ▶「남성 **ein** + 형용사 **-er**」

Es[주어] ist[동사] fünfmal so groß wie Deutschland

ist: 현재 시제 / groß: ist의 형용사 보어

1. Es ist ... :

동사 sein의 현재 시제임 : 주어가 "Es"임. → 동사 sein의 형태는 ist임.
(여기서 Es는 앞 문장의 주어 "... Ozonloch"를 받음.)

2. ... fünfmal so groß wie Deutschland :

「...mal so + 형용사 + wie A」 (동등비교 형식) 'A보다 ...배 ...이다'

- der **Nordpol** (항상 단수) 북극 (영. the North Pole) ↔ der Südpol 남극
  → **Nord...** (합성어로서) 북쪽 ... (영. north ...)
  Süd- 남쪽 ... / Ost- 동쪽 ... / West- 서쪽 ...
  → der **Pol** (die Pol*e*) 극, 극점 (영. pole)

- **hat** ⇒ 현재완료 「haben ... pp」의 조동사 haben의 불규칙 형태
  haben의 현재 시제 불규칙 변화 : du hast ; er (sie, es) hat

- **ungewöhnlich** [형] 일반적이지 않은, 이상한 (영. unusual)
  ↔ gewöhnlich 일반적인, 보통의

- die **Kälte** (항상 단수) 추위, 차가움 (영. cold)
  → **kalt** [형] 차가운, 추운 (영. cold)

- **riesig** [형] 거대한, 아주 큰 (영. gigantic, huge) ↔ winzig 아주 작은

- das **Ozonloch** 오존층의 구멍 (영. ozone hole)
  → das 혹은 der **Ozon** (항상 단수) 오존 (영. ozone)
  → das **Loch** (die Löch*er*) 구멍 (영. hole)

- **gebildet** ⇒ 동사 bilden의 pp형
  bilden [타동] ...을 세우다, 구성하다 (영. form, establish)
  3 기본형 : bild*en* - bild*ete* - *ge*bild*et*
  [주의] 어간 끝이 -d이므로 과거형 및 과거분사형(= pp형)에서 발음상 -e- 첨가!

PART 6
환경·기후

fünfmal [부] 다섯 번 (영. five times)

부사어 -mal '... 번' : einmal 한번, zweimal 두 번, dreimal 세 번 ... hundertmal 백 번

so [부] 그렇게 (영. so) ; 「so + 형용사 + wie ...」 (동등비교) ...와 같이 그렇게 ...한
「...mal so ... wie A」 A보다 ...배 더 ...이다

groß [형] 큰, 커다란 (영. big, large, tall) ↔ klein 작은

3 비교형 : groß - größ*er* - größ*t*

wie [접속사] ...처럼 (영. as)

Memo

123

Die Teilnehmer des Kongresses forderten stärkere Anstrengungen zum Schutz des Klimas.

그 학술대회의 참가자들은 기후 보호를 위한 보다 강력한 노력들을 요구하였다.

Die Teilnehmer[주어] (복수 1격) des Kongresses (남성 2격) forderten[동사] (과거 시제)

stärkere Anstrengungen (동사 forderten의 4격 목적어(복수 4격)) zum Schutz (남성 3격) des Klimas (중성 2격)

1. ... Teilnehmer des Kongresses :

남성명사 Kongress가 앞 명사를 수식하는 2격임. → 남성 2격!

- 남성 2격 정관사 **des**가 앞에 옴.
- 남성, 중성 2격 명사는 **-s** 혹은 **-es**가 붙음. → 남성이므로 **-es**가 붙어 Kongress**es**임.

Kongre**ss**는 낱말 끝이 **-ss**임. → 발음상 **-es**를 붙임. (즉, **-s**는 틀림!)

2. Die Teilnehmer ... forderten ... :

동사 fordern의 과거 시제임.

주어 "... Teilnehmer"는 복수의 **sie**('그들, 영. they)에 해당함.

→ 과거형 forder*te*에 추가로 어미 **-n**이 붙어 forder*ten*임.

3. stärkere Anstrengungen :

복수명사 Anstrengung*en*이 동사의 4격 목적어임. → 복수 4격!

(비교급) 형용사 stärker 앞에 관사 없음. → 복수 4격 정관사 di**e**처럼 변화하여 stärker**e**임.

4. zum Schutz des Klimas :

「zum Schutz + 2격」 '...의 보호를 위해'

중성명사 Klima가 2격임. → 중성 2격!

- 중성 2격 정관사 **des**가 앞에 옴.
- 남성, 중성 2격 명사는 **-s** 혹은 **-es**가 붙음. → 중성이므로 **-s**가 붙어 Klimas임.

▶ Klima는 낱말 끝이 모음 **-a**임. → 발음상 **-s**를 붙임. (즉, **-es** 아님!)

der **Teilnehmer** (die -) 참가자, 참여자 (영. participant)

↳ *teil*nehmen (nehmen ... *teil*) [분리&자동] 참가하다, 참여하다 (영. participate)

「an etw.[3] *teil*nehmen」 *무엇*에 참가하다, 참여하다

✓ 3 기본형 : *teil*nehmen - *teil*nahm (nahm ... *teil*) - *teil*genommen

✓ 현재 시제 불규칙 변화 : du nimm*st* ... *teil* ; er (sie, es) nimm*t* ... *teil*

der **Kongress** (die Kongress*e*) 학회, 학술대회 (영. conference) ≈ die Tagung

fordern [타동] ...을 요구하다 (영. demand, call for)

✓ 3 기본형 : forder*n* - forder*te* - *ge*forder*t*

stärker ⇒ 형용사 stark의 비교급

stark [형] 강한, 강력한 (영. strong)

✓ 3 비교형 : stark - stärk*er* - stärk*st*

die **Anstrengung** (die Anstrengung*en*) 노력, 애씀 (영. effort)

↳ *an*strengen (strengen ... *an*)

[1] [분리&4격 재귀] 「sich *an*strengen」 노력하다, 애쓰다 (영. make an effort, try hard)

[2] [분리&타동] 「etw.주어 strengt j-n *an*」 *무엇은 누구를* 힘들게 만들다 (영. exert, strain)

✓ 3 기본형 : *an*streng*en* - *an*streng*te* (streng*te* ... *an*) - *ange*streng*t*

der **Schutz** (die Schutz*e* ; 주로 단수) 보호 (영. protection)

「zum Schutz + 2격」 ...의 보호를 위해

「zum Schutz vor etw.[3] (혹은 gegen etw.[4])」 *무엇*으로부터의 보호를 위해

das **Klima** (die Klima*ta*) 기후 (영. climate)

PART 6 환경·기후

124

Tierschützer und Politiker streiten darüber, wie die Tiere vor der Ausrottung gerettet werden können.

동물보호주의자들과 정치인들은 어떻게 동물들이 멸종으로부터 구제될 수 있을지에 관해 논쟁하고 있다.

Tierschützer und Politiker주어 (복수 1격) **streiten**동사 (현재 시제) **darüber,** (über + das('그것')(뒤의 부문장을 가리킴))

wie ... können (의문사 wie-부문장)

1. Tierschützer und Politiker :

"Tierschützer" 및 "Politiker" 모두 **복수**형임.

2. Tierschützer und Politiker streiten ... :

동사 streiten의 **현재** 시제임.

주어 "Tierschützer und Politiker"는 **복수**의 **sie**('그들')에 해당함. → 동사 형태는 streit**en**임.

3. ... streiten darüber ... :

「über etw.[4] streiten」 '*무엇*에 대하여 다투다, 논쟁하다'

darüber → über + das ('그것')

여기서 darüber('그것에 대하여')는 **뒤에** 오는 **의문사 wie-부문장**을 가리킴.

… , **wie** die Tiere[주어] vor der Ausrottung
의문사 / 복수 1격 / 여성 3격

gerettet werden können[동사]
화법조동사 + 수동태 (후치됨!)

1. … , wie die Tiere … gerettet werden können :

retten의 수동태 "werden … gerettet"가 können과 결합하여 "können … gerettet werden"임.
주어 "die Tiere"는 복수의 **sie**('그것들')에 해당함. → "könn**en** … gerettet werden"임.
부문장 안에서 후치되어 "… gerettet werden **können**"임.

2. … vor der Ausrottung gerettet werden … :

「etw.[4] vor etw.[3] retten」 '*무엇을 무엇으로부터 구하다*'
여성명사 Ausrottung이 전치사 vor의 3격 목적어임. → 여성 3격!
여성 3격 정관사 **der**가 앞에 옴.

- der **Tierschützer** 동물보호자 (영. animal welfarist, animal rights activist)
  → das **Tier** (die Tier*e*) 동물 (영. animal)
  → **schützen** [타동] …을 보호하다 (영. protect, guard)
  3 기본형 : schütz*en* - schütz*te* - *ge*schütz*t*

- der **Politiker** (die -) 정치가 (영. politician, statesman)

- **streiten** [자동] 다투다, 논쟁하다 (영. argue, quarrel, fight)
  「주어$_{복수}$ streiten über etw.[4]」 *주어*는 무엇에 대하여 다투다
  「mit j-m über etw.[4] streiten」 *누구*와 *무엇*에 대하여 다투다
  3 기본형 : streiten - stritt - gestritten

- die **Ausrottung** (die Ausrottung*en*) 멸종, 근절 (영. wiping out)
  ↳ *ausrotten* (rotten … *aus*) [분리&타동] …을 멸종시키다, 완전히 없애다 (영. wipe out)
  3 기본형 : *ausrott*en - *ausrott*ete (rott*ete* … *aus*) - *ausge*rott*et*
  [주의] 어간 끝이 -t이므로 과거형 및 과거분사형(= pp형)에서 발음상 -e- 첨가!

gerettet ⇒ 동사 retten의 pp형

retten [타동] ...을 구하다, 구원하다 (영. save, rescue)

「etw. vor etw.[3] retten」 *무엇을 무엇으로부터* 구하다

3 기본형 : rett*en* - rett*ete* - *ge*rett*et*

[주의] 어간 끝이 -t이므로 과거형 및 과거분사형(= pp형)에서 발음상 -e- 첨가!

werden ⇒ 수동태 「werden ... pp」의 조동사

「können ... 동사 원형」 [화법조동사] ...할 수 있다 (영. can)

Memo

125

Am Wochenende ist ein Sturm über Westeuropa gezogen. Mindestens 25 Menschen sind gestorben. Viele Bäume sind umgestürzt.

주말에 폭풍이 서유럽을 지나갔다. 적어도 25명의 사람들이 사망했다. 많은 나무들이 쓰러졌다.

Am Wochenende ist[동사] (현재완료(조동사 sein)) **ein Sturm**[주어] (남성 1격) über Westeuropa (중성 4격) gezogen (현재완료(pp형))

... ist ein Sturm ... gezogen :
'장소 이동' 자동사 ziehen('이동하다')의 현재완료 시제 「**sein** ... pp」임.
주어 "ein Sturm"은 남성의 **er**에 해당함. → "**ist** ... gezogen"임.

Mindestens **25 Menschen**[주어] (복수 1격) sind[동사] (현재완료(조동사 sein)) gestorben (현재완료(pp형))

... 25 Menschen sind gestorben :
'상태 변화' 자동사 sterben('죽다')의 현재완료 시제 「**sein** ... pp」임.
주어 "25 Menschen"은 복수의 **sie**('그들')에 해당함. → "**sind** gestorben"임.

Viele Bäume[주어] **sind**[동사] **umgestürzt**

복수 1격 / 현재완료(조동사 sein) / 현재완료(pp형)

Viele Bäume sind umgestürzt :
'장소 이동' 자동사 umstürzen('쓰러지다')의 현재완료 시제 「**sein** ... pp」임.
주어 " Viele Bäume"는 복수의 **sie**('그들')에 해당함. → "**sind** umgestürzt"임.

- das **Wochenende** (die Wochenende*n*) 주말 (영. weekend) ; **am Wochenende** 주말에
  → die **Woche** (die Woche*n*) 주, 주일 (영. week)
  → das **Ende** (die Ende*n* ; 주로 단수) 끝 (영. end)

- **ist** ⇒ 현재완료 「sein ... pp」의 조동사 sein의 불규칙 형태
  sein의 현재 시제 불규칙 변화 : ich bin ; du bist ; er (sie, es) ist ...

- **über** [3 · 4격 전치사] (4격 지배) ~을 지나, ~을 거쳐 (영. over, across)

- der **Sturm** (die Stürm*e*) 폭풍, 거센 바람 (영. storm)

- **Westeuropa** (지역 명) 서유럽, 유럽 서부 (영. West Europe)
  → **West** ... 서쪽 ... (영. west ...)
  → **Europa** (지역 명 ; 관사 없음) 유럽 (영. europe)

- **gezogen** ⇒ 동사 ziehen의 pp형
  ziehen [자동] (완료형 : sein ... pp) 가다, 이동하다 (영. go, move)
  3 기본형 : ziehen - zog - gezogen

- **mindestens** [부] 적어도 (영. at least)

- **25** ⇒ "fünfundzwanzig"

- der **Mensch** (die Mensch*en*) 사람, 인간, 인류 (영. person, man, mankind, human being)
  단수의 경우, 주어 1격을 제외한 단수 2, 3, 4격이 모두 복수형과 동일하게 Mensch*en*인 약변화 명사

PART 6
환경 · 기후

- **sind** ⇒ 현재완료 「sein ... pp」의 조동사 sein의 불규칙 형태
  - sein의 현재 시제 불규칙 변화 : ... wir sind ; ihr seid ; sie, Sie sind

- **gestorben** ⇒ 동사 sterben의 pp형
  sterben [자동] (완료형 : sein ... pp) 죽다 (영. die)
  - 3 기본형 : sterben - starb - gestorben
  - 현재 시제 불규칙 변화 : du stirb*st* ; er (sie, es) stirb*t*

- 「**viel***e* + 복수명사」 많은 ... (영. many)

- der **Baum** (die Bäum*e*) 나무 (영. tree)

- **umgestürzt** ⇒ 동사 umstürzen의 pp형
  ***um*stürzen** (stürzen ... *um*) [분리&자동] (완료형 : sein ... pp) 쓰러지다 (영. fall down)
  - 3 기본형 : *um*stürz*en* - *um*stürz*te* (stürz*te* ... *um*) - *umge*stürz*t*

Memo

126

Einen Regenschirm braucht man am Mittwoch nicht. Zum Glück wird es kaum regnen. Ab und zu scheint sogar die Sonne. Es wird acht bis zwölf Grad warm.

수요일에는 사람들이 우산을 필요로 하지 않게 된다. 다행스럽게도 비가 거의 오지 않을 것이다. 때때로는 심지어 해마저 비치게 된다. 기온이 8도에서 12도에 이르기까지 따뜻해진다.

Einen Regenschirm (동사 braucht의 4격 목적어(남성 4격)) braucht[동사] (현재 시제) **man**[주어] am Mittwoch (부사어) nicht

1. Einen Regenschirm :

남성명사 Regenschirm이 동사 braucht의 4격 목적어임. → 남성 4격!

남성 4격 부정관사 **einen**이 앞에 옴.

2. ... braucht man ... :

동사 brauchen의 현재 시제임.

주어인 부정대명사 **man**('사람들은' 영. people)은 남성 3인칭 단수 **er**에 해당함.

→ 동사 brauchen의 현재 시제 형태는 brauch*t*임. (즉, brauch*en* 아님!)

Zum Glück (부사어) wird[동사] (미래 시제(조동사)) es[주어] ('날씨' 비인칭 주어) ... regnen (미래 시제(동사 원형))

... wird es ... regnen :

동사 regnen의 미래 시제 「**werden** ... 동사 원형」임.

주어가 비인칭 주어 **es**임. → "**wird** ... regnen"임.

▶ '날씨' 동사 regnen('비오다')은 항상 비인칭 주어 **es**와 결합함.

Ab und zu (부사어) scheint[동사] (현재 시제) sogar die Sonne[주어] (여성 1격)

Es[주어] ('날씨' 비인칭 주어) wird[동사] (현재 시제) acht bis zwölf Grad warm (wird의 형용사 보어)

PART 6 환경·기후

- der **Regenschirm** (die Regenschirm*e*) 우산 (영. umbrella)
  → der **Regen** (항상 단수) 비 (영. rain)
  → der **Schirm** (die Schirm*e*) 우산, 양산, 파라솔 (영. umbrella, parasol, sun shade)
- **brauchen** [타동] ...을 필요로 하다, 요구하다 (영. demand, need)
  ✔ 3 기본형 : brauch*en* - brauch*te* - *ge*brauch*t*
- **man** [부정대명사] (특정인이 아닌 막연한 다수를 뜻하여) 사람들은 (영. people, one)
  ▶ man → er, sie, es처럼 3인칭 단수 (항상 주어로 사용) :
  Man brauch*t* ... (즉, Man brauch*en* 아님!)
- der **Mittwoch** (die Mittwoch*e*) 수요일 (영. Wednesday) ; **am Mittwoch** 수요일에

- das **Glück** (항상 단수) 행운, 행복 (영. luck, happiness)
  zum Glück 운이 좋게, 다행히 ≈ glücklicherweise

- **wird** ⇒ 미래 시제 「werden ... 동사 원형」의 조동사 werden의 불규칙 형태
  - werden의 현재 시제 불규칙 변화 : du wirst ; er (sie, es) wird

- **kaum** [부] 거의 ... 않다, 좀체 ... 않다 (영. hardly)

- **regnen** [자동] (항상 비인칭 주어 es와 함께) 비오다 (영. rain)
  - 3 기본형 : regn*en* - regn*ete* - *ge*regn*et*
    [주의] 어간 끝이 -gn이므로 과거형 및 과거분사형(= pp형)에서 발음상 -e- 첨가!

- 「**ab und zu**」 때때로 (영. now and then, from time to time, occasionally)

- **scheinen** [자동] 빛나다, 비치다 (영. shine)
  - 3 기본형 : scheinen - schien - geschienen

- **sogar** [부] 심지어, ... 조차 (영. even)

- die **Sonne** (die Sonne*n* ; 보통 단수) 해, 태양 (영. sun)

- **wird** ⇒ 동사 werden('...되다' 영. be)의 현재 시제, 불규칙 형태
  - 현재 시제 불규칙 변화 : du wirst ; er (sie, es) wird
  - 3 기본형 : werden - wurde - geworden
    [주의] 수동태 조동사 werden의 pp형은 worden임.

- **acht** [수] 8, 여덟 (영. eight)

- **bis** [4격 전치사] ~까지 (영. until, up to)

- **zwölf** [수] 12, 열둘 (영. twelve)

- der **Grad** (die -) (온도의 단위) ... 도 (영. grade)

- **warm** [형] 따뜻한 (영. warm)

Memo

127

Feinstaub ist ungesund, weil man davon zum Beispiel Allergien und Asthma bekommen kann. Er wird vor allem von Autos und Fabriken erzeugt.

미세먼지는 건강에 안 좋은데, 왜냐하면 이것으로부터 사람들이 예를 들면 알레르기와 천식을 얻을 수 있기 때문이다. 그것은 무엇보다 자동차들과 공장들에 의해 만들어진다.

Feinstaub 주어	ist 동사	ungesund,	**weil** ... kann
남성 1격	현재 시제	ist의 형용사 보어	종속접속사 weil-부문장

..., **weil**	**man** 주어	davon	... Allergien und Asthma
종속접속사		von + das('그것')(앞의 "Feinstaub"를 가리킴.)	bekommen의 4격 목적어

bekommen	kann 동사
동사 원형	화법조동사 현재 시제 (후치됨!)

... , weil man ... bekommen kann :

화법조동사 können의 현재 시제임.

주어인 부정대명사 **man**은 단수 3인칭 **er**에 해당함.

→ "**kann** ... bekommen"이 부문장 안에서 후치되어 "... bekommen **kann**"

Er주어 (앞의 "Feinstaub"를 가리킴.) wird동사 수동태 현재 시제(수동태 조동사) ... von Autos und Fabriken 수동태 '행위자'(복수 3격) erzeugt 수동태 pp형

1. Er wird ... erzeugt :

타동사 erzeugen의 수동태 현재 시제 「**werden** ... pp」임.

주어가 "Er"임. → "**wird** ... erzeugt"임.

(여기서 "Er"는 앞에 나온 남성명사 "Feinstaub"을 가리킴.)

2. von Autos und Fabriken :

복수명사 Auto**s** 및 Fabrik***en***이 3격 전치사 von과 결합함. → 복수 3격!

복수 3격 명사 형태는 항상 **-n**이어야 함.

→ Auto**s**처럼 복수형이 **-s**인 경우는 외래어로서 예외임. (즉, Autosn 아님!)

Fabrik**en**은 복수형 자체가 **-n**이므로 추가의 -n 없음. (즉, Fabrikenn 아님!)

PART 6 환경·기후

- der Feinstaub 미세먼지
  → fein [형] 작은, 미세한, 세심한, 정확한 (영. fine, delicate)
  → der Staub (주로 단수) 먼지 (영. dust)

- ist ⇒ 동사 sein('...이다' 영. be)의 현재 시제, 불규칙 형태
  현재 시제 불규칙 변화
  ich bin ; du bist ; er (sie, es) ist ; wir sind ; ihr seid ; sie, Sie sind

- ungesund [형] [1] 건강에 좋지 않은 ; [2] (사람이) 건강하지 못한 (영. unhealthy)

- weil [종속접속사] 왜냐하면 ...이기 때문에 (영. because)

- man [부정대명사] (특정인이 아닌 막연한 다수를 뜻하여) 사람들은 (영. people, one)
  man → er, sie, es처럼 3인칭 단수 (항상 주어로 사용) :
  Man kann ... (즉, Man können ... 아님!)

- **davon** ⇒ "von + das"의 축약형 ('그것으로부터')
  von [3격 전치사] ~로부터 (영. from)

- das **Beispiel** (die Beispiel*e*) 예, 보기 (영. example) ; **zum Beispiel** 예를 들면

- die **Allergie** (die Allergie*n*) 알레르기 (영. allergy)

- das **Asthma** (항상 단수) 천식 (영. asthma)

- **bekommen** [타동] ...을 받다, 얻다 (영. receive, get)
  - 3 기본형 : *bekommen* - *bekam* - *bekommen*
  [주의] 형태가 be-이므로 pp형은 ge- 없음!

- **kann** ⇒ 화법조동사 können('...할 수 있다' 영. can)의 현재 시제, 불규칙 형태
  - 현재 시제 불규칙 변화
  ich kann ; du kann*st* ; er (sie, es) kann ; wir könn*en* ; ihr könn*t* ; sie, Sie könn*en*

- **wird** ⇒ 수동태 「werden ... pp」의 조동사 werden의 현재 시제, 불규칙 형태
  - werden의 현재 시제 불규칙 변화 : du wirst ; er (sie, es) wird

- **vor allem** 무엇보다, 특히 (영. above all)

- das **Auto** (die Auto*s*) 차, 자동차 (영. car)

- die **Fabrik** (die Fabrik*en*) 공장 (영. factory)

- **erzeugt** ⇒ 동사 erzeugen의 pp형
  erzeugen [타동] ...을 만들어내다, 생산하다 (영. produce) ≈ produzieren
  - 3 기본형 : *erzeugen* - *erzeugte* - *erzeugt*
  [주의] 형태가 er-이므로 pp형에서 ge- 없음!

Memo

128

Starke Regenfälle haben in der chinesischen Hauptstadt ganze Viertel unter Wasser gesetzt. Mehr als 30.000 Menschen mussten in Sicherheit gebracht werden.

강한 비가 중국의 수도에서 전체 지역들을 물에 잠기게 했다. 3만 명 이상의 사람들이 안전한 곳으로 옮겨져야만 했다.

Starke Regenfälle[주어] (복수 1격) **haben**[동사] (현재완료 (조동사)) in der chinesischen Hauptstadt (여성 3격)

ganze Viertel (동사 gesetzt의 4격 목적어(복수 4격)) unter Wasser **gesetzt** (현재완료 (pp형))

1. Starke Regenfälle :

복수명사 Regenfälle가 문장의 주어임. → 복수 1격!

형용사 stark 앞에 관사 없음. → 복수 1격 정관사 die처럼 변화하여 starke임.

2. Starke Regenfälle haben ... gesetzt :

동사 setzen의 현재완료 시제 「haben ... pp」임.

주어 "... Regenfälle"는 복수의 **sie**('그것들')에 해당함. → "haben ... gesetzt"임.

3. in der chinesischen Hauptstadt :

3·4격 전치사 in은 내용상 '...안에서'로 해석됨. → '위치'로서 3격 지배!

여성명사 Hauptstadt가 전치사 in의 3격 목적어임.. → 여성 3격!

- 여성 3격 정관사 **der**가 앞에 옴.
- 「2, 3격 관사 + 형용사 **-en**」 → in **der** chinesisch**en** ...

4. ... ganze Viertel unter Wasser gesetzt :

「etw.[4] unter Wasser setzen」 '무엇을 물에 잠기게 하다'

복수명사 Viertel이 동사의 4격 목적어임. → 복수 4격!

형용사 ganz- 앞에 관사 없음. → 복수 4격 정관사 die처럼 ganze임.

Mehr als 30.000 Menschen mussten in Sicherheit gebracht werden

Mehr als 30.000 Menschen (주어, 복수 1격) mussten (동사, 화법조동사(과거 시제)) in Sicherheit gebracht (수동태 (pp형)) werden (수동태 (조동사)(동사 원형))

Mehr als 30.000 Menschen mussten ... gebracht werden :

타동사 bringen의 수동태 "werden ... gebracht"가 müssen의 과거 시제 musste와 결합함.

→ "**musste** ... gebracht werden"임.

주어 "... Menschen"은 복수의 **sie**('그들')에 해당함. → "mussten ... gebracht werden"임.

PART 6
환경 · 기후

- stark [형] 강한, 강력한 (영. strong)
- die Regenfälle (주로 복수) (비교적 강하게 내리는) 비 (영. rainfall)
- haben ⇒ 현재완료 「haben ... pp」의 조동사
- chinesisch [형] 중국의, 중국인의, 중국어의 (영. Chinese)
  - ↳ China (국가 명 ; 관사 없음) 중국 (영. China)
  - ↳ der Chinese (die Chinesen) 중국인 (영. Chinese)
- die Hauptstadt 수도 (영. capital)
  - → Haupt... (합성어로서) 주요 ... (영. main ...)
  - → die Stadt (die Städte) 시, 도시 (영. city)
- ganz- [형] (명사 앞 수식어로서) 전체의 (영. whole)

- das **Viertel** (die -) (도시의) 지역, 구역 (영. district)

- das **Wasser** (die Wässer ; 주로 단수) 물 (영. water)

- **gesetzt** ⇒ 동사 setzen의 pp형
  setzen [타동] ...을 앉혀 놓다, 두다, 놓다 (영. put, sit)
  「**etw. unter Wasser setzen**」 *무엇*을 물에 잠기게 하다 (영. submerge)
  「**etw.**주어 **wird unter Wasser gesetzt**」 *무엇*은 물에 잠기다, 홍수 나다 (영. be flooded)
  3 기본형 : setz*en* - setz*te* - *ge*setz*t*

- 「**mehr als + 숫자**」 ... 이상, ...보다 많은 (영. more than ...)

- **30,000** ⇒ "dreißigtausend"

- **musste** ⇒ 화법조동사 müssen의 과거 시제
  「**müssen ... 동사 원형**」 [화법조동] ...해야 하다 (영. must)
  3 기본형 : müssen - musste - gemusst (müssen)
  [주의] 동사 원형 있을 경우 pp형 → müssen / 동사 원형 없을 경우 pp형 → gemusst

- die **Sicherheit** (die Sicherheit*en* ; 주로 단수) 안전 (영. safety)
  「**j-n in Sicherheit bringen**」 *누구*를 안전하게 하다 (영. get ... out of danger)

- **gebracht** ⇒ 동사 bringen의 pp형
  bringen [타동] ...을 가져오다, 가져가다 (영. bring)
  3 기본형 : bringen - brachte - gebracht

- **werden** ⇒ 수동태 「werden ... pp」의 조동사

Memo

129

Der WWF rechnet mit weltweit 30 Millionen Arten, von denen 1,7 Millionen bekannt sind. Das Leipziger Helmholtz-Zentrum für Umweltforschung geht von 13 Millionen aus.

세계자연기금(WWF)은 전 세계적으로 3,000만 가지의 종(種)을 예상하는데, 이들 가운데 170만 가지의 종이 알려져 있다. 라이프치히의 헬름홀츠 환경 연구 센터는 1,300만 가지의 종이 있다는 기본적 입장이다.

Der WWF주어 (남성 1격) rechnet동사 (현재 시제) mit weltweit 30 Millionen Arten, (복수 3격)

von **denen** ... sind
관계대명사 부문장(앞의 선행사 "Arten"을 수식 · 설명함.)

1. Der WWF rechnet ... :

동사 rechnen의 현재 시제임.

주어 "Der WWF"는 남성의 er에 해당함. → 현재 시제 형태는 rechn*et*임.

▶ 동사 rechnen은 어간 끝이 **-chn**이므로 발음상 **-e-** 첨가!

2. ... rechnet mit ... :

「mit etw.[3] rechnen」 '*무엇을* 예상하다'

... Arten , von **denen** 1,7 Millionen[주어] bekannt sind[동사]

관계대명사 선행사 / von + 관계대명사(복수 3격) / 복수 1격 / sind의 형용사 보어 / 현재 시제 (후치됨!)

1. ... 1,7 Millionen ... sind :

동사 sein의 현재 시제임.

주어 "1,7 Millionen"은 복수의 **sie**에 해당함. → 동사 sein의 현재 시제 형태는 **sind**임.

2. ... , von denen ... :

denen은 관계대명사 복수 3격임.

→ 앞의 복수명사 Art*en*을 선행사로 받으며, 3격 전치사 von과 결합함.

Das Leipziger Helmholtz-Zentrum[주어] ... geht[동사] von 13 Millionen aus

중성 1격 / 현재 시제(분리동사) / 복수 3격 / 분리전철

1. Das Leipziger Helmholtz-Zentrum ... geht ... :

동사 gehen의 현재 시제임.

주어 "... Helmholtz-Zentrum"은 중성의 **es**에 해당함. → 동사의 현재 시제 형태는 geh*t*임.

2. Das Leipziger Helmholtz-Zentrum :

「도시 명 + **-er**」 (소유격) '...의' :

- der **WWF** (= "World Wide Fund for Nature") 세계자연기금

- **rechnen** [자동] 계산하다 (영. calculate)
  「mit etw.[3] rechnen」 *무엇*을 예상하다
  3 기본형 : rechn*en* - rechn*ete* - *ge*rechn*et*
  [주의] 어간 끝이 -chn이므로 과거형 및 과거분사형(= pp형)에서 발음상 -e- 첨가!

- **weltweit** [형] 전 세계의, (부사적) 전 세계적으로 (영. worldwide, global)
  형용사 -weit : europaweit '전 유럽의, 유럽 전체의', bundesweit '연방 전체의'
  → die **Welt** (die Welt*en* ; 주로 단수) 세계 (영. world)
  → **weit** [형] [1] 넓은 (영. wide) ; [2] (거리가) 먼 (영. far)

- **30** ⇒ "dreißig"

- die **Art** (die Art*en*) 종, 종류 (영. kind)

- **von** [3격 전치사] ~중에, ~가운데 (영. of)

- **denen** ⇒ 관계대명사 (복수 3격)

- **1,7** ⇒ "eins Komma sieben"

- **bekannt** [형] 알려진, 유명한 (영. known, well-known)

- **Leipzig** (도시 이름 ; 관사 없음) 라이프치히 (영. Leipzig)

- das **Zentrum** (die Zentr*en*) 중앙, 중심, 센터 (영. centre)

- die **Umweltforschung** 환경 연구 (영. ecological research)
  → die **Umwelt** (항상 단수) 환경, 생태 (영. environment)
  → die **Forschung** (die Forschung*en*) 연구 (영. research)

- **gehen ... aus** ⇒ 분리동사 *aus*gehen의 현재 시제
  ***aus*gehen** (gehen ... *aus*) [분리&자동] 출발하다, 시작하다 (영. start from)
  「von etw.[3] ***aus*gehen**」 *무엇*으로부터 출발하다, *무엇*을 출발점으로 삼다
  3 기본형 : *aus*gehen - *aus*ging (ging ... *aus*) - *aus*gegangen

- **13** ⇒ "dreizehn"

Memo

130

Experimente an Tieren sind Zündstoff für Diskussionen zwischen Wissenschaftlern und Tierschützern. Was die einen als notwendiges Übel betrachten, halten die anderen für pure Quälerei.

동물들을 대상으로 한 실험들은 학자들과 동물보호주의자들 사이의 논쟁의 불씨가 되고 있다. 한 쪽 사람들이 필요악이라고 보는 것을 다른 쪽 사람들은 완전한 학대라고 생각한다.

Experimente[주어] (복수 1격) an Tieren (복수 3격) sind[동사] (현재 시제) Zündstoff (sind의 명사 보어) für Diskussionen (복수 4격) zwischen Wissenschaftlern und Tierschützern (복수 3격)

1. Experimente an Tieren :

「ein Experiment an etw.[3]」(실험 수단으로서) '*무엇*에서의 실험'

복수명사 Tier*e*가 전치사 an의 3격 목적어임. → 복수 3격!

복수 3격 명사의 형태는 항상 **-n**이어야 함. → 추가로 어미 **-n**이 붙어 Tieren임.

2. ... Diskussionen zwischen Wissenschaftlern und Tierschützern :

3·4격 전치사 zwischen은 앞 명사를 수식하여 '... 사이의 논쟁'으로 해석됨.

→ '위치'로서 3격 지배!

복수명사 Wissenschaftler 및 Tierschützer가 전치사 zwischen의 3격 목적어임.

→ 복수 3격!

복수 3격 명사의 형태는 항상 **-n**이어야 함.

→ 추가로 어미 **-n**이 붙어 Wissenschaftlern und Tierschützern임.

Was ... betrachten,
관계대명사 was-부문장(부문장 전체 ⇒ halten의 4격 목적어)

halten[동사]
현재 시제

die anderen[주어]
복수 1격

für pure Quälerei
여성 4격

... halten ... für pure Quälerei :

「etw.[4] für etw.[4] halten」 '*무엇을 무엇*이라고 여기다, 생각하다'

여성명사 Quälerei가 4격 전치사 für와 결합함. → 여성 4격!

형용사 pur 앞에 관사 없음. → 여성 4격 정관사 die처럼 변화하여 pure임.

Was
관계대명사 4격(betrachten의 4격 목적어)

die einen[주어]
복수 1격

als notwendiges Übel
중성 4격

betrachten[동사], ...
현재 시제 (후치됨!)

... als notwendiges Übel betrachten :

「etw.[4] als etw.[4] betrachten」 '*무엇을 무엇*이라고 생각하다'

중성명사 Übel이 4격이어야 함. → 중성 4격!

형용사 notwendig 앞에 관사 없음. → 중성 4격 정관사 das처럼 변화하여 notwendiges임.

- das **Experiment** (die Experiment*e*) 실험 (영. experiment)
- das **Tier** (die Tier*e*) 동물 (영. animal)
- **sind** ⇒ 동사 sein('...이다' 영. be)의 현재 시제, 불규칙 형태
  현재 시제 불규칙 변화 : ... wir sind ; ihr seid ; sie, Sie sind ...
- der **Zündstoff** (논쟁, 분쟁 등을 일으키는) 불씨, 화근 (영. fuel for ...)
  → **zünden** [타동] (폭탄, 로켓 등을) 점화하다 (영. light, fire, set off)
  → der **Stoff** (die Stoff*e*) 물질, 재료 (영. material, substance)
- die **Diskussion** (die Diskussion*en*) 토론, 논쟁 (영. discussion)
- **zwischen** [3 · 4격 전치사] (3격 : '위치') ~사이에서 ;
  (4격 : '방향') ~사이로 (영. between, among)
- der **Wissenschaftler** (die -) 학자, 과학자 (영. scientist, scholar)
- der **Tierschützer** 동물보호자 (영. animal welfarist, animal rights activist)
  → **schützen** [타동] ...을 보호하다 (영. protect, guard)
- **was** [관계대명사] (불특정 사물을 나타내어) ...인 것 (영. what)
- 「**die einen ... , die anderen ...**」 일부는 ... , 다른 사람들은 ... (영. some ... , the others ...)
- **notwendig** [형] 필수적인, 필요한 (영. necessary)
- das **Übel** (die -) 악, 해악 (영. evil) ; **ein notwendiges Übel** 필요악
- **betrachten** [타동] ...을 보다, 바라보다 (영. look at, view)
  「**etw.^{4} als etw.^{4} betrachten**」 *무엇*을 *무엇*이라고 여기다
  3 기본형 : *betrachten* - *betrachtete* - *betrachtet*
  [주의] 형태가 be-이므로 pp형에서 ge- 없음!
- **halten** [타동] ...을 잡다, 유지하다 (영. hold, keep)
  「**etw. für etw.^{4} halten**」 *무엇*을 *무엇*이라고 여기다
  3 기본형 : halten - hielt - gehalten
  현재 시제 불규칙 변화 : du hältst ; er (sie, es) hält
- **pur** [형] 순수한 (영. pure, sheer) ≈ rein
- die **Quälerei** (die Quälerei*en*) 학대, 괴롭힘 (영. torment, torture)

Frankfurter
SpiegelOnli
stern.de
Süddeutsch
taz.de
WDR Radio f

PART 7
스포츠 · 레저

131

Er ist fast blind. Er hat dennoch einen neuen Weltrekord aufgestellt.

그는 거의 맹인이다. 그는 그럼에도 불구하고 새로운 세계기록을 세웠다.

Er[주어] ist[동사] fast blind

ist: 현재 시제 / fast: 부사어 / blind: 동사 ist의 형용사 보어

Er ist ... :

동사 sein의 현재 시제임.

주어가 "**Er**"임. → 현재 시제 형태는 **ist**임.

Er[주어] hat[동사] dennoch einen neuen Weltrekord aufgestellt

hat: 현재완료(조동사) / dennoch: 부사어 / einen neuen Weltrekord: aufgestellt의 4격 목적어(남성 4격) / aufgestellt: 현재완료(pp형)

1. Er hat ... aufgestellt :

동사 *auf*stellen의 현재완료 시제 「**haben** ... pp」임.

주어가 "**Er**"임. → "**hat** ... *auf*gestellt"

2. einen neuen Weltrekord :

남성명사 Weltrekord가 동사 *auf*gestellt의 4격 목적어임. → 남성 4격!

- 남성 4격 부정관사 **einen**이 앞에 옴.
- 「d**en**, ein**en** + 형용사 **-en**」 → **einen** neu**en** ...

- **ist** ⇒ 동사 sein('...이다' 영. be)의 현재 시제, 불규칙 형태
  - sein의 현재 시제 불규칙 변화
    ich bin ; du bist ; er (sie, es) ist ; wir sind ; ihr seid ; sie, Sie sind
  - 3 기본형 : sein - war - gewesen

- **fast** [부] 거의 (영. almost)

- **blind** [형] 눈 먼, 맹인의 (영. blind)

- **hat** ⇒ 현재완료 「haben ... pp」의 조동사 haben의 불규칙 형태
  - haben의 현재 시제 불규칙 변화
    ich hab*e* ; du hast ; er (sie, es) hat ; wir hab*en* ; ihr hab*t* ; sie, Sie hab*en*

- **dennoch** [부] 그럼에도 불구하고 (영. nevertheless)

- **neu** [형] 새, 새로운 (영. new)

- der **Weltrekord** 세계기록 (영. world record)
  einen Weltrekord aufstellen 세계기록을 세우다
  → die **Welt** (die Welt*en* ; 주로 단수) 세계 (영. world)
  → der **Rekord** (die Rekord*e*) 기록 (영. record)

- **aufgestellt** ⇒ 분리동사 *auf*stellen의 pp형
  ***auf*stellen** (stellen ... *auf*) [분리&타동] (...을) 세우다, 설치하다 (영. set up)
  - 3 기본형 : *auf*stell*en* - *auf*stell*te* (stell*te* ... *auf*) - *auf**ge*stell*t*

PART 7
스포츠·레저

132

Die Pleite gegen Argentinien ist die vierte Niederlage der deutschen Nationalmannschaft im Jahr 2012.

이번 아르헨티나와의 경기의 실패는 독일 국가대표팀의 2012년도 4번째 패배이다.

Die Pleite[주어] (여성 1격) gegen Argentinien ist[동사] (현재 시제)

die vierte Niederlage (동사 ist의 명사 보어(= 주격 보어)(여성 1격)) der deutschen Nationalmannschaft (여성 2격)

im Jahr 2012

1. Die Pleite ... ist ... :

동사 sein의 현재 시제임.

주어 "Die Pleite"는 여성의 **sie**('그녀')에 해당함. → 현재 시제 형태는 **ist**임.

2. die vierte Niederlage :

여성명사 Niederlage가 동사 ist의 주격(= 1격) 보어임. → 여성 1격!

- 여성 1격 정관사 **die**가 앞에 옴.
- 「여성 **die** + 형용사 **-e**」 → **die** vierte ...

3. ... Niederlage der deutschen Nationalmannschaft :

여성명사 Nationalmannschaft가 앞 명사 Niederlage를 수식하는 2격임. → 여성 2격!

- 여성 2격 정관사 **der**가 앞에 옴.
- 「2, 3격 관사 + 형용사 **-en**」 → ... **der** deutschen ...

- die **Pleite** (die Pleite*n*) [1] 파산 (영. bankruptcy) ; [2] 실패 (영. failure)
- **gegen** [4격 전치사] ~을 향하여, ~에 반대하여 (영. towards, against)
- **Argentinien** (국가 명 ; 관사 없음) 아르헨티나 (영. Argentina)
- **ist** ⇒ 동사 sein('...이다' 영. be)의 현재 시제, 불규칙 형태
  - sein의 현재 시제 불규칙 변화
    ich bin ; du bist ; er (sie, es) ist ; wir sind ; ihr seid ; sie, Sie sind
  - 3 기본형 : sein - war - gewesen
- **viert-** [수] (서수) 넷째의, 제 4의 (영. fourth)
- die **Niederlage** (die Niederlage*n*) 패배 (영. defeat) ↔ der Sieg 승리
- **deutsch** [형] 독일의, 독일인의, 독일어의 (영. German)
- die **Nationalmannschaft** 국가대표팀 (영. national team)
  → **National...** (합성어로서) 국가의 ... , 국립 ... (영. national ...)
  national [형] 국가의, 국립의 (영. national)
  └▸ die **Nation** (die Nation*en*) [1] 국민, 민족 ≈ das Volk ; [2] 국가 ≈ der Staat (영. nation)
  → die **Mannschaft** (die Mannschaft*en*) (스포츠) 팀, 선수단 (영. team)
- **im** ⇒ "in dem"의 축약형
  in [3·4격 전치사] (3격 : '시간적') ~에 (영. in)
- das **Jahr** (die Jahr*e*) (시간 단위) 해, 년 (영. year)
- **2012** ⇒ "zweitausendzwölf"

PART 7
스포츠·레저

133

Vierzig Jahre nach München sehnen sich die Deutschen nach Olympischen Sommerspielen in der Heimat.

뮌헨 (대회) 40년 이후 독일인들은 고향에서 이루어지는 하계올림픽대회를 갈망하고 있다.

Vierzig Jahre nach München sehnen[동사] (현재 시제) sich (재귀대명사 4격)

die Deutschen[주어] (복수 1격) nach Olympischen Sommerspielen (복수 3격)

in der Heimat (여성 3격)

1. ... sehnen ... die Deutschen ... :

동사 sehnen의 현재 시제임.

주어 "die Deutschen"은 복수의 **sie**('그들')에 해당함. → 현재 시제 형태는 sehn**en**임.

2. die Deutschen :

Deutsch-('독일인')는 형용사 어미변화 함.

'독일인들'을 뜻하여 복수이며, 문장의 주어임. → 복수 1격!

- 복수 1격 정관사 **die**가 앞에 옴.
- 「복수 정관사 + 형용사 **-en**」 → **die** Deutsch**en**

3. ... sehnen sich ... nach Olympischen Sommerspielen :

「sich⁴ nach etw.³ sehnen」 '*무엇을 갈망하다, 그리워하다*'

복수명사 Sommerspiele가 3격 전치사 nach와 결합함. → 복수 3격!

- 형용사 Olymisch 앞에 관사 없음.
  → 복수 3격 정관사 d**en**처럼 변화하여 Olympisch**en**임.
- 복수 3격 명사 형태는 항상 **-n**이어야 함. → 추가로 어미 **-n**이 붙어 Sommerspiele**n**임.

4. ... Olympischen Sommerspiele in der Heimat :

3·4격 전치사 in은 바로 앞 명사를 수식하여 '고향에서의 여름 올림픽'으로 해석됨.

→ '위치'이므로 3격 지배!

여성명사 Heimat가 전치사 in의 3격 목적어임. → 여성 3격!

여성 3격 정관사 **der**가 앞에 옴.

- **vierzig** [수] 40, 마흔 (영. forty)
- das **Jahr** (die Jahr*e*) (시간 단위) 해, 년 (영. year)
- **nach** [3격 전치사] (국가, 도시 명과 결합하여) ~로, ~을 향하여 (영. to)
- **München** (도시 명 ; 관사 없음) 뮌헨 (영. Munich)
- **sehnen** [4격 재귀동] 「sich⁴ nach etw.³ sehnen」 *무엇을* 그리워하다, 갈망하다 (영. long for)
  - 3 기본형 : sehn*en* - sehn*te* - *ge*sehn*t*
- **Deutsch-** (형용사 어미변화) 독일인 (영. German)
  - 형용사 deutsch의 명사화 : der Deutsch*e*, ein Deutsch*er* ...
- **Olympische Sommerspiele** (항상 복수) 하계 올림픽 (영. Summer Olympics)
  - → **olympisch** [형] 올림픽의 (영. Olympic)
  - → der **Sommer** (die -) 여름 (영. summer) ↔ der Winter 겨울
  - → das **Spiel** (die Spiel*e*) (스포츠 등의) 경기, 게임 (영. play, game)
    - ↳ **spielen** [타동] (스포츠 종목을) 경기하다, 행하다 (영. play)
      - 3 기본형 : spiel*en* - spiel*te* - *ge*spiel*t*
- **in** [3·4격 전치사] (3격 : '위치') ~안에, ~안에서 ; (4격 : '방향') ~안으로 (영. in, into)
- die **Heimat** (die Heimat*en* ; 주로 단수) 고향 (영. home, home town)

134

Die Pflicht ist erfüllt: Die deutsche Nationalmannschaft hat bei der Fußball-Europameisterschaft das Viertelfinale erreicht.

의무는 충족된 상태이다 : 독일의 국가대표팀은 축구 유럽선수권대회에서 준준결승에 도달했다.

Die Pflicht^주어 (여성 1격) ist^동사 (현재 시제) erfüllt (ist의 형용사 보어) : ...

... ist erfüllt :
타동사 erfüllen의 상태 수동 현재 시제 「**sein** ... pp」임.
주어 "Die Pflicht"는 여성의 **sie**('그녀')에 해당함. → "... ist erfüllt"임.

... : **Die deutsche Nationalmannschaft**^주어 (여성 1격) hat^동사 (현재완료(조동사))
bei der Fußball-Europameisterschaft (여성 3격) das Viertelfinale (erreicht의 4격 목적어(중성 4격))
erreicht (현재완료(pp형))

1. Die deutsche Nationalmannschaft :
여성명사 Nationalmannschaft가 문장의 주어임. → 여성 1격!
- 여성 1격 정관사 **die**가 앞에 옴.
- 「여성 **die** + 형용사 **-e**」→ **Die** deutsche ...

2. Die deutsche Nationalmannschaft hat ... erreicht :

동사 erreichen의 현재완료 시제「**haben** ... pp」임.

주어 "... Nationalmannschaft"는 여성의 **sie**('그녀')에 해당함. → "**hat** ... erreicht"

3. bei der Fußball-Europameisterschaft :

여성명사 Fußball-Europameisterschaft가 3격 전치사 bei와 결합함. → 여성 3격!

여성 3격 정관사 **der**가 앞에 옴.

- die **Pflicht** (die Pflicht*en*) 의무 (영. duty)

  die Pflicht erfüllen (혹은 tun) 의무를 수행하다

- **ist** ⇒ 동사 sein('...이다' 영. be)의 현재 시제, 불규칙 형태

  sein의 현재 시제 불규칙 변화 :

  ich bin ; du bist ; er (sie, es) ist ; wir sind ; ihr seid ; sie, Sie sind

- **erfüllt** [과거분사&형용사] 수행된, 성취된 (영. fulfiled)

  ↳ **erfüllen** [타동] (...을) 수행하다, 성취하다 (영. fulfil)

  3 기본형 : *erfüllen* - *erfüllte* - *erfüllt*

  [주의] 형태가 er-이므로 pp형에서 ge- 없음!

- **deutsch** [형] 독일의, 독일인의, 독일어의 (영. German)

- die **Nationalmannschaft** 국가대표팀 (영. national team)

  → **National...** (합성어로서) 국가의 ... , 국립 ... (영. national ...)

  national [형] 국가의, 국립의 (영. national)

  ↳ die **Nation** (die Nation*en*) [1] 국민, 민족 ≈ das Volk ; [2] 국가 ≈ der Staat (영. nation)

  → die **Mannschaft** (die Mannschaft*en*) (스포츠) 팀, 선수단 (영. team)

- **hat** ⇒ 현재완료「haben ... pp」의 조동사 haben의 불규칙 형태

  haben의 현재 시제 불규칙 변화

  ich habe ; du hast ; er (sie, es) hat ; wir hab*en* ; ihr hab*t* ; sie, Sie hab*en*

- **bei** [3격 전치사] ~일 때, ~인 경우 (영. at, in)

PART 7
스포츠·레저

die **Fußball-Europameisterschaft** 축구 유럽선수권대회 (영. European championships)

→ der **Fußball** (항상 단수) (스포츠 종목) 축구 (영. football, soccer)

→ **Europa** (지역 명 ; 관사 없음) 유럽 (영. Europe)

→ die **Meisterschaft** (die Meisterschaft*en*) 선수권, 우승 (영. championship, title)

das **Viertelfinale** (die -) 준준결승 (영. quarter final)

→ das **Viertel** (die -) 1/4 (영. quarter)

→ das **Finale** (die -) 결승 (영. final)

erreicht ⇒ 동사 erreichen의 pp형

erreichen [타동] [1] (...에) 도착하다, 도달하다 (영. reach) ; [2] (...을) 성취하다 (영. achieve)

3 기본형 : *erreichen* - *erreichte* - *erreicht*

[주의] 형태가 er-이므로 pp형에서 ge- 없음!

Memo

135

Er hat seine Chance genutzt: Boxer Arthur Abraham hat den WM-Kampf gegen Robert Stieglitz nach Punkten gewonnen.

그는 자신의 기회를 이용했다: 권투 선수 아르투어 아브라함은 로버트 스티글리츠와의 세계선수권 대회 경기에서 판정으로 승리했다.

Er[주어] **hat**[동사] (현재완료(조동사)) **seine Chance** (genutzt의 4격 목적어(여성 4격)) **genutzt** (현재완료(pp형)) : ...

1. Er hat ... genutzt :

동사 nutzen의 현재완료 시제 「**haben** ... pp」임.

주어가 "**Er**"임. → "**hat** ... genutzt"

2. seine Chance :

여성명사 Chance가 동사의 4격 목적어임. → 여성 4격!

소유대명사 sein-('그의' 영. his)은 여성 4격 부정관사 eine처럼 변화하여 seine임.

▶ 소유대명사 **mein-, dein-, sein-** ... 및 부정어 **kein-**은 부정관사 **ein-** 어미변화 함.

Boxer Arthur Abraham주어 **hat**동사 **den WM-Kampf** **gegen Robert Stieglitz** **nach Punkten** **gewonnen**

hat: 현재완료(조동사) / den WM-Kampf: gewonnen의 4격 목적어(남성 4격) / nach Punkten: 복수 3격 / gewonnen: 현재완료(pp형)

1. Boxer Arthur Abraham hat ... gewonnen :

동사 gewinnen의 현재완료 시제 「**haben** ... pp」임.
주어 "Boxer ..."는 남성의 **er**에 해당함. → "**hat** ... gewonnen"

2. den WM-Kampf gegen ... :

「der Kampf gegen j-n」 '누구와의 싸움, 경기'
남성명사 WM-Kampf가 동사의 4격 목적어임. → 남성 4격!
남성 4격 정관사 **den**이 앞에 옴.

3. nach Punkten :

복수명사 Punkt*e*가 3격 전치사 nach와 결합함. → 복수 3격!
복수 3격 명사의 형태는 항상 **-n**이어야 함. → 추가로 어미 **-n**이 붙어 Punkten임.

PART 7
스포츠 · 레저

- hat ⇒ 현재완료 「haben ... pp」의 조동사 haben의 불규칙 형태
  - haben의 현재 시제 불규칙 변화 : du hast ; er (sie, es) hat
- die **Chance** (die Chance*n*) 기회 (영. chance)
- genutzt ⇒ 동사 nutzen의 pp형
  nutzen [타동] (...을) 이용하다 (영. use, make use of)
  - 3 기본형 : nutz*en* - nutz*te* - *ge*nutz*t*
- der **Boxer** (die -) 복싱 선수, 권투 선수 (영. boxer, fighter)
- hat ⇒ 현재완료 「haben ... pp」의 조동사 haben의 불규칙 형태

- der **WM-Kampf** 세계선수권대회 경기
  → die **WM** (= "Weltmeisterschaft") 세계선수권대회 (영. world championship)
  → der **Kampf** (die Kämpfe) 싸움, 전투, 경기 (영. fight, battle, conflict)
  「**der Kampf gegen j-n** (혹은 **mit j-m**)」 누구와의 경기, 싸움

- **gegen** [4격 전치사] ~을 향하여, ~에 반대하여 (영. towards, against)

- **nach** [3격 전치사] ~에 따르면, ~에 따라 (영. according to)

- der **Punkt** (die Punkt*e*) 점, 점수 (영. point)

- **gewonnen** ⇒ 동사 gewinnen의 pp형
  gewinnen [타동] (경기, 게임 등을) 이기다 (영. win)
  3 기본형 : gewinnen - gewann - gewonnen

Memo

136

Nach der Winterpause wird endlich wieder Fußball gespielt, und zwar im DFB-Pokal.

겨울 휴식 기간 후에 마침내 다시 축구가 치러지는데, 즉 독일축구연맹 컵에서이다.

Nach der Winterpause (여성 3격) wird[동사] (수동태 현재 시제(수동태 조동사)) ... Fußball[주어] (남성 1격)

gespielt, (수동태 현재 시제(수동태 pp형)) und zwar im DFB-Pokal (남성 3격)

1. Nach der Winterpause :

여성명사 Winterpause가 3격 전치사 nach와 결합함. → 여성 3격!

여성 3격 정관사 **der**가 앞에 옴.

2. ... wird ... Fußball gespielt :

타동사 spielen의 수동태 현재 시제「**werden** ... pp」임.

주어 "Fußball"은 남성의 **er**에 해당함. → "**wird** ... gespielt"임.

3. ... und zwar im DFB-Pokal :

「... , und zwar ...」 즉, 예컨대 ...

3·4격 전치사 in은 내용상 '...에서'로 해석됨. → ('방향'이 아닌) '위치'이므로 3격 지배!

남성명사 DFB-Pokal이 전치사 in의 3격 목적어임. → 남성 3격!

남성 3격 정관사 **dem**이 전치사 in과 함께 **im**으로 축약됨.

- nach [3격 전치사] (시간적) ~후에, ~뒤에 (영. after) ↔ 「vor + 3격」 ~전에 (영. before)

- die **Winterpause** 겨울 휴식기간 (영. winter break)
  → der **Winter** (die -) 겨울 (영. winter)
  → die **Pause** (die Pausen) 휴식, 휴식시간 (영. break, pause)

- wird ⇒ 수동태 「werden ... pp」의 조동사 werden의 현재 시제, 불규칙 형태
  - werden의 현재 시제 불규칙 변화 : du wirst ; er (sie, es) wird
  - 3 기본형 : werden - wurde - worden

    [주의] 일반 동사 werden ('... 되다' 영. become)의 pp형은 geworden임.

- endlich [부] 마침내, 결국 (영. at last)

- wieder [부] 다시, 재차, 반복하여 (영. again)

- der **Fußball** [1] (항상 단수) 축구 (영. soccer) ; [2] (die Fußbälle) 축구공 (영. soccer ball)

- gespielt ⇒ 동사 spielen의 pp형
  spielen [타/자동] (스포츠 종목을) 경기하다 (영. play)
  - 3 기본형 : spiel*en* - spiel*te* - *ge*spiel*t*

- 「... , und zwar ...」 즉, 말하자면, 예컨대 ... (영. to be precise)

- im ⇒ "in dem"의 축약형
  in [3·4격 전치사] (3격 : '위치') ~안에, ~안에서 ; (4격 : '방향') ~안으로 (영. in, into)

- der **DFB-Pokal** 독일축구연맹 컵 (대회)
  → der **DFB** (= "Deutscher Fußballbund") 독일축구연맹
  → der **Pokal** (der Polkale) (스포츠) 컵, 우승컵, 트로피 (영. cup)

137

Alle deutschen Spitzenathleten haben fünf Kollegen nominiert, von denen einer zum „Champion des Jahres“ gewählt wird.

독일의 모든 최상의 선수들이 5명의 동료들을 지명하였는데, 이들 가운데 하나가 "금년도의 챔피언"으로 선정된다.

Alle deutschen Spitzenathleten주어 (복수 1격) **haben**동사 (현재완료(조동사)) **fünf Kollegen** (nominiert의 4격 목적어(복수 4격))

nominiert, (현재완료(pp형)) **von denen ... wird** (관계대명사 부문장(앞의 선행사 "fünf Kollegen"을 수식 · 설명함.))

Alle deutschen Spitzenathleten :

「alle + 형용사 -en + 복수명사」

▶「viele + 형용사 -e (혹은 -en) + 복수명사」

... **fünf Kollegen** (관계대명사 선행사(복수 4격)) ... , von **denen** (관계대명사(복수 3격)) **einer**주어 (부정대명사 ein-(남성 1격))

zum „Champion (남성 3격) **des Jahres“** (중성 2격) **gewählt wird**동사 (수동태 현재 시제 (후치됨!))

1. ... , von denen ... :

denen은 관계대명사 복수 3격임.

→ 앞에 나온 복수명사 "... Kollege*n*"을 선행사로 받으며, 3격 전치사 von과 결합함.

2. ... einer ... :

앞에 나온 남성명사 Kollege에 상응하며, 부문장 안의 주어임. → 남성 1격!
따라서 남성 1격 der 어미변화하여 einer임.
▶ 부정대명사 **ein-**('... 하나' 영. one)은 정관사 **d-** 어미변화 함.

3. ... , von denen einer ... gewählt wird :

타동사 wählen의 수동태 현재 시제 「**werden** ... pp」임.
주어가 부정대명사 einer임.
→ "**wird** ... gewählt"이지만, 부문장 안에서 후치되어 "... gewählt **wird**"임.

4. ... zum „Champion des Jahres" gewählt wird :

「j-n zu etw.[3] wählen」'누구를 무엇으로 선정하다'

① **zum** Champion :
남성명사 Champion이 3격 전치사 zu와 결합함. → 남성 3격!
남성 3격 정관사 **dem**이 전치사 zu와 함께 **zum**으로 축약됨.

② ... **des** Jahr**es** :
중성명사 Jahr가 앞 명사를 수식하는 2격임. → 중성 2격!
- 중성 2격 정관사 **des**가 앞에 옴.
- 남성, 중성 2격 명사는 **-s** 혹은 **-es**가 붙음. → 중성명사이므로 **-es**가 붙어 Jahr**es**임.

PART 7
스포츠·레저

- 「all*e* + 복수명사」 모든 ...들 (영. all ...)

- deutsch [형] 독일의, 독일인의, 독일어의 (영. German)

- der Spitzenathlet 최상의 선수
  → Spitzen... (합성어로서) 최상 ... , 선두 ... (영. top ..., top-level ... , top-class ...)
  spitz [형] 뾰족한 (영. sharp) ↔ rund 둥근, stumpf 무딘
  → der Athlet (die Athlet*en*) (스포츠) 선수, 경기자 (영. athlete)
  ▶ 단수의 경우, 주어를 제외한 단수 2, 3, 4격 모두 복수형과 동일하게 Athlet*en*인 약변화 명사!

- haben ⇒ 현재완료 「haben ... pp」의 조동사

- fünf [수] 5, 다섯 (영. five)

- der **Kollege** (die Kollege*n*) 동료 (영. colleague)
  - 단수의 경우, 주어를 제외한 단수 2, 3, 4격 모두 복수형과 동일하게 Kollege*n*인 약변화 명사!

- **nominiert** ⇒ 동사 nominieren의 pp형
  nominieren [타/자동] (누구를) 지명하다 (영. nominate)
  - 3 기본형 : nominier*en* - nominier*te* - nominier*t*
    [주의] 형태가 -ieren이므로 pp형에서 ge- 없음!

- **von** [3격 전치사] ~중에, ~가운데 (영. of)

- **denen** ⇒ 관계대명사 (복수 3격)

- **ein-** [부정대명사] (정관사 d- 어미변화) (문맥 안의 특정 대상을 지칭하여) 그 하나, 그것 하나

- der **Champion** [ˈʧɛmpiən] (die Champion*s*) 챔피언, 우승자 (영. champion)

- das **Jahr** (die Jahr*e*) (시간 단위) 해, 년 (영. year)

- **gewählt** ⇒ 동사 wählen의 pp형
  wählen [타/자동] (...을) 선택하다, 선발하다, 선거하다 (영. choose, elect)
  「**j-n zu etw.**[3] **wählen**」 *누구를 무엇으로* 선정하다
  - 3 기본형 : wähl*en* - wähl*te* - *ge*wähl*t*

- **wird** ⇒ 수동태 「werden ... pp」의 조동사 werden의 현재 시제, 불규칙 형태
  - werden의 현재 시제 불규칙 변화 : du wirst ; er (sie, es) wird

Memo

138

Mit 24:25 haben die deutschen Handballer ihr WM-Spiel gegen Norwegen verloren. Trainer Heiner Brand war dabei richtig sauer auf den Schiedsrichter.

24대 25로 독일의 핸드볼 선수들은 노르웨이와의 세계선수권대회 경기에서 패배했다. 여기서 트레이너인 하이너 브란트는 심판에 대해 제대로 화가 났다.

Mit 24:25 haben동사 (현재완료 (조동사)) die deutschen Handballer주어 (복수 1격)

ihr WM-Spiel (verloren의 4격 목적어 (중성 4격)) gegen Norwegen verloren (현재완료 (pp형))

1. ... haben die deutschen Handballer ... verloren :

동사 verlieren의 현재완료 시제 「**haben** ... pp」임.

주어 "... Handballer"는 복수의 **sie**('그들')에 해당함. → "**haben** ... verloren"임.

2. die deutschen Handballer :

복수명사 Handballer가 주어(= 1격)임. → 복수 1격!

- 복수 1격 정관사 **die**가 옴.
- 「복수 정관사 + 형용사 **-en**」→ **die** deutsch*en* ...

3. ihr WM-Spiel gegen Norwegen :

「ein Spiel gegen etw.[4]」'*무엇을 상대로 하는 경기*'

중성명사 WM-Spiel이 동사의 4격 목적어임. → 중성 4격!

소유대명사 ihr-('그들의' 영. their)는 중성 4격 부정관사 **ein_**처럼 어미 없이 그대로 **ihr_**임.

▶ 소유대명사 **mein-**, **dein-**, **sein-** ... 및 부정어 **kein-** ⇒ 부정관사 **ein-** 어미변화 함.

Trainer Heiner Brand주어 war동사 ... sauer auf den Schiedsrichter

war: 과거 시제 / sauer: war의 형용사 보어 / auf den Schiedsrichter: 남성 4격

1. Trainer Heiner Brand war ... :

동사 sein의 과거 시제임.

주어 "Trainer ..."는 남성의 **er**에 해당함. → 과거형 **war**는 어미 없이 그대로 **war_**임.

2. ... war ... sauer auf den Schiedsrichter :

「auf j-n sauer sein」 '누구에 대해 화나다'

남성명사 Schiedsrichter가 전치사 auf의 4격 목적어임. → 남성 4격!

남성 4격 정관사 **den**이 앞에 옴.

- mit [3격 전치사] [1] (수단) ~을 가지고 ; [2] (동반) ~와 함께 (영. with)
- 24:25 ⇒ "vierundzwanzig zu fünfundzwanzig"
- haben ⇒ 현재완료 「haben ... pp」의 조동사
- deutsch [형] 독일의, 독일인의, 독일어의 (영. German)
- der **Handballer** (die -) (der "Handballspieler"의 구어체) 핸드볼 선수 (영. handball player)
  → der **Handball** (항상 단수) 핸드볼 (영. handball)
    → die **Hand** (die Händ*e*) 손 (영. hand)
    → der **Ball** (die Bäll*e*) 공, 볼 (영. ball)
- das **WM-Spiel** 세계선수권대회 경기 (영. world championship game)
  → die **WM** (= "Weltmeisterschaft") 세계선수권대회 (영. world championships)
    → die **Welt** (die Welt*en* ; 주로 단수) 세계 (영. world)
    → die **Meisterschaft** (die Meisterschaft*en*) 선수권, 우승 (영. championship, title)
  → das **Spiel** (die Spiel*e*) (스포츠 등의) 경기, 게임 (영. play, game, match)
- gegen [4격 전치사] ~을 향하여, ~에 반대하여 (영. towards, against)

PART 7 스포츠·레저

- **Norwegen** (국가 명 ; 관사 없음) 노르웨이 (영. Norway)

- **verloren** ⇒ 동사 verlieren의 pp형
  verlieren [타동] [1] ...을 잃다, 분실하다 ; [2](경기 등을) 패배하다 (영. lose)
  3 기본형 : verlieren - verlor - verloren

- der **Trainer** [ˈtrɛːnɐ] (die -) 트레이너, 코치 (영. trainer, coach)

- **war** ⇒ 동사 sein('...이다' 영. be)의 과거 시제
  sein의 3 기본형 : sein - war - gewesen

- **dabei** [부] 그 때, 그 경우 (영. at the same time, then)

- **richtig** [형] [1] 올바른 (영. right) ; [2] 제대로 된, (부사적) 정말로, 제대로 (영. real, really)

- **sauer** [형] [1] (맛 종류) 신 (영. sour) ; [2]「**sauer auf j-n**」 누구에 대하여 화난 (영. annoyed)

- der **Schiedsrichter** (die -) (스포츠 경기의) 심판 (영. referee, umpire)
  → der **Richter** (die -) 판사, 재판관 (영. judge)

Memo

139

Für die deutsche Nationalmannschaft ist die EM zu Ende. Mit der Niederlage gegen den Gastgeber Litauen verpasste die Mannschaft den Einzug ins Viertelfinale.

독일의 국가대표 팀에게는 유럽선수권대회가 끝났다. 이 팀은 홈팀인 리투아니아에게 패배함으로써 준준결승전으로의 진출을 놓쳤다.

Für die deutsche Nationalmannschaft (여성 4격) ist[동사] (현재 시제) die EM[주어] (여성 1격) zu Ende

1. Für die deutsche Nationalmannschaft :

여성명사 Nationalmannschaft가 4격 전치사 für와 결합함. → 여성 4격!

- 여성 4격 정관사 **die**가 옴.
- 「여성 **die** + 형용사 **-e**」→ Für **die** deutsche ...

2. ... ist die EM ... :

동사 sein의 현재 시제임.

주어 "Die EM"은 여성의 **sie**('그녀')에 해당함. → 현재 시제 형태는 **ist**임.

3. ... ist ... zu Ende :

「zu Ende sein」'끝나다, 종료되다'

Mit der Niederlage (여성 3격) gegen den Gastgeber Litauen (남성 4격) verpasste동사 (과거 시제) die Mannschaft주어 (여성 1격) den Einzug (verpasste의 4격 목적어(남성 4격)) ins Viertelfinale (중성 4격)

1. ... verpasste die Mannschaft ... :

동사 verpassen의 과거 시제임.

주어 "Die Mannschaft"는 여성의 **sie**('그녀')에 해당함.

→ 과거형 verpass*te*는 추가의 어미 없이 verass*te*_임.

2. ... Einzug ins Viertelfinale :

3·4격 전치사 in은 앞 명사와 함께 '...안으로 들어감'으로 해석됨. → '방향'이므로 4격 지배!

중성명사 Viertelfinale가 전치사 in의 4격 목적어임. → 중성 4격!

중성 4격 정관사 **das**가 전치사 in과 함께 **ins**로 축약됨.

- für [4격 전치사] [1] ~에게, ~에게는 ; [2] ~을 위해, ~을 위한 (영. for)
- die Nationalmannschaft 국가대표팀 (영. national team)
  → National... (합성어로서) 국가의 ... , 국립 ... (영. national ...)
  national [형] 국가의, 국립의 (영. national)
  ↳ die Nation (die Nation*en*) [1] 국민, 민족 ≈ das Volk ; [2] 국가 ≈ der Staat (영. nation)
  → die Mannschaft (die Mannschaft*en*) (스포츠) 팀, 선수단 (영. team)
- ist ⇒ 동사 sein('...이다' 영. be)의 현재 시제 불규칙 형태
  동사 sein의 불규칙 변화 : ich bin ; du bist ; er (sie, es) ist ...
- die EM (= "Europameisterschaft") 유럽선수권대회 (영. European championships)
- das Ende (die Ende*n* ; 주로 단수) 끝 (영. end)
  「etw.주어 ist zu Ende」 *무엇*이 끝나다, 종료되다
- mit [3격 전치사] [1] (수단) ~을 가지고 ; [2] (동반) ~와 함께 (영. with)
- die Niederlage (die Niederlage*n*) 패배 (영. defeat) ↔ der Sieg 승리

- **gegen** [4격 전치사] ~을 향하여, ~에 반대하여 (영. towards, against)

- der **Gastgeber** (die -) [1] (손님을 맞는) 주인 (영. host) ;
  [2] (스포츠 경기의) 홈팀 (영. home team)

  → der **Gast** (die Gäst*e*) 손님, 방문객 (영. guest, visitor)

  → der **Geber** (die -) (무엇인가를 주거나 선물하는) 수여자, 기부자 (영. giver)

- **Litauen** (국가 명 ; 관사 없음) 리투아니아 (영. Lithuania)

- **verpasste** ⇒ 동사 verpassen의 과거 시제

  verpassen [타동] (시간을 맞추지 못하여) ...을 놓치다, 잃다 (영. miss)

  3 기본형 : *verpassen* - *verpasste* - *verpasst*

  [주의] 형태가 ver-이므로 pp형에서 ge- 없음!

- die **Mannschaft** (die Mannschaft*en*) (스포츠) 팀, 선수단 (영. team)

- der **Einzug** (die Einzüg*e* ; 주로 단수) 들어감, 입장 (영. moving in, entry)

  ↳ *ein*ziehen (ziehen ... *ein*) [분리&자동] (완료형 : sein ... pp) 들어가다 (영. move in, enter)

  3 기본형 : *einziehen* - *einzog* (zog ... *ein*) - *eingezogen*

- das **Viertelfinale** (die -) 준준결승 (영. quarter final)

  → das **Viertel** (die -) 1/4 (영. quarter)

  → das **Finale** (die -) 결승 (영. final)

Memo

140

Zwei Elfmeter, zwei rote Karten, zwei Tore für Nürnberg: Nach der 1:2-Heimniederlage befindet sich der 1. FC Köln weiter in einer sportlichen Krise.

두 번의 페널티킥, 두 차례의 레드카드, 뉘른베르크 팀에게 두 골 : 홈경기 1:2 패배 후 쾰른 팀은 계속적으로 스포츠 측면의 위기 속에 처해 있다.

Zwei Elfmeter (복수 1격), zwei rote Karten (복수 1격), zwei Tore (복수 1격) für Nürnberg : ...

zwei rote Karten :

복수명사 Karte*n*이 1격임. → 복수 1격!

형용사 rot 앞에 관사 없음. → 복수 1격 정관사 die처럼 변화하여 rote임.

▶ 형용사 앞에 관사, 소유대명사 등이 없을 경우 ⇒ 형용사 자체가 정관사 **d-** 어미변화!

... : Nach der 1:2-Heimniederlage (여성 3격) befindet[동사] (현재 시제) sich (4격 재귀대명사) **der 1. FC Köln**[주어] (남성 1격) weiter in einer sportlichen Krise (여성 3격)

1. ... befindet ... der 1. FC Köln ... :

동사 befinden의 현재 시제임.

주어 "der 1. FC Köln"은 남성 **er**에 해당함. → 현재 시제 형태는 befind*et*임.

▶ 동사 befinden은 어간 끝이 **-d**이므로 발음상 **-e-** 첨가!

2. ... befindet sich ... in einer sportlichen Krise :

「sich⁴ + '위치' 부사어 + befinden」 '...에 있다, 소재하다'

3·4격 전치사 in은 동사와 함께 '...안에 있다'로 해석됨. → '위치'로서 3격 지배!

여성명사 Krise가 전치사 in의 3격 목적어임. → 여성 3격!

- 여성 3격 부정관사 **einer**가 앞에 옴.
- 「2, 3격 관사 + 형용사 -en」 → in **einer** sportlich**en** ...

3. ... befindet sich der 1. FC Köln ...

sich는 재귀대명사 → 명사인 주어 "der 1. FC Köln" 앞에 위치함.

▶ 어순 : 대명사는 명사, 부사 등의 다른 품사보다 앞에 위치함.

- zwei [수] 2, 둘 (영. two)
- der Elfmeter (die -) 페널티킥 (영. penalty kick)
  → elf [수] 11, 열하나 (영. eleven)
  → der 혹은 das Meter (die -) (거리 및 길이 단위) 미터 (m) (영. metre)
- rot [형] 붉은, 빨간색의 (영. red)
- die Karte (die Karte*n*) 카드 (영. card)
- das Tor (die Tor*e*) [1] (건물의) 대문 (영. gate, door) ; [2] (축구 등의) 골문, 골인 (영. goal)
- für [4격 전치사] [1] ~에게, ~에게는 ; [2] ~을 위해, ~을 위한 (영. for)
- Nürnberg (도시 명 ; 관사 없음) 뉘른베르크 (영. Nuremberg)
- nach [3격 전치사] (시간적) ~후에, ~뒤에 (영. after) ↔ 「vor + 3격」 ~전에 (영. before)
- 1:2-Heimniederlage ⇒ "eins zu zwei Heimniederlage"
  → die Heimniederlage 홈경기 패배 (영. home defeat)
- befinden [4격 재귀동] 「sich ... befinden」 ('장소' 부사어와 함께) ...에 있다, 소재하다 (영. be)
  ✔ 3 기본형 : *be*finden - *be*fand - *be*funden
  [주의] 형태가 be-이므로 pp형에서 ge- 없음!

PART 7
스포츠·레저

- der **1. FC Köln** (= "der erste FC Köln") (독일의 축구팀 명칭)
  → der **FC** (주로 단수) (= "Fußballclub") 축구 클럽, 축구팀 (영. football club)
    → der **Club** 혹은 **Klub** (die Clubs, Klubs) 클럽, 단체, 동호회 (영. club) ≈ der Verein
  → **Köln** (도시 명 ; 관사 없음) 쾰른 (영. Cologne)

- **weiter** [부] 계속해서, 나아가서 (영. further)

- **in** [3 · 4격 전치사] (3격 : '위치') ~안에, ~안에서 ; (4격 : '방향') ~안으로 (영. in, into)

- **sportlich** [형] 스포츠의, 스포츠와 관련된 (영. ... of sports, sporting)

- die **Krise** (die Krisen) 위기 (영. crisis)

Memo

141

Der irische Turner hatte bereits einen schweren Unfall hinter sich. Nach einem Sturz im Training blieb er dann gar gelähmt, erst Monate später konnte er seine Hand wieder bewegen.

그 아일랜드 체조 선수는 이미 심각한 사고를 겪었다. 훈련 중에 추락한 이후 그는 심지어 마비된 상태로 계속 있었으며, 몇 개월 후에야 비로소 그는 자신의 손을 다시 움직일 수 있었다.

Der irische Turner주어 (남성 1격) hatte동사 (과거 시제) ... einen schweren Unfall (동사 hatte의 4격 목적어(남성 4격)) hinter sich

1. Der irische Turner :

남성명사 Turner가 주어임. → 남성 1격!

- 남성 1격 정관사 **der**가 앞에 옴.
- 「남성 **der** + 형용사 **-e**」→ **Der** irische ...

2. ... hatte ... einen schweren Unfall hinter sich :

「etw.[4] hinter sich[3] haben」'*무엇을* 이미 겪었다

남성명사 Unfall이 동사의 4격 목적어임. → 남성 4격!

- 남성 4격 부정관사 **einen**이 옴.
- 「ein**en**, d**en** + 형용사 **-en**」→ **einen** schweren ...

Nach einem Sturz (남성 3격) im Training (남성 3격) blieb[동사] (과거 시제) er[주어] ...
gelähmt, ... (blieb의 형용사 보어)

1. ... Sturz im Training :

3·4격 전치사 in은 앞 명사를 수식하여 '...에서의 추락'으로 해석됨. → '위치'로서 3격 지배!
중성명사 Training이 전치사 in의 3격 목적어임. → 중성 3격!
중성 3격 정관사 dem이 전치사 in과 함께 im으로 축약됨.

2. ... blieb ... gelähmt :

「bleiben + 형용사」 '계속 ...인 상태로 머무르다'

... , erst Monate später (「시간 + später」 '... 후에') konnte[동사] (화법조동사(과거 시제)) er[주어] seine Hand (bewegen의 4격 목적어(여성 4격)) ...
bewegen (동사 원형)

PART 7
스포츠·레저

- irisch [형] 아일랜드의, 아일랜드인의 (영. Irish)
  ↳ Irland (국가 명 ; 관사 없음) 아일랜드 (영. Ireland)
- der Turner (die -) 체조 선수, 기계체조 선수 (영. gymnast)
  ↳ turnen [자동] (스포츠) 기계체조 하다 (영. do gymnastics)
- hatte ⇒ 동사 haben('...을 가지고 있다' 영. have)의 과거 시제
  haben의 3 기본형 : haben - hatte - gehabt
- bereits [부] 이미, 벌써 (영. already) ≈ schon
- schwer [형] [1] 무거운, 강한 (영. heavy) ; [2] 어려운, 힘든 (영. difficult, hard)

- der **Unfall** (die Unf*ä*ll*e*) 사고 (영. accident)

- **hinter** [3·4격 전치사] (3격 : '위치') ~뒤에서 ; (4격 : '방향') ~뒤로 (영. behind)
  「**etw. hinter sich³ haben**」 (이미 끝나버린 과거의 일로서) *무엇*을 겪었다
  ↔「**etw. vor sich³ haben**」 (이제 겪게 될 미래의 일로서) *무엇*을 앞두고 있다

- **nach** [3격 전치사] (시간적) ~후에, ~뒤에 (영. after) ↔「vor + 3격」 ~전에 (영. before)

- der **Sturz** (die St*ü*rz*e*) 쓰러짐, 추락, 붕괴 (영. fall, drop, downfall)

- das **Training** [ˈtrɛːnɪŋ] (die Training*s* ; 주로 단수) 훈련, 연습 (영. training)

- **blieb** ⇒ 동사 bleiben의 과거 시제
  bleiben [자동] (현재완료 : sein ... pp) 머물다 (영. stay, remain)
  「**bleiben + 형용사**」 계속 ...인 상태로 지속되다, 유지하다 (영. stay, keep)
  3 기본형 : bleiben - blieb - geblieben

- **gar** [부] (예상하지 못한 결과에 대해 놀라움을 나타내며) 심지어 (영. ... at all) ≈ sogar

- **gelähmt** [과거분사&형] 마비된 (영. paralysed) ≈ lahm
  ↳ **lähmen** [타동] ...을 마비시키다 (영. paralyse)
  3 기본형 : lähm*en* - lähm*te* - *ge*lähm*t*

- der **Monat** (die Monat*e*) (시간 단위) 달, 개월 (영. month)

- **konnte** ⇒ 화법조동사 können('...할 수 있다' 영. can)의 과거 시제
  können의 3 기본형 : können - konnte - gekonnt (können)

- die **Hand** (die H*ä*nd*e*) 손 (영. hand)

- **wieder** [부] 다시, 재차 (영. again)

- **bewegen** [타동] ...을 움직이다 (영. move)
  3 기본형 : *beweg*en - *beweg*te - *beweg*t
  [주의] 형태가 be-이므로 pp형에서 ge- 없음!

Memo

142

Der Berliner Robert Harting gewinnt die Goldmedaille und holt damit den ersten Olympiasieg für die deutsche Leichtathletik seit zwölf Jahren.

베를린 사람인 로버트 하르팅은 금메달을 획득하고, 이로써 12년 전 이래로 독일 육상의 첫 올림픽 우승을 가져온다.

Der Berliner Robert Harting[주어] **gewinnt**[동사1]
남성 1격 / 현재 시제

die Goldmedaille und holt[동사2] damit
동사 gewinnt의 4격 목적어(여성 4격) / 현재 시제

den ersten Olympiasieg für die deutsche Leichtathletik
동사 holt의 4격 목적어(남성 4격) / 여성 4격

seit zwölf Jahren
복수 3격

1. Der Berliner Robert Harting gewinnt ... und holt ... :

동사 gewinnen 및 holen의 현재 시제임.

주어 "Der Berliner ..."는 남성 er에 해당함. → 현재 시제 형태는 각각 gewinn*t* 및 hol*t*임.

2. ... damit ... :

damit ⇒ mit + das('그것')

damit은 '그것을 가지고', 즉 '그럼으로써'로 해석됨.

여기서 damit은 앞에 나온 문장 "Der Berliner ... die Goldmedaille"의 내용 전체를 가리킴.

3. den ersten Olympiasieg :

남성명사 Olympiasieg이 동사 holt의 4격 목적어임. → 남성 4격!

- 남성 4격 정관사 **den**이 앞에 옴.
- 서수 : 기본적으로 정관사와 결합하며, 형용사 어미변화 함.
  「den, einen + 형용사 -en」→ **den** ersten ...

4. für die deutsche Leichtathletik

여성명사 Leichtathletik이 4격 전치사 für와 결합함. → 여성 4격!

- 여성 4격 정관사 **die**가 앞에 옴.
- 「여성 **die** + 형용사 -e」→ für **die** deutsche ...

5. seit zwölf Jahren :

복수명사 Jahr*e*가 3격 전치사 seit와 결합함. → 복수 3격!

복수 3격 명사의 형태는 항상 **-n**이어야 함. → 추가로 어미 **-n**이 붙어 Jahren임.

der **Berliner** (die -) 베를린 시민

↳ **Berlin** (도시 명 ; 관사 없음) 베를린 (영. Berlin)

gewinnen [타동] [1] ...을 얻다, 받다 ; [2] (경기, 게임 등을) 이기다 (영. win, gain)

3 기본형 : gewinnen - gewann - gewonnen

die **Goldmedaille** 금메달 (영. gold medal)

→ das **Gold** (항상 단수) (금속 종류) 금 (영. gold)

→ die **Medaille** [meˈdaljə] (die Medaille*n*) 메달 (영. medal)

holen [타동] ...을 가져오다, 얻다 (go and get, win, take)

3 기본형 : hol*en* - hol*te* - *ge*hol*t*

damit ⇒ "mit + das"의 축약형 ('그것과 함께, 그럼으로써')

erst- [수] (서수) 첫째의, 제 1의 (영. first)

PART 7
스포츠 · 레저

- der **Olympiasieg**
  → **Olympia...** (합성어로서) 올림픽 ... (영. Olympic ...)
  die **Olympiade** (die Olympiade*n*) 올림픽 (영. Olympic Games, Olympics)
  → der **Sieg** (die Sieg*e*) 승리 (영. victory)

- **für** [4격 전치사] [1] ~에게 ; [2] ~을 위해, ~위한 (영. for)

- **deutsch** [형] 독일의, 독일인의, 독일어의 (영. German)

- die **Leichtathletik** (항상 단수) (스포츠 종목) 육상 (영. athletics)

- **seit** [3격 전치사] ~이후, ~이래 (영. since)

- **zwölf** [수] 12, 열둘 (영. twelve)

- das **Jahr** (die Jahr*e*) (시간 단위) 해, 년 (영. year)

Memo

143

Die deutschen Turner gewinnen zum Abschluss der Geräte-Wettkämpfe zwei Silbermedaillen, mit denen kaum jemand rechnete.

독일 체조 선수들은 기구 경기들을 마치면서 두 개의 은메달을 획득했는데, 이는 그 누구도 좀체 예상하지 못했다.

Die deutschen Turner[주어] (복수 1격) gewinnen[동사] (현재 시제) zum Abschluss

der Geräte-Wettkämpfe (복수 2격) zwei Silbermedaillen, (동사 gewinnen의 4격 목적어(복수 4격))

mit **denen** ... rechnete

관계대명사 부문장(앞의 선행사 "zwei Silbermedaillen"을 수식 · 설명함.)

1. Die deutschen Turner :

복수명사 Turner가 문장의 주어(= 1격)임. → 복수 1격!

- 복수 1격 정관사 **die**가 앞에 옴.
- 「복수 정관사 + 형용사 **-en**」→ **Die** deutsch**en** ...

2. Die deutschen Turner gewinnen ... :

동사 gewinnen의 현재 시제임.

주어 "Die deutschen Turner"는 복수의 **sie**('그들')에 해당함. → 동사 형태는 gewinn**en**임.

3. ... Abschluss der Geräte-Wettkämpfe :

복수명사 Geräte-Wettkämpf*e*가 앞의 명사를 수식하는 2격임. → 복수 2격!

복수 2격 정관사 **der**가 앞에 옴.

▶ 여성, 복수 2격 어미 **-er** ⇒ der, einer ; meiner, deiner, seiner ... ; dieser ...

남성, 중성 2격 어미 **-es** ⇒ des, eines ; meines, deines, seines ... ; dieses ...

... zwei Silbermedaillen, mit **denen** kaum
(관계대명사 선행사(복수 4격) / mit + 관계대명사(관계대명사 복수 3격))

jemand^주어 rechnete^동사
(과거 시제 (후치됨!))

1. ... , mit denen ... :

denen은 관계대명사 복수 3격임.

→ 복수명사 "... Silbermedille*n*"을 선행사로 받으며, 부문장 안에서 3격 전치사 mit과 결합함.

2. ... jemand rechnete :

동사 rechnen의 과거 시제임.

→ 주어 jemand('누군가')는 er에 해당함. → 과거형 rechne*te*는 추가 어미 없이 rechne*te*_임.

▶ 동사 rechnen은 어간 끝이 **-chn**이므로 발음상 **-e-** 첨가!

PART 7
스포츠·레저

- deutsch [형] 독일의, 독일인의, 독일어의 (영. German)

- der **Turner** (die -) 체조 선수, 기계체조 선수 (영. gymnast)
  → **turnen** [자동] 기계체조 하다 (영. do gymnastics)
  → das **Turnen** (항상 단수) 체조, 기계체조 (영. gymnastics)

- **gewinnen** [타동] [1] ...을 얻다, 받다 ; [2] (경기, 게임 등을) 이기다 (영. win, gain)
  3 기본형 : gewinnen - gewann - gewonnen

- **zu** [3격 전치사] (시기, 시점을 나타내어) ~에, ~의 시기에 (영. at)

- der **Abschluss** (die Abschlüss*e*) 종료, 끝 (영. end, ending, close)
  zum Abschluss 마지막에, 종료하면서

- der **Geräte-Wettkampf** 기계체조 경기
  → das **Gerät** (die Gerät*e*) [1] 기계, 기구 (영. device) ; [2] 기계체조의 기구 (영. apparatus)
  → der **Wettkampf** (die Wettkämpf*e*) 경기, 대회 (영. contest, competition)

- **zwei** [수] 2, 둘 (영. two)

- die **Silbermedaille** 은메달 (영. silver medal)
  → das **Silber** (항상 단수) (금속 종류) 은 (영. silver)
  → die **Medaille** [meˈdaljə] (die Medaille*n*) 메달 (영. medal)

- **denen** ⇒ 관계대명사 (복수 3격)

- **kaum** [부] 좀체 ... 않다, 드물게 ...이다 (영. hardly, barely)

- **jemand** [부정대명사] 누군가 (영. someone, somebody)

- **rechnete** ⇒ 동사 rechnen의 과거 시제
  rechnen [타/자동] (...을) 계산하다 (영. calculate)
  「**mit etw.**[3] **rechnen**」 *무엇*을 예상하다, 예측하다
  3 기본형 : rechn*en* - rechn*ete* - *ge*rechn*et*
  [주의] 어간 끝이 -chn이므로 과거형 및 과거분사형(= pp형)에서 발음상 -e- 첨가!

Memo

144

Er unterlag im Finale der Gewichtsklasse bis 81 Kilogramm dem Südkoreaner Kim Jae-Bum, den er vor vier Jahren bei seinem Olympiasieg in Peking bezwungen hatte.

그는 81 kg 이하 체급의 결승전에서 남한 사람인 김재범에게 패배하였는데, 이 선수를 그는 4년 전 베이징에서의 올림픽 우승 당시 이겼었다.

Er[주어] unterlag[동사] (과거 시제) im Finale (중성 3격) der Gewichtsklasse (여성 2격)

bis 81 Kilogramm dem Südkoreaner ..., (동사 unterlag의 3격 목적어(남성 3격))

den ... bezwungen hatte
관계대명사 부문장(앞의 선행사 "dem Südkoreaner ..."를 수식 · 설명함.)

1. Er unterlag ... :

동사 unterliegen의 과거 시제임.
주어가 "**Er**"임. → 과거형 **unterlag**은 추가의 어미 없이 그대로 **unterlag_**임.

2. ... unterlag ... dem Südkoreaner ... :

「j-m unterliegen」 '누구에게 패배하다'
남성명사 Südkoreaner가 동사 unterlag의 3격 목적어임. → 남성 3격!
남성 3격 정관사 **dem**이 앞에 옴.

... dem Südkoreaner ..., den er[주어]
관계대명사 선행사(남성 3격) / 관계대명사 (남성 4격)

vor vier Jahren bei seinem Olympiasieg in Peking
복수 3격 / 남성 3격

bezwungen hatte[동사]
과거완료 (후치됨!)

1. ... , den ... :

den은 관계대명사 남성 4격임.
→ 남성명사 "dem Südkoreaner ..."를 선행사로 받으며, 부문장 안에서 동사 bezwungen의 4격 목적어임.

2. ... , den er ... bezwungen hatte **:**

동사 bezwingen의 과거완료 시제「**hatte** ... pp」임.
주어가 **er**이므로 "**hatte** ... bezwungen"임. → 후치되어 "... bezwungen **hatte**"

3. bei seinem Olympiasieg :

남성명사 Olympiasieg이 3격 전치사 bei와 결합함. → 남성 3격!
소유대명사 sein-('그의' his)은 남성 3격 어미 **-em**이 붙어 sein**em**임.

PART 7
스포츠·레저

- **unterlag** ⇒ 동사 unterliegen의 과거 시제
  unterliegen [자동] 패배하다 (영. be defeated, be beaten)
  「**j-m unterliegen**」(운동 경기 등에서) 누구에게 패배하다 ≈「gegen j-n verlieren」
  3 기본형 : *unter*liegen - *unter*lag - *unter*legen
  [주의] 형태가 unter-로서 pp형에서 ge- 없음!

- das **Finale** (die -) 결승 (영. final, final round)

- die **Gewichtsklasse** 체급 (영. weight class)
  → das **Gewicht** (die Gewicht*e*) 무게, 중량, 체중 (영. weight)
  → die **Klasse** (die Klasse*n*) 등급, 계급 (영. class)

- **bis** [4격 전치사] ~까지 (영. up to)

- das **Kilogramm** (die -) (무게의 단위) 킬로그램 (kg) (영. kilogram, kilogramme)

- der **Südkoreaner** (die -) 남한 사람 (영. South Korean)
  → **Südkorea** (국가 명 ; 관사 없음) 남한 (영. South Korea)
  → **Süd...** (합성어로서) 남쪽 ... , 남부 ... (영. south ...)
  → der **Koreaner** (die -) 한국인 (영. Korean)

- **vor** [3·4격 전치사] (3격 지배 ; 시간적) ~전에 (영. before) ↔ nach ~후에 (영. after)

- **vier** [수] 4, 넷 (영. four)

- das **Jahr** (die Jahr*e*) (시간 단위) 해, 년 (영. year)

- **bei** [3격 전치사] ~일 때, ~인 경우 (영. at, in)

- der **Olympiasieg** 올림픽 우승
  → **Olympia...** (합성어로서) 올림픽 ... (영. Olympic ...)
  die **Olympiade** (die Olympiade*n*) 올림픽 (영. Olympic Games, Olympics)
  → der **Sieg** (die Sieg*e*) 승리 (영. victory)

- **bezwungen** ⇒ 동사 bezwingen의 pp형
  bezwingen [타동] (운동 경기 등에서) 누구를 이기다 (영. defeat, beat) ≈ besiegen
  ✔ 3 기본형 : *bezwingen* - *bezwang* - *bezwungen*
  [주의] 형태가 be-이므로 pp형에서 ge- 없음!

- **hatte** ⇒ 과거완료 「hatte ... pp」의 조동사
  ✔ haben의 3 기본형 : haben - hatte - gehabt

Memo

145

Robin Dutt ist am 1. April nach nur neun Monaten bei Bayer 04 Leverkusen entlassen worden. Zuvor hatte sich der 47-Jährige vor allem als Trainer des SC Freiburg einen Namen gemacht.

로빈 두트는 4월 1일 레버쿠젠 팀에서 불과 9개월 지낸 후 해고되었다. 47세인 그는 과거에 무엇보다 프라이부르크 팀의 트레이너로서 명성을 얻었었다.

Robin Dutt[주어] ist[동사] (수동태 현재완료) ... nach nur neun Monaten (복수 3격) ... entlassen worden (수동태 현재완료)

1. Robin Dutt ist ... entlassen worden :

타동사 entlassen의 수동태 현재완료 시제「**sein** ... pp **worden**」임.
주어 "Robin Dutt"는 남성 **er**에 해당함. → "**ist** ... entlassen worden"임.

2. nach nur neun Monaten :

복수명사 Monat*e*가 3격 전치사 nach와 결합함. → 복수 3격!
복수 3격 명사의 형태는 항상 **-n**이어야 함. → 추가로 어미 **-n**이 붙어 Monate<u>n</u>임.

... hatte동사 sich der 47-Jährige주어 ... als Trainer
과거완료(조동사) 재귀대명사 3격 남성 1격

des SC Freiburg einen Namen gemacht
남성 2격 남성 4격 과거완료(pp형)

1. ... hatte ... der 47-Jährige ... gemacht :

동사 machen의 과거완료 시제 「**hatte** ... pp」임.

주어 "der 47-Jährige"는 남성 **er**에 해당함. → "**hatte** ... gemacht"임.

2. der 47-Jährige :

형용사 47-jährig의 명사화 형태임. → 형용사 어미변화 함!

특정 '남자'를 뜻하여 남성이며, 문장의 주어임. → 남성 1격!

- 남성 1격 정관사 **der**가 앞에 옴.
- 「남성 **der** + 형용사 **-e**」→ **der** 47-Jährige

3. ... sich ... als Trainer ... einen Namen gemacht :

「sich³ als ... einen Namen machen」'... 로서 명성을 얻다'

- ist ⇒ 현재완료 「sein ... pp」의 조동사 sein의 불규칙 형태
- der April (die Aprile ; 주로 단수) 4월 (영. April) ; im April 4월에
- nach [3격 전치사] (시간적) ~후에, ~뒤에 (영. after) ↔ 「vor + 3격」 ~전에 (영. before)
- neun [수] 9, 아홉 (영. nine)
- der Monat (die Monate) (시간 단위) 달, 개월 (영. month)
- bei [3격 전치사] (회사 등의 직업 활동 영역으로서) ~에서 (영. at, in)
- Bayer 04 Leverkusen (독일의 축구팀 명칭)
- entlassen [타동] 누구를 해고하다, (운동선수를) 방출하다 (영. dismiss)
  - 3 기본형 : *ent*lassen - *ent*ließ - *ent*lassen

    [주의] 형태가 ent-이므로 pp형에서 ge- 없음!

worden ⇒ 수동태 조동사 werden의 pp형
(수동태 현재완료 「sein ... pp worden」에 사용됨.)
조동사 werden의 3 기본형 : werden - wurde - worden
[주의] 일반 동사 werden('... 되다' 영. become)의 pp형은 geworden임.

zuvor [부] 전에, 과거에 (영. before)

hatte ⇒ 과거완료 「hatte ... pp」의 조동사

47 ⇒ "siebenundvierzig"

「... -jährig-」 (명사 앞 수식어로서) ...살의, ...세의 (영. ... years old ...)

vor allem 무엇보다, 특히 (영. above all)

als [접속사] ('자격', '지위' 등을 나타내어) ...로서 (영. as)

der Trainer [ˈtrɛːnɐ] (die -) 트레이너, 코치 (영. trainer, coach)

der SC Freiburg (독일의 축구팀 명칭)
→ der SC (주로 단수) (= "Sportclub") 스포츠 클럽 (영. sports club) ≈ der Sportverein
→ der Club 혹은 Klub (die Clubs, Klubs) 클럽, 단체, 동호회 (영. club) ≈ der Verein
→ Freiburg (도시 명 ; 관사 없음) 프라이부르크 (영. Fribourg)

der Name (die Namen) 이름, 명성 (영. name)
「sich[3] einen Namen machen」 명성을 얻다, 유명해지다 (영. make a name for)
명사 Name는 단수에서 불규칙 변화 : 1격 Name ; 2격 Namens ; 3격 및 4격 Namen

gemacht ⇒ 동사 machen의 pp형
machen [타동] [1] ...을 만들다, 제조하다 (영. make) ; [2] ...을 하다, 행하다 (영. do, make)
3 기본형 : machen - machte - gemacht

Memo

146

Gegen keine andere europäische Nationalmannschaft hat Deutschland eine so miserable Bilanz wie gegen den EM-Halbfinalgegner Italien.

독일은 유럽의 다른 그 어떤 국가대표팀에 대해서도 유럽선수권대회 준결승 상대인 이탈리아 팀에 대해서만큼 그렇게 비참한 결과를 갖고 있지는 않다.

Gegen keine andere europäische Nationalmannschaft
여성 4격

hat동사 (현재 시제) **Deutschaland**주어 (중성 1격) eine so miserable Bilanz (동사 hat의 4격 목적어(여성 4격)) wie

gegen den EM-Halbfinalgegner Italien
남성 4격

1. Gegen keine ... eine so miserable Bilanz wie gegen ... :

「kein- ... so ... wie A」 'A만큼 ...인 것은 없다', 즉 'A가 가장 ...이다'

2. ... hat Deutschland ... :

동사 haben('...을 가지고 있다')의 현재 시제임.

주어 "Deutschland"는 중성 es에 해당함. → 동사 형태는 **hat**임.

3. Gegen keine andere europäische Nationalmannschaft :

여성명사 Nationalmannschaft가 4격 전치사 gegen과 결합함. → 여성 4격!

- kein-은 여성 4격 부정관사 eine처럼 어미변화 하여 keine임.
  - ▶ 부정어 **kein-** 및 소유대명사 **mein-, dein-, sein-, ihr-** ... ⇒ **부정관사 ein-** 어미변화
- 「eine ; keine ; meine, deine ... + 형용사 -e」 → Gegen keine andere europäische ...

4. eine so miserable Bilanz :

여성명사 Bilanz가 동사 hat의 4격 목적어임. → 여성 4격!

- 여성 4격 부정관사 **eine**가 옴.
- 「**eine** + 형용사 **-e**」→ **eine** so miserabl**e** ...

  ▶ 형용사 miserabel은 어미변화가 이루어질 경우 -e- 탈락! 즉, miserabele 아님!

5. gegen den EM-Halbfinalgegner ... :

남성명사 EM-Halbfinalgegner가 4격 전치사 gegen과 결합함. → 남성 4격!

남성 4격 정관사 **den**이 앞에 옴.

- gegen [4격 전치사] ~을 향하여, ~에 반대하여 (영. towards, against)
- ander- [형] (명사 앞 수식어로서) 다른 ... (영. other)
  ▶ 형용사 원형은 anders '다른' (영. different) : Er ist anders. '그는 다르다'
- europäisch [형] 유럽의 (영. European)
- die Nationalmannschaft 국가대표팀 (영. national team)
  → National... (합성어로서) 국가의 ... , 국립 ... (영. national ...)
  national [형] 국가의, 국립의 (영. national)
  ↳ die Nation (die Nation*en*) [1] 국민, 민족 ≈ das Volk ; [2] 국가 ≈ der Staat (영. nation)
  → die Mannschaft (die Mannschaft*en*) (스포츠) 팀, 선수단 (영. team)
- hat ⇒ 동사 haben('...을 가지고 있다' 영. have)의 현재 시제, 불규칙 형태
  ✔ haben의 현재 시제 불규칙 변화
  ich hab*e* ; du hast ; er (sie, es) hat ; wir hab*en* ; ihr hab*t* ; sie, Sie hab*en*
  ✔ 3 기본형 : haben - hatte - gehabt
- Deutschland (국가 명 ; 관사 없음) 독일 (영. Germany)
- so [부] 그렇게 (영. so) ; 「so + 형용사 + wie ...」 (동등 비교) ...와 같이 그렇게 ...이다
- miserabel [형] 매우 나쁜, 비참한 (영. terrible, dreadful)
- die Bilanz (die Bilanz*en* ; 주로 단수) 결과 (영. result, outcome) ≈ das Ergebnis

PART 7
스포츠 · 레저

- **wie** [접속사] (비교를 나타내어) ...처럼, ...같이 (영. as)

- der **EM-Halbfinalgegner**
  → die **EM** (= "Europameisterschaft") 유럽선수권대회 (영. European championships)
  → der **Halbfinalgegner** (die -) 준결승 상대 (영. semi-final opponent)
    → das **Halbfinale** (die -) 준결승 (영. semi-final)
      → **halb** [형] 반의, 1/2의 (영. half)
    → der **Gegner** (die -)
      [1] 반대자, 적 (영. enemy) ; [2] (스포츠 경기 등의) 상대편 선수, 상대팀 (영. opponent)

- **Italien** (국가 명 ; 관사 없음) 이탈리아 (영. Italy)

Memo

Memo

Memo

Memo

독일어 시사 텍스트의 이해

초판 1쇄 발행 2014년 8월 29일
초판 2쇄 발행 2018년 4월 23일

지은이 김백기
발행인 김인철
총괄 · 기획 가정준 Director, University Knowledge Press
편집장 신선호 Executive Knowledge Contents Creator
도서편집 박현정 Contents Creator
전자책편집 이리나 e-Contents Creator
재무관리 문수진 Managing Creator
사전 · 출판 정준희 Contents Creator
마케팅 파트장 백승이 Chief Marketing Creator
마케팅 김민수 Marketing Creator
발행처 한국외국어대학교 지식출판원
02450 서울특별시 동대문구 이문로 107
전화 02)2173-2493~7
팩스 02)2173-3363
홈페이지 http://press.hufs.ac.kr
전자우편 press@hufs.ac.kr
출판등록 제6-6호(1969. 4. 30)
디자인 · 편집 디자인퍼브 02)2254-4308
인쇄 · 제본 네오프린텍 02)718-3111

ISBN 978-89-7464-941-8 13750 정가 22,000원

*잘못된 책은 교환하여 드립니다.

HUINE은 한국외국어대학교 지식출판원의 어학도서, 사회과학도서, 지역학 도서 Sub Brand이다. 한국외대의 영문명인 HUFS, 현명한 국제전문가 양성(International+Intelligent)의 의미를 담고 있으며, 휴인(携引)의 뜻인 '이끌다, 끌고 나가다'라는 의미처럼 출판계를 이끄는 리더로서, 혁신의 이미지를 담고 있다.